Splunk 실시간 운영 인텔리전스

기업용 환경 구축을 위한
Splunk 실시간 운영 인텔리전스

조쉬 다이쿤·폴 존슨·데릭 모크 지음 | 양원국 옮김

지은이 소개

조쉬 다이쿤 ^{Josh Diakun}

데이터 기반 운영 프로세스에 힘쓰는 IT 운영 및 보안 전문가다. 엔터프라이즈급 IT 환경 관리와 설계 부문에서 10년 이상의 경험을 쌓았다. 지난 5년 동안 보안과 운영 인텔리전스 플랫폼으로 스플렁크를 적용하는 일을 관리해왔다. 가장 최근에는 데이터 인텔리전스 솔루션과 서비스를 제공하는 벤처인 디스커버드 인텔리전스^{Discovered Intelligence}를 설립하는 일을 도왔다. 또한 스플렁크 토론토 사용자 모임의 공동 창립자다.

> 이 책이 나올 수 있도록 끊임없이 노력하고 도우며 많은 밤을 지새운 공동 저자 데릭 모크와 폴 존슨에게 감사하고 싶다.
>
> 내가 무리하지 않도록 늘 신경 써주며 큰 힘이 되어준 내 아내 레이첼^{Rachel}에게 무한히 감사한다. 이 책을 쓸 수 있도록 격려해주고 내 삶에서 가장 훌륭한 두 사람이 돼준 내 어머니 데니스^{Denyce}, 누이인 제시카^{Jessika}에게 감사한다. 마지막으로, 항상 최선을 다하도록 고무시켜준 양아버지 존^{John}이 없었다면 지금의 나는 없었을 것이다.

폴 존슨 ^{Paul R Johnson}

정보 보안, 운영, 컴플라이언스 영역에서 데이터 정보에 대한 10년 이상의 경력을 쌓았다. 데이터 인텔리전스 서비스와 솔루션 전문 회사인 디스커버드 인텔리전스를 돕고 있다. 포춘 선정 10대 기업에서 IT 위험 정보 위원회를 이끌었고 전 세계 스플렁크 적용을 관리했다. 스플렁크 토론토 사용자 모임의 공동 창립자로, 캐나다 토론토에서 일하며 살고 있다.

이 책을 함께 저술하며 지원해주고 협력해준 공동 저자인 조쉬 다이쿤과 데릭 모크에게 감사한다. 특히 완성하기까지 많은 시간을 들여준 점이 고마울 따름이다. 또한 내가 저술에 집중할 수 있도록 끊임없이 지원하고 피드백을 주며 인내해준 내 아내 스테이시[Stacey]에게 감사한다.

데릭 모크 [Derek Mock]

소프트웨어 개발자이자 설계자이며 통합 커뮤니케이션과 클라우드 기술 전문가다. 대기업 규모의 구축과 SaaS 애플리케이션 운용 및 개발에 대한 15년 이상의 경험을 가지고 있다. 지난 4년 동안 운영 인텔리전스를 이룩하는 중심 도구로 스플렁크를 이용해왔다. 스플렁크 토론토 사용자 모임의 공동 창립자로, 캐나다 토론토에서 일하며 살고 있다.

이 책이 있기까지 지치지 않고 노력한 조쉬 다이쿤과 폴 존슨은 더할 나위 없이 좋은 공동 저자다. 또한 전문가로서의 삶에 도움을 준 멘토인 데이브 페니[Dave Penny]에게 감사하고 싶다. 마지막으로 책 쓰는 일을 격려해주고 커피를 자제시켜준 내 아내 앨리슨[Alison]과 내 아이들인 사라[Sarah]와 제임스[James]에게 감사한다.

기술 감수자 소개

미카 보너 Mika Borner

스위스, 독일, 오스트레일리아에 기반을 둔 LC 시스템의 데이터 분석 컨설턴트다. 통신 ISP, 금융, 소매 등의 산업 분야에서 스플렁크 컨설팅을 해왔고 서비스 제공자, 통신 IPS 회사, 금융 기업의 IT 시스템 엔지니어와 관련된 수많은 포지션을 맡아왔다.

유럽에서 가장 먼저 스플렁크를 사용한 사람들 중 한 명으로, 세계에서 가장 큰 스플렁크 환경 하나를 운영하고 있다. 또한 스플렁크 사용자 컨퍼런스의 정기 발표자다.

아미트 먼드 Amit Mund

2004년부터 리눅스, 자동화, 인프라 모니터링 기술 관련 일을 해왔다. 현재 아카마이 테크놀로지Akamai Technologies 소속이며, 그전엔 아마존과 야후의 웹 호스팅 팀에서 일했다.

> 나를 언제나 지지해주는 내 아내 라자쉬리Rajashree와 직업적으로 학습하고 개발하는 일을 할 때 나를 도와준 동료들에게 감사한다.

존 웹스터 Jon Webster

11살 때 처음 접한 휴렛패커드 메인프레임으로 큐빅과 체스를 즐기면서 컴퓨터에 매료됐다. ERP 개발자로 시작해 APM 제품 관리자와 스플렁크 설계자에 이르기까지, 항상 기술로 고객에게 최선의 가치를 주기 위해 노력해왔다.

이해하기 어려운 이상한 일들을 탐험하도록 격려해주신 부모님, 코드를 최적화하는 법을 가르쳐준 데이비드 클레버^{David Kleber}와 케넌 워드^{Kennon Ward}, 즐겁게 일하면서 많은 기회를 얻을 수 있었던 피플소프트^{PeopleSoft}, APM 계로 나를 이끈 알란 하비브^{Alan Habib}(한 번 만났을 뿐이지만), 마지막으로 놀라운 사람들과 일할 수 있었고 많은 기회가 주어졌던 훌륭한 도구 개발사인 스플렁크에 감사하고 싶다. 이들과 함께한 시간은 최고의 시간이었다. "아하!"하고 감탄할 수 있는 일이 계속되길.

옮긴이 소개

양원국 gigsda@gmail.com

티맥스소프트에서 APM 솔루션을 개발했고 그 후 빅데이터 전문회사인 KT 넥스알 [NexR]에 근무하면서 대량 데이터 처리에 오픈소스 기술을 적용하고 운용하는 업무를 맡았다. 현재는 프리랜서로 활동 중이다. 역서로는 『아파치 Kafka 따라잡기』(에이콘출판, 2014), 『Hadoop과 Solr을 이용한 기업용 검색 시스템 구축』(에이콘출판, 2014), 『하이브 완벽 가이드』(공역)(한빛미디어, 2013), 전자책 『처음 시작하는 임팔라』가 있다.

옮긴이의 말

최근 빅데이터의 대중화로 데이터의 가치에 대한 관심이 높아지면서 큰 수혜를 입은 회사 중 하나가 스플렁크^{Splunk}다. 빅데이터 분석 방식을 사용하려면, 실제 가지고 있는 데이터양에 상관없이 인프라를 구성하고 관리하는 데 기본적으로 일정 수준 이상의 지식이 요구되고 데이터 사용자가 데이터로 가치를 얻어내기 위해 새롭게 배워야 할 부분이 많다. 그러나 빅데이터 방법론을 반드시 사용해야 할 정도로 실제 이용하는 데이터의 양이 큰 경우는 생각보다 많지 않다.

스플렁크는 일반 데스크톱 프로그램과 유사한 방식으로 설치한다. 데이터를 입력해 실제로 데이터를 이용하는 경험을 손쉽게 얻을 수 있고, 마찬가지로 실제 기업용 환경에 구축한 후 사용해보기도 쉽다. 또한 커뮤니티 기반의 플러그인과 자체 제공 플러그인을 활용해 사용 영역을 쉽게 확장할 수 있으며, 하둡이나 다른 NoSQL 또는 기존 레거시와 쉽게 연동할 수 있다.

스플렁크는 효과적인 UI와 파이프 기반의 직관적 언어, 잘 짜인 작업 흐름을 가지고 있어 사용하기 쉽다. 심지어 사용자가 몇 번의 클릭만으로 데이터에서 리포트를 만들어낼 수 있다. 특히 이처럼 사용 장벽이 낮기 때문에 데이터 사용자가 데이터 이용법을 배우는 것에 노력을 낭비하는 대신, 데이터에서 가치를 끌어내는 데 더욱 집중하게 해준다는 것이 가장 큰 장점이다.

실시간 운영 데이터 분석을 통해 가치를 끌어내려는 조직이라면 스플렁크 사용을 반드시 고려해봐야 할 것이다.

목차

1장   시작: 데이터 입력   23

2장   데이터 파고들기: 검색과 리포트   63

10장 그 밖의 내용: 사용자화, 웹 프레임워크, REST API, SDK 407

들어가며

장비^{machine}에서 엄청난 양의 데이터를 만들어내는 기술 중심의 세계에서 스플렁크는 빅데이터 지능화 플랫폼인 스플렁크 엔터프라이즈로 업계를 이끌어왔다. 강력한 스플렁크 엔터프라이즈 플랫폼을 사용해 누구든지 장비 데이터를 실질적인 가치를 가진 정보로 만들어낼 수 있다.

이 책은 독자에게 스플렁크를 안내하고, 데이터에서 가치 있고 강력한 운영 인텔리전스를 끌어내는 스플렁크 엔터프라이즈 6의 다양한 기능에 대한 실무 지식을 가져다준다.

쉽게 따라 할 수 있는 단계별 예제를 사용해 독자의 환경에서 얻을 수 있는 운영 데이터를 효과적으로 모으고 분석하며 리포트를 만드는 방법을 알려줄 것이다. 정보 리포트를 신속히 전달하고 스플렁크 엔터프라이즈의 다양한 시각화를 적용해 대시보드로 데이터를 의미 있게 보여주는 법을 설명하는 예제들을 담고 있다. 이 책의 마지막에서는 강력한 운영 지능화 애플리케이션을 구축하고 스플렁크 엔터프라이즈 플랫폼에 있는 다양한 주요 기능을 적용해볼 것이다.

이 책에서 소개한 쉽게 따라 할 수 있는 예제는 스플렁크 엔터프라이즈 플랫폼과 운영 인텔리전스의 장점을 소개하고 가르치는 데 활용할 수도 있다.

이 책에서 다루는 내용

1장, '시작: 데이터 입력'에서는 스플렁크로 데이터를 넣는 다양한 방법을 소개한다. 파일과 디렉터리로부터 데이터 수집, TCP/UDP 포트 입력, 유니버설 포워더^{Universal Forwarder}, 스크립트 사용과 모듈러 입력 등을 다룬다. 책 전체에서 참조할 데이터 집합을 소개하고 각 예제에서 사용할 예제 데이터를 만드는 법을 알려줄 것이다.

2장, '데이터 파고들기: 검색과 리포트'에서는 첫 예제 세트를 소개한다. 1장에서 소개한 데이터를 기반으로, 스플렁크 SPL을 사용해 데이터를 검색하는 법을 안내하는 예제와 정보를 제공한다. 필드 추출, 필드 값에 기반을 둔 범용 이벤트 묶기, table, top, chart, stats 명령을 사용한 기본 리포트를 만들 것이다.

3장, '대시보드와 시각화: 가치 있는 데이터 제공'에서는 2장의 예제 결과로 만들 수 있는 리포트를 기반으로 시각화를 구축하는 법을 안내한다. 스플렁크의 강력한 시각화를 통해 데이터와 리포트에 생명을 불어넣어 본다. 단일 값, 차트(바, 파이, 라인, 영역) 스캐터 차트, 게이지 차트를 소개한다.

4장, '운영 인텔리전스 애플리케이션 구축'에서는 3장에서 다룬 시각화에 대한 이해를 바탕으로 대시보드 개념을 소개한다. 이번 장의 예제에서는 대시보드의 목적에 대한 윤곽을 그리고 대시보드를 적절히 사용하는 법을 알려준다. 대시보드 편집기로 대시보드를 만들고 이벤트 데이터 검색 폼을 만드는 등의 작업을 한다.

5장, '인텔리전스 확장: 데이터 모델과 피봇'에서는 트랜잭션, 서브 검색, 동시성, 연관 등 고급 검색 명령어와 함께, 좀 더 깊이 있는 내용을 소개한다. 여러 소스에서 얻은 데이터를 집중화하고 여러 이벤트 데이터 간의 관계를 알아내는 능력을 얻게 된다.

6장, '파고들기: 고급 검색'에서는 분석할 데이터를 확장하는 목적의 워크플로우 액션과 참조^{lookup}의 개념을 소개한다. 예제에서 주요 기능을 적용할 수 있게 하여 데이터 분석에 대한 이해를 넓혀준다.

7장, '데이터 확장: 참조와 워크플로우'에서는 실시간 경고^{real-time alert}와 일정 경고^{scheduled alert}가 어떻게 운영 인텔리전스와 감시를 완성하는 핵심 자산이 되는지 설명한다. 사전 대응 경고의 개념과 장점을 소개하고 언제 적용해야 최선인지 알려준다. 이전 장에서 얻은 지식을 기반으로 경고를 생성하는 방법을 알아본다.

8장, '사전 대응 준비: 경고 생성'에서는 가속 리포트를 위한 요약 인덱스의 개념을 설명하고 비즈니스 인사이트를 얻는 데 드는 시간을 줄여본다. 예제에서 요약 인덱스로 리포트 속도를 높이고 집중 통계 정보를 장기 보관하는 일반적 상황에 대한 예제를 간단히 소개한다.

9장, '인텔리전스 속도 향상: 데이터 요약화'에서는 스플렁크 엔터프라이즈 6 버전에서 추가된 새롭고 강력한 기능 두 가지를 소개한다. 데이터 모델과 피봇 도구다. 데이터 모델 구축의 개념과 피봇 도구를 사용해 구축한 모델을 바탕으로 정보 리포트를 빠르게 설계하는 법을 알아본다.

10장, '그 밖의 내용: 사용자화, 웹 프레임워크, REST API, SDK'는 책의 마지막 장으로, 스플렁크의 강력한 네 가지 기능을 소개한다. 스플렁크로 강력하고 풍부한 상호작용 경험을 만들어준다. 핵심 스플렁크 기능을 뛰어넘는 가능성을 열어주고 강력한 D3 시각화를 사용해 자신만의 운영 인텔리전스 애플리케이션을 만드는 법을 알려준다. 그 외 스플렁크 REST API 질의 방법과 스플렁크 SDK로 검색을 실행하는 기본 파이썬 애플리케이션에 대해서도 설명한다.

준비물

책의 내용을 따라가려면 스플렁크 엔터프라이즈 6를 설치하고 책의 예제 데이터를 준비해야 한다. 모든 스플렁크 엔터프라이즈 환경에 적용할 수 있게 했으나 책의 예제를 사용한다면 최선의 결과를 가져다줄 것이다.

스플렁크 엔터프라이즈 6는 대부분의 주요 플랫폼을 지원하고 http://www.splunk.com/download에서 무료로 다운로드할 수 있다.

책에서 제공하는 예제는 스플렁크 이벤트 생성기 도구로 묶여 있어 예제를 수행할 때 언제든지 새로 갱신하거나 만들어낼 수 있다.[1]

이 책의 대상 독자

초보자에서 숙련자까지 스플렁크 엔터프라이즈 플랫폼을 가치 있는 운영 인텔리전스 도구로 사용하려는 모든 사람을 대상으로 한다. 책의 예제는 모든 업무 영역(IT, 보안, 생산, 마케팅 등)에 종사하는 사람들의 흥미를 끌 수 있을 것이다.

이 책에 담긴 예제는 모든 사람이 쉽게 따라갈 수 있게 쓰였고 초보자에게 쉽지 않은 개념과 기능을 차근차근 알려준다. 기능에 대해 더 알고 싶다면 스플렁크 엔터프라이즈의 모든 기능에 대해 알려주는 방대한 문서가 http://docs.splunk.com/Documentation/Splunk에 있으니 찾아보길 바란다.

정규식을 사용하고 파이썬이나 XML 언어를 이용하는 부분이 있을 수도 있다. 이런

---

1 스플렁크는 스플렁크 웹에 접속하는 브라우저의 언어 설정을 인식해 해당 언어 페이지로 보여준다. 이 책은 영문 스플렁크를 기준으로 쓰였기 때문에 혼란을 피하고 싶다면 영문 스플렁크를 이용하는 것이 좋다. 영문 페이지가 나오지 않을 경우 영문 페이지 링크로 직접 들어가면 영문 스플렁크를 사용할 수 있다(예를 들면 http://스플렁크_설치_서버주소:8000/en-US/). 또한 이 책은 스플렁크 엔터프라이즈 6.x 버전에 맞춰 설명하고 있어 마이너 버전의 차이로 인해 책에 나온 스크린샷과 조금 다를 수 있으나, 6.0 이상 버전이라면 책 내용을 진행하는 데 전혀 문제가 없다. – 옮긴이

개념을 꼭 알아둬야 하는 건 아니지만 알고 있으면 유익할 수 있다.

이 책의 편집 규약

정보의 종류를 구분하기 위해 다양한 텍스트 스타일을 사용했다. 다음은 스타일에 대한 예와 그 의미에 대해 설명한 것이다.

본문 내의 코드는 다음과 같이 나타낸다. 'table 명령을 사용해 테이블의 필드 값을 나타낸다.'

코드 블럭은 다음과 같이 표기한다.

```
<table> <searchString>
index=opintel status=404 | stats count by src_ip </searchString>
<title>Report - 404 Errors by Source IP</title>
```

코드 블럭의 특정 부분을 강조하려면 해당 라인이나 요소를 굵게 한다.

```
<table> <searchString>
index=opintel status=404 | stats count by src_ip </searchString>
<title>Report - 404 Errors by Source IP</title>
```

커맨드라인 입력이나 출력은 다음과 같이 적는다.

```
./splunk add monitor /var/log/messages -sourcetype linux_messages
```

화면이나 메뉴, 대화 상자에 나오는 단어는 본문에서 다음과 같이 나타낸다. '검색 바위의 Save As ➤ Report로 가서 리포트를 만든다.'

 경고나 중요 노트는 이처럼 상자 안에 넣는다.

 팁이나 노하우는 이렇게 나타낸다.

독자 피드백

독자 의견은 항상 환영이다. 이 책에 대해 어떻게 생각하는지 부담없이 이야기해준다면 좋겠다. 독자에게 도움이 되는 좋은 책을 만드는 데 독자의 의견은 중요하다. 일반 의견은 메일 제목에 책 이름을 적어서 feedback@packtpub.com으로 이메일을 보내면 된다. 특정 주제에 대한 전문가이고 책을 쓰는 것이나 책에 기여하는 데 관심이 있다면 www.packtpub.com/authors의 저자 가이드를 참조하길 바란다.

고객 지원

팩트출판사의 책을 구입한 독자에게 도움이 되는 몇 가지를 제공하고자 한다.

예제 코드 다운로드

팩트 책에 있는 모든 예제 코드는 책을 구입한 사이트인 http://www.packtpub.com에 로그인해 다운로드할 수 있다. 다른 곳에서 책을 구입한 경우에는 http://www.packtpub.com/support에 방문해 등록하면 파일을 직접 이메일로 받을 수 있다. 에이콘출판사의 도서정보 페이지 http://acornpub.co.kr/book/splunk-operational-intelligence에서도 예제 코드를 다운로드할 수 있다.

오탈자

내용의 정확성을 위해 모든 노력을 기울임에도 불구하고 실수가 발생할 수 있다. 본문 또는 코드에서 잘못된 부분을 발견할 경우 오탈자 정보를 알려주면 감사할 것이다. 여러분의 소중한 정보는 독자들의 혼란을 막고 책의 다음 판을 개선하는 데 도움이 된다. 오탈자를 발견했다면 http://www.packtpub.com/submit-errata에 방문해 리포트해주길 바란다. 책을 선택하고 오류에 대해 입력한 후 제출하면 된다. 오류 검토 후 확인되면 웹사이트에 게시하거나 책 타이틀의 오류 항목에 게시될 것이다. 현재 모든 오탈자는 http://www.packtpub.com/support에서 책 제목을 선택하면 볼 수 있다. 한국어판은 에이콘출판사 도서정보 페이지 http://www.acornpub.co.kr/book/splunk-operational-intelligence에서 찾아볼 수 있다.

저작권 침해

인터넷에서 저작물의 무단 도용은 모든 매체에서 벌어지고 있는 심각한 문제다. 팩트출판사는 저작권과 사용권 문제를 아주 심각하게 인식하고 있다. 어떤 형태든 팩트출판사 서적의 불법 복사물을 인터넷에서 발견했다면 적절한 조치를 취할 수 있게 즉시 해당 웹사이트 이름이나 주소를 알려주길 부탁한다. 의심되는 불법 복제물의 링크는 copyright@packtpub.com으로 보낼 수 있다. 저자와 더 좋은 책을 위한 팩트출판사의 노력을 배려하는 마음에 깊은 감사를 전한다.

질문

이 책에 관련된 질문이 있다면 questions@packtpub.com으로 연락하길 바란다. 팩트출판사는 최선을 다해 독자의 질문에 답할 것이다. 한국어판에 관한 질문은 이 책의 옮긴이나 에이콘출판사 편집팀(editor@acornpub.co.kr)으로 문의해주길 바란다.

1

시작: 데이터 입력

이번 장에서는 데이터를 스플렁크로 입력하는 법을 다룰 것이다. 배울 내용은 다음과 같다.

- ▶ 파일과 디렉터리 인덱싱
- ▶ 네트워크 포트로 데이터 수집
- ▶ 스크립트 입력^{scripted inputs} 사용
- ▶ 모듈러 입력^{modular inputs} 사용
- ▶ 유니버설 포워더^{Universal Forwarder}를 사용해 데이터 수집
- ▶ 책의 예제 데이터 적재
- ▶ 필드 추출^{field extractions} 정의
- ▶ 이벤트 타입^{event type}과 태그^{tag} 정의

소개

운영 인텔리전스^{operational intelligence1}에 사용하는 장비 데이터는 다양한 형상을 하고 여러 소스^{source}에서 발생한다. 스플렁크는 웹 서버 로그 파일, 비즈니스 애플리케이션,

---

1 실시간, 동적 비즈니스 분석의 종류로 데이터, 스트리밍 이벤트, 사업 운용 등을 시각화해 통찰을 얻도록 해준다. – 옮긴이

네트워크 장비에서 흘러나오는 시스템 로그 데이터, 직접 개발한 사용자 스크립트 출력 같이 다양한 소스로부터의 데이터를 수집해 인덱싱할 수 있다. 처음 보기에 복잡해 보이는 데이터라도 쉽게 수집, 인덱싱, 변환해 실시간으로 받아볼 수 있다.

이번 장에서는 원하는 데이터를 스플렁크에 넣는 기본 예제를 살펴볼 것이다. 또한 우리가 만들 운영 인텔리전스 앱에서 사용할 예제 데이터 집합도 소개할 것이다. 데이터는 가상으로 만든 3-티어tier 전자상거래 웹 애플리케이션 데이터이고 웹 서버 로그, 애플리케이션 로그, 데이터베이스 로그를 포함한다.

스플렁크 엔터프라이즈는 어떤 타입의 데이터든지 인덱싱할 수 있지만, 시계열 데이터에 가장 적합하다(타임스탬프timestamp2를 가진 데이터). 스플렁크 엔터프라이즈가 데이터를 인덱싱할 때 타임스탬프 그리고(또는) 이벤트 크기에 따라 이벤트로 나누어 인덱스index에 넣는다. 인덱스는 스플렁크에서 만든 검색할 수 있고 분산 서버 환경에서 확장할 수 있는 매우 빠른 데이터 저장소이며 이 데이터 저장소를 보통 인덱서indexer라 부른다. 그래서 스플렁크에 데이터를 집어넣는 일을 인덱싱한다고 말한다.

스플렁크에 인덱싱된 모든 데이터에 소스 타입source type이 지정된다. 소스 타입을 통해 이벤트의 포맷 타입과 이벤트가 어디서 오는지 알 수 있게 해준다. 스플렁크는 미리 준비된 여러 소스 타입을 가지고 있다. 또한 사용자가 소스 타입을 만들 수도 있다. 예제 소스 타입에는 access_combined, cisco_syslog, linux_secure가 있다. 소스 타입은 인덱서가 스플렁크로 데이터를 인덱싱할 때 데이터에 추가된다. 소스 타입은 필드 추출을 수행하고 검색할 데이터를 필터링하는 데 사용한다.

스플렁크 커뮤니티는 스플렁크에 데이터를 넣는 일을 편리하게 하는 데 큰 역할을 한다. 스플렁크는 입력기, 명령어, 애플리케이션을 확장할 수 있는 환경을 가지고 있고 이를 편리하게 공유할 수 있다. 만약 어떤 시스템이나 애플리케이션에서 나오는 데이터를 인덱싱하려고 한다면 쉽게 적용할 수 있는 관련 도구나 설정을 이미 누군가가 개발해서 공개해 놓았을 것이다.

스플렁크 엔터프라이즈는 데이터를 쉽게 모을 수 있도록 설계했기 때문에 라이선스가 허용하는 최대한으로 데이터를 넣는 데 오래 걸리지 않을 것이다.

---

2 시간 기록을 의미 - 옮긴이

파일과 디렉터리 인덱싱

파일과 디렉터리 기반으로 데이터를 입력하는 방식은 스플렁크에 데이터를 집어넣는 가장 일반적인 방식이다. 이런 타입의 입력은 주로 로그 파일을 인덱싱하는 데 사용한다. 대부분의 애플리케이션이나 시스템이 로그 파일을 만들어내는데, 로그 전체 데이터를 검색하거나 리포트로 만들고 싶을 것이다.

스플렁크는 기존 파일에 새로운 데이터가 써지거나 디렉터리에 새로운 파일이 생성되는 것을 끊임없이 모니터링해서 실시간으로 인덱싱할 수 있다. 로그 파일을 만드는 애플리케이션의 타입에 따라 스플렁크가 개별 파일 위치의 파일을 모니터링하거나 디렉터리 전체를 스캔해 그 안에 있는 모든 파일을 모니터링할 수 있다. 디렉터리 전체를 스캔하는 방식은 생성하는 로그 파일의 이름이 특별한 경우(예를 들어 이름에 타임스탬프를 포함하는 경우) 일반적으로 사용할 수 있는 방법이다.

앞으로 다룰 예제는 스플렁크 서버에 위치한 롤링^{rolling} 중인 로그 파일의 내용을 계속 모니터링하고 인덱싱하는 스플렁크 설정 방법을 보여준다. 이 예제는 특별히 리눅스 시스템의 메시지 로그 파일(/var/log/messages)을 인덱싱하고 모니터링하는 법을 보여준다. 그러나 같은 원리로 윈도우 시스템의 로그 파일이나 책의 예제 파일에도 적용할 수 있다. 스플렁크에는 미리 만들어진 윈도우 이벤트 입력을 사용할 수 있어서 윈도우 이벤트 로그를 인덱싱할 때는 이런 방법을 사용하지 말자.

준비

예제를 수행하려면 스플렁크 엔터프라이즈 서버를 구동시킨 다음 리눅스의 /var/log/messages 파일에 접근해 읽어야 한다. 사전 필요조건은 없다. 만약 리눅스 서버를 사용하고 있지 않거나 스플렁크 서버에서 /var/log/messages 파일에 접근 권한이 없다면 책에서 제공된 cp01_messages.log 파일을 사용한다. 이 파일을 스플렁크 서버가 접근할 수 있는 디렉터리에 올리길 바란다.

예제 구현

파일의 내용을 모니터링하고 인덱싱하려면 다음 예제를 단계별로 수행한다.

1. 스플렁크 서버에 로그인한다.

2. 오른쪽 위 구석에 있는 홈 런처home launcher의 **Add Data** 버튼을 클릭한다.

3. Choose a Data Type 목록에서 A file or directory of files를 클릭한다.

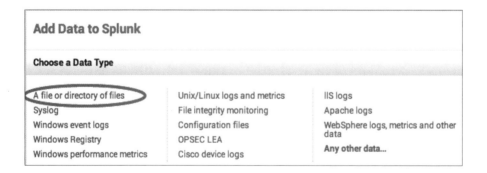

4. Consume any file on this Splunk server 옵션의 Next를 클릭한다.

5. Preview data before indexing을 선택하고 로그 파일의 경로(/var/log/messages 또는 cp01_messages.log 파일의 위치)를 입력한다. 그리고 Continue를 클릭한다.

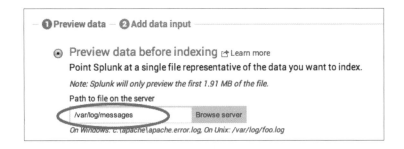

6. Start a new source type을 선택하고 Continue를 클릭한다.

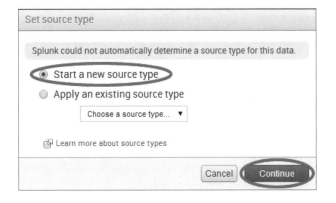

7. 책에서 제공한 파일이나 /var/log/messages 파일을 사용한다고 가정하면 데이터 미리 보기에서 이벤트와 타임스탬프가 올바르게 라인으로 쪼개질 것이다. Continue를 클릭한다.

8. Review settings 박스가 나타날 것이다. linux_messages를 소스 타입으로 입력하

고 Save source type을 클릭한다.

9. Sourcetype saved 박스가 나타날 것이다. Create input을 선택한다.

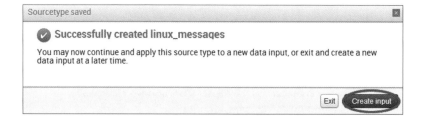

10. Source 항목에서, Continuously index data from a file or directory this Splunk instance can access를 선택하고 데이터의 경로를 적는다.

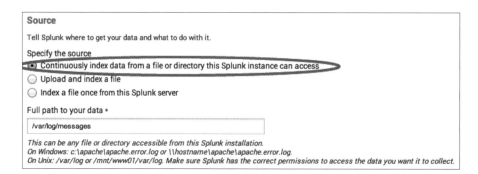

파일을 한 번만 올리기 위해 Upload and Index a file을 대신 선택한다. 스플렁크에 집어넣고 싶은 데이터, 불완전하거나 빠져서 채워 넣어야 하는 데이터 또는 단지 검색이나 리포팅 도구를 이용할 데이터를 인덱싱하는 데 유용하다.

11. 다른 설정은 무시하고 지금은 단순히 Save를 클릭한다. 그리고 다음 화면에서 Start searching을 클릭한다. 검색 바에서 전체 시간인 All time으로 다음의 검색어를 입력한다.

```
sourcetype=linux_messages
```

 예제에서 단순히 일반 시스로그(syslog) 타입을 사용할 수 있다. 그러나 새로운 소스 타입을 만드는 것이 더 좋은 선택인 경우가 많다. 시스로그 포맷은 데이터 소스에 따라 완전히 다를 수 있다. 필드 추출(field extractions) 같은 지식 객체(knowledge object)가 소스 타입에 기반을 두기 때문에 모든 것에 하나의 시스로그 소스 타입을 사용한다면 소스 타입 간 구분을 하지 못하므로 필요한 데이터를 검색하기 어려울 수 있다.

예제 분석

새로운 디렉터리나 파일 입력을 추가하면 inputs.conf 파일에 새로운 설정 절이 추가된다. 스플렁크 서버는 하나 또는 하나 이상의 inputs.conf 파일을 가질 수 있다. 그리고 이 파일들은 $SPLUNK_HOME/etc/system/local 또는 스플렁크 앱의 로컬 디렉터리에 위치한다.

스플렁크는 입력 타입에 모니터^{monitor}를 사용해 파일이나 디렉터리를 지정한다. 만약 모니터를 디렉터리로 설정하면 디렉터리의 모든 파일을 모니터링한다. 스플렁크가 파일을 모니터링할 때 우선 읽을 수 있는 모든 파일을 인덱싱하면서 시작한다. 이일을 마치고 스플렁크는 마지막 읽은 데이터가 어디인지 기록을 유지하고 있다가 파일로 새로운 데이터가 들어오면 새로운 데이터를 읽고 기록을 갱신한다. 처리 과정은 유닉스 기반 운영체제 시스템의 tail 명령어와 거의 동일하다. 만일 디렉터리를 모니터링한다면 블랙리스트 파일^{blacklisting files}(스플렁크가 인덱싱하지 말아야 할 파일 목록) 같은 다양한 추가 설정 옵션을 사용할 수 있다.

 스플렁크 설정 파일에 대한 더 많은 정보를 원한다면 http://docs.splunk.com/Documentation/Splunk/latest/Admin/Aboutconfigurationfiles를 방문하길 바란다.

부연 설명

이번 예제에서 윤곽을 잡은 대로 웹 인터페이스를 통해 파일과 디렉터리를 모니터링하는 입력을 추가할 수 있다. 반면에 여러 입력을 빠르게 추가하는 접근 방식도 있다. 이 방식으로 스플렁크가 제공하는 많은 옵션을 사용자화할 수 있다.

CLI를 통해 디렉터리와 파일 추가

그래픽 사용자 인터페이스^{GUI}를 사용하는 대신 스플렁크 CLI(커맨드라인 인터페이스)를 통해 파일이나 디렉터리로 입력을 추가할 수 있다. $SPLUNK_HOME/bin 디렉터리로 가서 다음 명령어를 실행한다(아래 명령어를 모니터링하고 싶은 파일이나 디렉터리로 바꿔보자).

유닉스의 경우

```
./splunk add monitor /var/log/messages -sourcetype linux_messages
```

윈도우의 경우

```
splunk add monitor c:\filelocation\cp01_messages.log -sourcetype linux_messages
```

모니터링할 파일 위치와 함께 쓸 수 있는 여러 파라미터가 있다. CLI를 사용한 데이터 입력에 대해 스플렁크 문서를 참조하길 바란다(http://docs.splunk.com/Documentation/Splunk/latest/Data/MonitorfilesanddirectoriesusingtheCLI).

inputs.conf를 사용한 파일과 디렉터리 입력 추가

inputs.conf 설정 파일에 직접 수동으로 파일과 디렉터리 입력을 추가하는 방법이 있다. 이 접근법은 입력을 대량으로 추가해야 할 경우나 파일이나 디렉터리를 모니터링하는 스플렁크 포워더^{Splunk forwarder}를 사용하는 경우 자주 쓴다.

$SPLUNK_HOME/etc/system/local/inputs.conf를 편집해 입력에 추가한다. 입력을 추가한 후 변경을 적용하려면 스플렁크를 재시작해야 한다.

유닉스의 경우

```
[monitor:///var/log/messages]
sourcetype = linux_messages
```

윈도우의 경우

```
[monitor://c:\filelocation\cp01_messages.log]
sourcetype = linux_messages
```

 모니터링할 새로운 파일이나 디렉터리를 여럿 추가하려면 inputs.conf 파일을 직접 수정하는 방식이 일반적으로 빠르다. inputs.conf를 수정하려면 문법을 정확히 사용해야 하고 수정사항을 반영하려면 스플렁크를 재시작해야 한다. 또한 inputs.conf에 소스타입을 명시하는 것이 권장되는 사용 방식이다.

스플렁크 CLI를 사용한 일회성 데이터 인덱싱

스플렁크 그래픽 사용자 인터페이스에서 Upload and Index a file을 선택해 파일을 업로드하고 인덱싱할 수 있지만, 일회성으로 대량의 데이터를 적재하는 데 사용하는 몇 개의 CLI 함수가 있다. oneshot 명령어를 사용해 파일이 위치한 경로와 소스 타입 같은 파라미터를 스플렁크에 알려준다.

```
./splunk add oneshot XXXXXXX
```

또 다른 방법은 스플렁크 스풀^{spool} 디렉터리에 인덱싱하려는 파일을 놓는 것이다.

$SPLUNK_HOME/var/spool/splunk, 그리고 스풀 명령어를 사용해 파일을 추가한다.

```
./splunk spool XXXXXXX
```

만약 윈도우 환경이라면 앞서 나온 스플렁크 명령어에 ./를 생략한다.

윈도우 이벤트 로그 인덱싱

스플렁크는 윈도우 이벤트 로그와 같은 일부 소스 타입에 대한 inputs.conf 설정을
가지고 있다. 일반적으로 스플렁크 유니버설 포워더^{UF, Universal Forwarder}가 윈도우 서버
에 설치되고 스플렁크 인덱서로 윈도우 이벤트를 전달하도록 설정할 것이다. inputs.
conf에 윈도우 보안, 애플리케이션, 시스템 이벤트 로그를 실시간으로 모니터링하게
하는 설정은 다음과 같다.

```
[WinEventLog://Application]
disabled = 0
[WinEventLog://Security]
disabled = 0
[WinEventLog://System]
disabled = 0
```

특별히 인덱스를 지정하지 않는 한, 이벤트 데이터는 메인 인덱스로 갈 것이다.

참고 사항

- ▶ 네트워크 포트로 데이터 수집 예제
- ▶ 스크립트 입력 사용 예제
- ▶ 모듈러 입력 사용 예제

네트워크 포트로 데이터 수집

모든 장비가 로그 파일을 만드는 사치를 누리지는 않는다. 네트워크 포트로 데이터를
보내는 방식은 여전히 일반적인 사용 방식이다. 예를 들어, 시스로그를 통해 로그를
보내는 방식은 방화벽, 라우터, 스위치 같은 네트워크 장비 데이터를 수집할 때 주로
사용하는 방식이다.

네트워크 포트를 통해 스플렁크로 데이터를 보내는 것은 네트워크 장비로 한정되지 않는다. 애플리케이션과 스크립트도 스플렁크가 리스닝^{listening}하고 있는 네트워크 포트로 소켓 통신을 사용할 수 있다. 어쩔 수 없이 파일을 쓸 수 없는 상황에서 스플렁크로 데이터를 전달할 때 사용할 수 있는 유용한 도구가 될 수 있다.

이 예제에서 시스로그 데이터를 UDP 네트워크 포트로 받게 스플렁크를 설정하는 법을 보여줄 것이다. 같은 방식으로 TCP 포트에도 적용할 수 있다.

준비

이 예제를 따라가려면 스플렁크 엔터프라이즈 서버를 구동시켜야 한다. 다른 준비사항은 없다.

예제 구현

네트워크 UDP 데이터를 받게 스플렁크를 설정하는 예제를 단계별로 따라 해보자.

1. 스플렁크 서버에 로그인한다.

2. 오른쪽 위 구석에 있는 홈 런처의 **Add Data** 버튼을 클릭한다.

3. Or Choose a Data Source 목록에서 From a UDP port를 클릭한다.

4. Source 부분에서 UDP port 필드에 514를 입력한다. 514와 같은 권한이 필요한 포트에 접근하려면 유닉스/리눅스에서 스플렁크를 root로 구동해야만 한다. 다른 방법은 1514와 같은 더 높은 숫자의 포트를 사용하거나 iptables의 라우팅 룰 routing rules을 사용해 514에서 다른 포트로 데이터를 전달하는 방법을 쓰는 것이다.

5. Source type 부분에 있는 Set sourcetype 드롭다운 리스트에서 From list를 선택하고, Select source type from list 드롭다운 목록에서 syslog를 선택한다.

6. Save를 클릭하고 다음 스크린에서 Start searching을 선택한다. 이제 스플렁크가 UDP 포트 514를 리스닝하도록 설정했다. 이 포트로 보낸 모든 데이터의 소스 타입은 이제 시스로그 소스 타입이 될 것이다. 시스로그 소스 타입을 검색하려면 다음 명령어를 실행한다.

```
sourcetype=syslog
```

당연히 스플렁크 서버 IP의 UDP 포트 514에 데이터를 보내기 전까지 아무런 데이터를 볼 수 없을 것이다.

네트워크 포트 입력을 추가하면 inputs.conf에 새로운 설정을 기술한 절이 추가된다. 스플렁크 서버는 하나 이상의 inputs.conf 파일을 가지고 있고 $SPLUNK_HOME/etc/system/local 디렉터리 또는 스플렁크 앱의 local 디렉터리에 위치한다.

네트워크 포트의 데이터를 수집하려고 스플렁크는 기술한 TCP 또는 UDP 포트를 리스닝하는 소켓을 만들고 그 포트로 들어오는 데이터를 인덱싱할 것이다. 예를 들어 이번 예제에서 UDP 데이터를 받는 514 포트를 리스닝하도록 스플렁크를 설정하고 해당 포트에 데이터가 들어오면, 스플렁크는 데이터를 인덱싱하고 syslog 소스 타입을 부여할 것이다.

스플렁크는 네트워크 입력에 사용하는 다양한 옵션 설정을 제공한다. 예를 들면 수집 데이터에 사용할 호스트 값을 알아내는 방법 같은 옵션이다.

 스플렁크의 설정 파일에 대해 더 알고 싶다면 http://docs.splunk.com/Documentation/Splunk/latest/Admin/Aboutconfigurationfiles를 방문해보자.

네트워크 포트로부터 데이터를 받아오는 입력을 추가하는 일은 이번 예제에서 윤곽을 잡을 형태처럼 웹 인터페이스를 통해 할 수 있지만 여러 입력을 빠르게 추가하는 다른 방법도 있다. 이런 방식을 사용하면 스플렁크가 제공하는 많은 옵션 설정을 사용자화할 수 있다.

CLI를 통한 네트워크 입력 추가

파일과 디렉터리 입력을 스플렁크 CLI를 통해 추가할 수 있었다. 마찬가지로 $SPLUNK_HOME/bin 위치로 이동해 다음 명령을 수행한다(원하는 프로토콜, 포트, 소스 타입으로 바꿔도 된다.).

유닉스의 경우

```
./splunk add udp 514 -sourcetype syslog
```

윈도우의 경우

```
splunk add udp 514 -sourcetype syslog
```

포트와 같이 전달할 다양한 파라미터가 있다. CLI를 사용한 데이터 입력에 대해 더 알고 싶으면 http://docs.splunk.com/Documentation/Splunk/latest/Data/Monitor filesanddirectoriesusingtheCLI를 방문하길 바란다.

inputs.conf를 사용한 네트워크 추가

네트워크 입력은 inputs.conf 설정 파일을 통해 수동으로 추가할 수 있다. $SPLUNK_HOME/etc/system/local/inputs.conf 파일을 수정해 입력을 추가한다. 변경사항을 적용하려면 스플렁크를 재시작해야 한다.

```
[udp://514]
sourcetype = syslog
```

 인덱서로 직접 시스로그 데이터를 보내지 않는 방식을 권장한다. 대신에 포워더를 네트워크 장비와 인덱서 사이에 사용한다. 스플렁크 포워더는 시스로그 유입 데이터(inputs.conf)를 받아서 여러 스플렁크 인덱서(ouputs.conf)들로 부하 분배하도록 설정될 것이다. 포워더는 또한 인덱서로의 연결을 잃어버릴 경우에 대비해 시스로그 데이터를 캐시하도록 설정할 수도 있다.

참고 사항

▶ 파일과 디렉터리 인덱싱 예제

▶ 스크립트 입력 사용 예제

▶ 모듈러 입력 사용 예제

스크립트 입력 사용

모든 로그 파일이나 네트워크 포트로부터 오는 데이터가 운영 인텔리전스에 유용하지는 않다. 스플렁크는 스크립트나 명령어의 출력을 가져와 모든 다른 데이터와 함께 인덱싱할 수 있다.

스크립트 입력은 쉽게 얻기 힘든 데이터를 가져오기에 적합하다. 예를 들어 써드파티에서 제공한 커맨드라인 프로그램으로부터 데이터를 수집할 경우 스플렁크가 명령어를 주기적으로 실행해 출력을 인덱싱하도록 할 수 있다. 일반적으로 스크립트 입력은 데이터 소스로부터 데이터를 끌어오는 방식에서 사용한다. 반면에 네트워크 입력은 데이터 소스로부터 데이터가 오기를 기다린다.

이 예제에서 스플렁크가 사용자의 명령을 주기적으로 실행해 출력을 직접 스플렁크로 집어넣게 설정하는 법을 보여줄 것이다.

준비

예제를 수행하려면 스플렁크 서버와 현재 사용자 환경에 맞는 스크립트 입력 스크립트가 필요할 것이다. 예를 들어 윈도우를 사용한다면 cp01_scripted_input.bat 파일을 사용한다. 이 스크립트는 $SPLUNK_HOME/bin/scripts 디렉터리로 이동시킨다. 다른 사전 조건은 없다.

예제 구현

스크립트 입력을 설정하려면 예제의 다음 단계를 따른다.

1. 스플렁크 서버에 로그인한다.

2. 오른쪽 위 구석에 있는 홈 런처의 **Add Data** 버튼을 클릭한다.

3. Or Choose a Data Source 목록에서 Run and collect the output of a script 링크를 클릭한다.

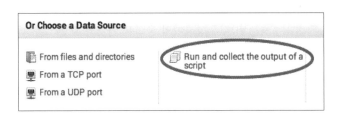

4. 여러 입력 필드와 함께 Add new 화면이 보일 것이다. Source 절에서 실행할 명령어를 명령어 인자와 함께 전체 경로로 입력한다. 모든 스크립트는 $SPLUNK_HOME/bin/scripts 또는 적당한 스플렁크 앱 안의 bin 디렉터리에 위치해야만 한다.

5. Interval 항목에 스크립트가 실행될 주기를 초 단위 값으로 입력한다. 기본값은 60초다.

6. Source type 절에서 미리 정의된 소스 타입 옵션을 선택하거나 Manual을 선택해 값을 직접 입력해야 한다. 이 예제의 목적상 소스 타입을 Manual로 선택하고 cp01_scripted_input을 Source type으로 선택한다.

Add new
Add data » Script » Add new

Source

Command *

```
$SPLUNK_HOME/bin/scripts/cp01_scripted_input.py
```

On Unix: /opt/splunk/bin/scripts/getData.sh foo "bar baz"
On Windows: c:\program files\splunk\bin\scripts\getData.bat "foo bar" baz

Interval *

```
60.0
```

Number of seconds to wait before running the command again, or a valid cron schedule.

Source name override

If set, overrides the default source value for your script entry (script:path_to_script).

Source type

Set sourcetype field for all events from this source.

Set sourcetype *

Manual ▼

Source type *

cp01_scripted_input

If this field is left blank, the default value of script will be used for the source type.

☐ **More settings**

Cancel   Save

스플렁크의 기본 인덱스인 메인에 데이터가 인덱싱될 것이다. 목적지 인덱스를 바꾸려면 More Settings 체크박스를 선택하고 드롭다운 리스트에서 원하는 인덱스를 선택할 수 있다.

7. Save를 클릭하고 다음 스크린에서 Start searching을 클릭한다. 이제 스크립트 입력을 기술한 주기인 매 60초마다 스플렁크가 실행하도록 설정했다. 스크립트 입력으로 반환된 데이터를 모든 시간 범위에서 검색하려면 다음과 같이 한다.

```
sourcetype=cp01_scripted_input
```

예제 분석

스크립트 입력을 추가하면 스플렁크가 inputs.conf 파일에 새로운 설정 절을 추가한다. 스플렁크 서버는 하나 이상의 inputs.conf 파일을 가지고 있고 $SPLUNK_HOME/etc/system/local 또는 스플렁크 앱의 local 디렉터리에 있다.

스크립트 입력을 추가한 후 스플렁크는 내부 타이머를 설정해 기술한 명령어가 설정한 주기대로 실행하도록 한다. 스플렁크가 한 번에 하나의 인스턴스만 실행한다는 점을 명심해야 한다. 그래서 스크립트가 어떠한 이유로든 블럭된다면 블럭이 풀리기 전까지 스크립트가 재실행되지 않는다.

스플렁크 4.2 이후로 stderr(표준 에러 출력)으로 나오는 스크립트 입력은 splunkd.log 파일로 수집되어서 스크립트를 디버깅할 때 유용하게 사용할 수 있다. 스플렁크는 기본 설정으로 자신의 데이터를 인덱싱해서 필요하다면 스크립트 입력으로부터 나온 에러와 경고를 검색할 수 있다.

앞서 언급했듯이 보안상의 이유로 스플렁크는 bin 디렉터리 밖에 위치한 스크립트를 실행하지 않을 것이다. 이 제약을 피하려면 가지고 있는 장비의 다른 위치에 있는 스크립트를 호출하는 래퍼 스크립트^{wrapper script}(리눅스의 셸 스크립트나 윈도우의 배치 파일)를 사용해야 한다.

참고 사항

▶ 파일과 디렉터리 인덱싱 예제
▶ 네트워크 포트로 데이터 수집 예제
▶ 모듈러 입력 사용 예제

모듈러 입력 사용

스플렁크 5.0 이후로 사용자가 필요한 입력 타입을 생성하고 공유하는 방식으로 데이터 입력 기능을 확장할 수 있으며 만든 입력 타입을 사용자화할 수 있게 해준다.

모듈러 입력^{modular input}은 스크립트 입력 모델에서 더 나아간다. 원래 사용자가 필요한 추가 기능은 스크립트 안에 모두 들어있어야 하기 때문에 스플렁크 내에서 사용자화할 수 없는 것이 단점이다. 예를 들어 하나의 데이터 소스로부터 두 개의 다른 사용자 이름을 사용해 데이터를 가져오는 일을 하려면 스크립트를 두 개 복사하든지 스크립트 입력 설정에 명령어 인자를 사용하도록 해야 할 것이다.

모듈러 입력 기능을 사용하면, 개발자는 스플렁크의 파라미터를 노출하는 재사용한 앱 형태로 코드를 숨겨 포장할 수 있다. 그래서 스플렁크 관리자가 익숙한 방식대로 설정할 수 있게 해준다.

이 예제는 주기적으로 명령어를 실행해 결과 값을 인덱싱하는 커맨드 모듈러^{Command} Modular 입력을 설정하는 법을 보여준다. 이 입력을 사용해, 리눅스에서 사용하는 vmstat 명령과 윈도우에서 사용하는 systeminfo 명령의 출력 데이터를 수집하게 할 것이다.

준비

이 예제를 수행하려면 인터넷에 접속된 구동 중인 스플렁크 서버가 필요하다. 다른 사전 조건은 없다.

예제 구현

모듈러 입력을 설정하려면 예제의 다음 단계를 따른다.

1. 스플렁크 서버에 로그인한다.

2. 홈 화면의 왼쪽 위 Apps 메뉴에서 Find More Apps를 클릭한다.

3. 검색 필드에서 command modular input이라 입력하고 확대경 아이콘을 클릭한다.

4. 검색 결과에서 Command Modular Input 설치를 위해 Install free 버튼을 클릭한다.

5. Splunk.com 계정 정보를 입력하고 로그인을 클릭한다. 스플렁크에서 앱이 정상 적으로 설치됐다는 메시지가 나와야 한다.

6. 오른쪽 위 구석에 있는 홈 런처의 Settings 메뉴를 클릭하고 Data inputs 링크를 클릭한다.

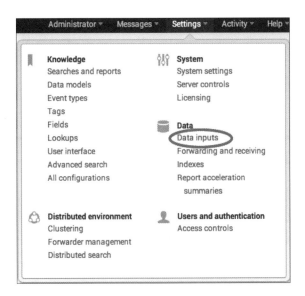

7. Data input 페이지에서 Type 아래에 Command 링크를 클릭한다.

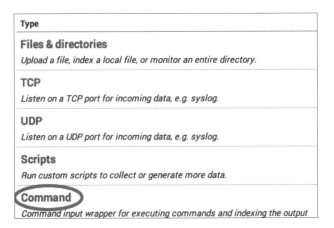

8. New를 클릭한다.

9. Mod Input Name 필드에 SystemInfo를 입력한다.

리눅스를 사용 중이면 /usr/bin/vmstat를 Command Name 필드에 입력하고 윈도우를 사용 중이면 C:\Windows\System32\systeminfo.exe를 입력한다.

Mod Input Name *

SystemInfo

Name of this command input

Command Name *

/usr/bin/vmstat

 시스템 경로에서 실행할 명령어를 찾지 못한다면 전체 경로를 사용한다.

10. Command Arguments 필드에 Command Name 필드 항목의 명령어로 넘길 인자를 입력한다. Command Execution Interval 필드에 얼마나 자주 명령어가 실행될지 값을 입력한다(여기서는 60초를 사용). 출력이 스트림 방식이면 Command Execution Interval 항목을 기입하지 않고 Streaming Output 필드를 체크한다.

Command Arguments

Arguments string for the command.Environnment variables in the format

☐ Streaming Output ?

Whether or not the command output is streaming(std out remains open) relevant.

Command Execution Interval

60

Interval time in seconds to execute the command, defaults to 60 seconds

11. Source type 섹션에서 미리 정의된 소스 타입이나 Manual을 선택해 값을 입력할 수 있다. 이번 예제에서는 Manual을 소스 타입으로 선택하고 cp01_modular_input을 값으로 입력한다.

12. Save를 클릭해 입력을 저장한다. 이제부터 스플렁크는 설정한 모듈러 입력으로 60초마다 실행한다. All time 범위의 스크립트 입력에서 반환된 데이터를 검색하려면 다음과 같이 검색한다.

```
sourcetype=cp01_modular_input
```

모듈러 입력은 스플렁크 앱에 묶여 제공되고 설치될 때 스플렁크의 **Data inputs** 섹션에 나타나는 코드와 설정을 가지고 있다. 이번 예제에서 주기적으로 명령를 실행하는 모듈러 입력 애플리케이션을 설치했다. 매 분마다 명령어를 실행하고 각 명령어의 결과를 인덱싱하고 소스 타입을 cp01_modular_input으로 하도록 설정했다.

모듈러 입력은 다양한 언어로 만들 수 있고 옵션과 실행 동작 설정을 할 수 있게 해주는 어떤 인터페이스 집합을 따르기만 하면 된다. 입력 방식을 어떻게 디자인하느냐에 따라 지속적으로 실행하거나 주기적으로 실행해서 데이터를 받아 스플렁크로 전달하게 할 수 있다.

 REST API, SNMP, PowerShell 같은 모듈러 입력을 스플렁크 앱 사이트(http://apps.splunk.com)에서 찾을 수 있다.

부연 설명

모듈러 입력을 만드는 법에 대해 더 알고 싶다면 http://docs.splunk.com/Documentation/Splunk/latest/AdvancedDev에 있는 'Developing Views and Apps for Splunk Web' 메뉴얼의 Modular Inputs 섹션을 참고하자.

참고 사항

▶ 파일과 디렉터리 인덱싱 예제
▶ 네트워크 포트로 데이터 수집 예제
▶ 스크립트 입력 사용 예제

유니버설 포워더를 사용해 데이터 수집

오늘날 대부분의 IT 환경은 오피스 내에 서로 가까이 위치한 다수의 서버 환경뿐 아니라 지리적으로 떨어져 있는 데이터센터처럼 수백 개의 말단 서버로 구성된 환경까지 아우른다.

수집하려는 데이터가 스플렁크가 설치된 서버와 같지 않을 때 스플렁크 유니버설 포워더UF를 원격지의 말단 서버에 설치해 스플렁크로 데이터를 전달해 인덱싱하도록 할 수 있다.

유니버설 포워더는 스플렁크 서버와 유사하지만 스플렁크 웹 화면이 없고 파이썬 실행 파일과 라이브러리가 같이 묶여 있지 않다. 또한 라인 쪼개기나 타임스탬프 추출 같은 데이터 처리를 미리 할 수 없다.

이번 예제에서는 스플렁크 포워더가 데이터를 전달하고 인덱서가 데이터를 받아 인덱싱하는 법을 알려줄 것이다.

준비

이 예제를 따라 하려면 스플렁크 유니버설 포워더를 설치하고 설정은 하지 않는다. 그리고 구동 중인 스플렁크 서버가 필요하다. 그 밖에 다른 사전 준비는 필요 없다.

 스플렁크 유니버설 포워더는 www.splunk.com/download에서 다운로드한다. 계정이 없다면 먼저 계정을 만들어야 한다. 서버로 바로 다운로드하거나 데스크톱 또는 워크스테이션에 다운로드해서 SFTP 같은 파일 전송 프로토콜을 사용해 서버에 올린다.

예제 구현

스플렁크 포워더로 데이터를 전달하고 인덱서로 데이터를 받는 설정을 하는 예제를 따라가보자.

1. 유니버설 포워더가 설치된 서버에서 윈도우 사용자라면 명령 프롬프트를 열고, 유닉스 사용자라면 터미널 윈도우를 연다.

2. $SPLUNK_HOME 디렉터리에 스플렁크 포워더가 설치되어 있다면 $SPLUNK_HOME/bin 디렉터리로 이동한다.

   유닉스의 기본 설치 디렉터리는 /opt/splunkforwarder/bin이고, 윈도우는 C:\Program Files\SplunkUniversalForwarder\bin이다.

 이후, 윈도우 환경에선 스플렁크 명령어 앞에 붙은 ./를 생략한다.

3. 다음 명령어를 사용해 스플렁크 포워더를 실행한다.

   `./splunk start`

4. 라이선스 관련 화면을 넘긴다.

5. 다음 명령어를 사용해 유니버설 포워더 자동 실행을 활성화한다.

   `./splunk enable boot-start`

6. 유니버설 포워더가 데이터를 보낼 인덱서를 지정한다. 인덱서의 호스트 값과 유니버설 포워더의 사용자 이름, 패스워드를 적절히 바꾼다.

   `./splunk add forward-server <host>:9997 -auth <username>:<password>`

   포워더에 로그인할 사용자 이름과 패스워드는 `<username>:<password>`(기본값은 admin:changeme)이다.

 데이터를 받는 추가 인덱서를 이전과 같은 방법을 반복해 추가할 수 있다. 다른 인덱서의 호스트 또는 IP를 사용한다. 하나 이상의 인덱서가 등록되어 있으면 스플렁크는 자동으로 부하 분배해 데이터를 전달할 것이다. 포트 9997은 스플렁크 기본 TCP 포트이고 어떤 이유로든지 쓸 수 없을 때만 변경해야 한다.

받는 쪽 스플렁크 인덱서 서버에서 다음의 과정을 따른다.

1. 수신 인덱서 서버에 로그인한다. 홈 런처에서 오른쪽 위에 Settings 메뉴 아이템을 클릭하고 Fowarding and receiving 링크를 클릭한다.

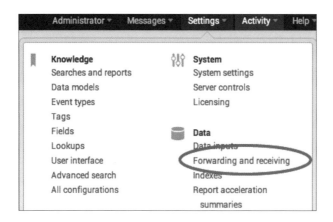

2. Configure receiving 링크를 클릭한다.

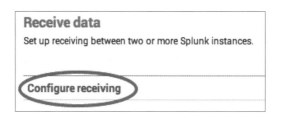

3. New를 클릭한다.

4. Listen on this port 항목에 9997을 입력한다.

5. Save를 클릭하고 스플렁크를 재시작한다. 유니버설 포워더를 설치했고 스플렁크 서버로 데이터를 보내도록 설정됐다. 그리고 스플렁크 서버는 기본 스플렁크 TCP 포트인 9997로 데이터를 받도록 했다.

데이터를 보내는 포워더를 설정하면 outputs.conf 파일에 새로운 설정을 추가하게 된다. 스플렁크 서버에서 받기를 활성화하기 위해 inputs.conf 파일에 [splunktcp] 절을 추가할 것이다. 스플렁크 포워더의 outputs.conf 파일은 $SPLUNK_HOME/etc/system/local에 위치할 것이고 스플렁크 서버에서 받기 설정할 때 서버의 inputs.conf 파일은 앱의 로컬 디렉터리에 위치할 것이다(런처 앱일 경우).

포워더를 사용해 데이터를 수집하고 전달하는 방식은 많은 장점이 있다. 포워더가 인덱서와 통신하는 기본값인 9997 TCP 포트는 열어야 할 방화벽 규칙을 단순하게 해준다. 포워더는 여러 인덱스에 데이터를 부하 분배하도록 설정할 수 있어 검색 속도와 가용성을 높일 수 있다. 게다가 인덱서와의 통신이 끊어졌을 때 수집한 데이터를 쌓아두도록 설정할 수 있다. 이 기능은 로그 파일을 읽는 경우와 다르게 성능 카운터나 시스로그 스트림 같이 다시 읽을 수 없는 데이터를 수집하는 데 매우 중요하다.

앞서 본 예제처럼 유니버설 포워더는 커맨드라인 인터페이스를 통해 설정할 수 있다. 반면에 설정을 빠르게 수정하고 스플렁크가 제공하는 다양한 설정 옵션으로 사용자화할 수 있는 다른 방법도 있다.

outputs.conf를 사용한 수신 인덱서 추가

수신 인덱서는 유니버설 포워더의 outputs.conf 파일에 직접 추가한다. $SPLUNK_HOME/etc/system/local/outputs.conf를 수정해 입력을 추가하고 유니버설 포워더를 재시작한다. 다음 예제에는 두 개의 수신 인덱서가 기술되어 있다. [tcpout-server] 절을 사용해 개별 수신 인덱서에 대한 출력 설정을 추가할 수 있다.

```
[tcpout]
defaultGroup = default-autolb-group

[tcpout:default-autolb-group]
disabled = false
```

```
server = mysplunkindexer1:9997,mysplunkindexer2:9997

[tcpout-server://mysplunkindexer1:9997]
[tcpout-server://mysplunkindexer2:9997]
```

 만약 유니버설 포워더의 inputs.conf에 아무 설정이 없지만 outputs.conf에 적어도 하나의 유효한 수신 인덱서 설정이 있으면, 스플렁크는 내부 로그 데이터만 인덱서로 전달할 것이다. 이를 이용해 포워더가 실 데이터를 보내고 있지 않지만, 포워더를 정상적으로 설정했는지, 스플렁크 인덱서가 포워더를 인식하고 있는지 확인할 수 있다.

책의 예제 데이터 적재

데이터를 스플렁크로 수집해 인덱싱하는 일은 대부분 실시간으로 이뤄지지만 스플렁크에 데이터 집합을 한 번에 넣어야 할 경우도 있을 것이다. 빠지거나 부족한 데이터를 다시 채우는 경우나 데이터에 검색과 리포팅 도구를 적용해 이용하려는 경우다.

이번 예제에서 스플렁크 서버에 있는 파일을 가지고 데이터 일회성 대량 적재를 수행할 것이다. 이번 예제에서 이렇게 적재한 예제 데이터는 다음 장부터 스플렁크로 오퍼레이셔널 인텔리전스 앱을 만드는 데 계속 사용할 것이다.

예제 데이터는 두 개의 파일로 이뤄져 있다. 첫 번째는 access_log이며 웹 계층으로 나온 데이터를 나타내고 아파치 웹 서버 모델로 만들어졌다. 두 번째는 app_log이며 애플리케이션 계층의 데이터를 나타내고 log4j 애플리케이션 로그 데이터를 모델로 만들어졌다.

준비

이 예제를 따라가려면 구동 중인 스플렁크 서버가 필요하고 예제 데이터 생성 앱을 스플렁크 서버에 복사해야 한다(OpsDataGen.spl).

예제 데이터 생성기를 시스템에 적재하려면 다음 단계를 따르자.

1. 스플렁크 서버에 로그인한다.

2. 홈 런처에서 왼쪽 위 Apps 메뉴를 선택하고 Manage Apps를 클릭한다.

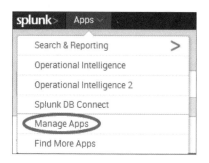

3. Install App from file을 선택한다.

4. 컴퓨터에서 OpsDataGen.spl 파일의 위치를 선택하고, 설치되도록 Upload 버튼을 클릭한다.

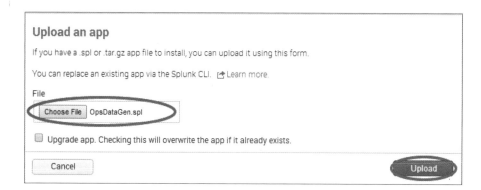

5. 설치 후 화면 앱이 성공적으로 설치됐다는 사실을 알게 해주는 파란색 바가 화면 위에 보여야 한다. 또는 앱 목록에서 OpsDataGen 앱을 확인할 수 있다.

6. 기본적으로 데이터 생성 스크립트는 비활성화되어 있다. 데이터를 생성하려면 운영체제에 따라 윈도우나 리눅스 스크립트를 활성화해야 한다. 스크립트를 활성화하려면 화면 오른쪽 위의 Settings 메뉴에서 Data Inputs를 선택한다.

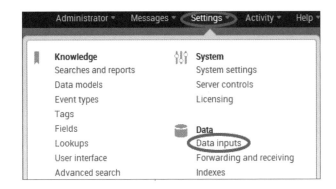

7. 다음의 Data Inputs 화면에서 Scripts를 선택한다.

8. Scripts 화면에서 운영체제에 따라 OpsDataGen 스크립트 위치를 지정하고 Enable을 클릭한다.

리눅스의 경우

```
$SPLUNK_HOME/etc/apps/OpsDataGen/bin/AppGen.path
```

윈도우의 경우

```
$SPLUNK_HOME\etc\apps\OpsDataGen\bin\AppGen-win.path
```

다음 스크린샷은 OpsDataGen을 설치한 후 사용할 수 있는 리눅스와 윈도우 입력 둘 다를 보여준다. 스플렁크가 설치된 운영체제에 따라 활성화시키려면 어디를 클릭해야 하는지 알 수 있다.

Command ⇅		Interval ⇅	Source type ⇅	App ⇅	Status ⇅
$SPLUNK_HOME/etc/apps/OpsDataGen/bin/AppGen.path	Linux	300	AppGenLogs	OpsDataGen	Disabled | Enable
$SPLUNK_HOME\bin\scripts\cp01_scripted_input.bat		60.0	cp01_scripted_input	system	Disabled | Enable
$SPLUNK_HOME\bin\scripts\splunk-wmi.path		10000000	wmi	system	Disabled | Enable
$SPLUNK_HOME/etc/apps/OpsDataGen/bin/AppGen-win.path	Windows	300	AppGenLogs	OpsDataGen	Disabled | Enable

9. 화면 오른쪽 위의 Settings 메뉴를 선택하고 Data Inputs와 Files & directories를 차례로 선택한다.

10. Files & directories 화면에서 운영체제에 따라 OpsDataGen 입력 위치를 지정하고 각각 Enable을 클릭한다.

리눅스의 경우

```
$SPLUNK_HOME/etc/apps/OpsDataGen/data/access_log
$SPLUNK_HOME/etc/apps/OpsDataGen/data/app_log
```

윈도우의 경우

```
$SPLUNK_HOME\etc\apps\OpsDataGen\data\access_log
$SPLUNK_HOME\etc\apps\OpsDataGen\data\app_log
```

다음 스크린샷은 OpsDataGen 앱을 설치한 후 윈도우와 리눅스 입력을 보여준다. 또한 스플렁크가 설치된 운영체제에 따라 올바르게 활성화시키기 위해 클릭해야 할 곳을 보여준다.

Full path to your data ⇅	Set host ⇅	Source type ⇅	Set the destination index ⇅	Number of files ⇅	App ⇅		Status ⇅
$SPLUNK_HOME/etc/apps/OpsDataGen/data/access_log	Constant Value	access_combined	main		OpsDataGen	Linux	Disabled | Enable
$SPLUNK_HOME/etc/apps/OpsDataGen/data/app_log	Constant Value	log4j	main		OpsDataGen	Linux	Disabled | Enable
$SPLUNK_HOME\etc\apps\OpsDataGen\data\access_log	Constant Value	access_combined	main		OpsDataGen	Windows	Disabled | Enable
$SPLUNK_HOME\etc\apps\OpsDataGen\data\app_log	Constant Value	log4j	main		OpsDataGen	Windows	Disabled | Enable

11. 이제 데이터를 실시간으로 생성할 것이다. 스플렁크 검색 화면에서 테스트해볼 수 있고 All time (real-time) 범위로 다음과 같이 검색해볼 수 있다.

```
index=main sourcetype=log4j OR sourcetype=access_combined
```

잠시 후 두 개의 소스 타입에서 스플렁크로 흘러들어오는 데이터를 볼 수 있을 것이다. 그리고 다음 스크린샷처럼 데이터 생성 작업이 동작하는 것을 볼 수 있다.

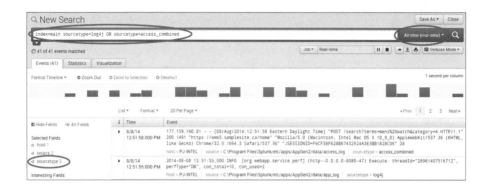

예제 분석

설치된 스플렁크 애플리케이션은 스크립트 입력을 이용한다. 작성한 스크립트는 두 개의 소스 타입에 데이터를 생성한다. access_combined 소스 타입은 웹 접근 로그를, log4j 소스 타입은 애플리케이션 로그의 예를 담고 있다. 이러한 데이터 소스는 앞에 나올 책의 예제에 계속 사용할 것이다. 애플리케이션에 대해선 나중에 상세히 알아볼 것이다.

참고 사항

- ▶ 파일과 디렉터리 인덱싱 예제
- ▶ 네트워크 포트로 데이터 수집 예제
- ▶ 스크립트 입력을 사용한 예제

필드 추출 정의

스플렁크는 다양한 기능을 내장하고 있다. 일반적인 소스 타입에 대한 정보를 가지고 있어서 데이터에 어떤 필드가 있는지 자동으로 인식한다. 스플렁크는 기본으로 로그 데이터의 키 값 쌍이나 JSON 포맷의 로그의 모든 필드를 추출할 것이다. 그러나 원본 로그 데이터의 필드는 종종 해석되지 않는 경우가 있기 때문에 검색할 수 있도록 하기 위해서는 스플렁크에 해당 정보를 입력해야 한다.

다음 장에서 계속 사용할 예제 데이터는 스플렁크에서 필드로 인식할 데이터를 가지고 있다. 스플렁크는 키 값 필드를 원본 로그 데이터로부터 자동으로 추출하지만 페이지 응답시간 같은 특정 필드는 어떻게 추출해야 하는지 알려줘야 한다. 이와 같이 어떻게 필드를 추출할지 알려주는 사용자 정의 필드 추출을 해볼 것이다.

준비

예제를 따라가려면 구동 중인 스플렁크 서버와 운영 인텔리전스 예제 데이터가 적재되어 있어야 한다. 다른 사전 준비는 없다.

예제 구현

응답시간을 추출하기 위한 사용자 필드 추출을 추가하려면 다음 예제를 따른다.

1. 스플렁크 서버에 로그인한다.

2. 오른쪽 위에 Settings 메뉴를 클릭한다. Fields 링크를 클릭한다.

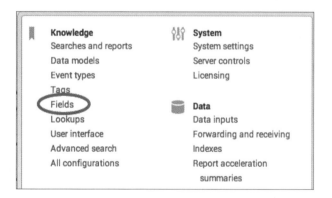

3. Field extractions 링크를 클릭한다.

4. New를 클릭한다.

5. Destination app 필드에서 search 앱을 클릭하고 Name 필드에서 response를 입력한다. Apply to 드롭다운 메뉴에서 sourcetype을 선택하고 named 필드에 access_combined를 입력한다. Type 드롭다운에 inline을 설정하고 Extraction/Transform 필드에 (?i)^(?:[^"]*"){8}\s+(?P⟨response⟩.+) 정규식을 입력한다.

6. Save를 클릭한다.

7. Field Extractions 목록 페이지에서 최근에 추가한 추출을 찾는다. 그리고 Shareing 칼럼에서 Permissions 링크를 클릭한다.

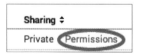

8. Object should appear in 설정을 All apps로 한다. Permissions 부분은 Read 칼럼엔 Everyone을 체크하고 Write 칼럼은 admin만 체크한다. 마지막으로 Save를 클릭한다.

9. 스플렁크 검색 화면으로 가서 Last 60 minutes 시간 범위로 다음과 같이 검색한다.

```
index=main sourcetype=access_combined
```

왼쪽 검색 화면의 Interesting Fields 섹션에서 response 필드가 추출된 것을 볼 수있다.

예제 분석

필드 추출은 props.conf와 transforms.conf 설정 파일로 관리한다. props.conf의 내용에 추출 클래스가 있는데 필드 이름과 값을 검색할 때 쓸 수 있게 정규식으로 추출하도록 해준다. transforms.conf 파일은 여기서 더 나아가 여러 소스, 소스 타입, 호스트에 추출을 재사용 또는 공유하는 고급 기능을 사용할 수 있다.

참고 사항

▶ 책의 예제 데이터 적재 예제
▶ 이벤트 타입과 태그 정의 예제

이벤트 타입과 태그 정의

스플렁크에서 이벤트 타입은 검색과 리포트를 쉽게 하기 위해 데이터의 이벤트를 타입으로 분류하는 방식이다. 이벤트 타입을 사용하는 장점 중 한 가지는 유사 이벤트를 일반적인 기준으로 분류할 수 있다는 것이다. 이벤트 타입은 궁극적으로 검색 기준을 키 값 쌍으로 표현하는 것이다. 태그는 이벤트 데이터 그룹을 효과적으로 검색하도록 해준다. 태그는 이벤트 타입을 포함한 모든 키 값 쌍의 조합에 할당할 수 있다.

예를 들어 윈도우 로그온 이벤트는 이벤트 타입으로 windows_logon, 유닉스 로그온 이벤트는 unix_logon 그리고 VPN 로그인 이벤트는 vpn_logon으로 정할 수 있다. 그리고 이 세 가지 이벤트를 logon_event로 태그할 수 있다. 간단한 검색 tag="logon_event"는 윈도우, 유닉스, VPN 소스 타입 모두의 로그인 이벤트에 대해 검색할 것이다. 반면에 윈도우 로그인 이벤트만 검색하려면 eventtype=windows_logon을 사용한다.

이번 예제에서 예제 데이터를 가지고 이벤트 타입과 태그를 정의하는 법을 보여준다. 특별히 웹 서버의 작업 성공 이벤트 타입을 정의할 것이다.

 이벤트 타입과 태그에 대한 더 많은 정보는 다음을 참고하자.

- ▶ http://docs.splunk.com/Documentation/Splunk/ latest/Knowledge/ Abouteventtypes
- ▶ http://docs.splunk.com/Documentation/Splunk/ latest/Knowledge/ Abouttagsandaliases

준비

예제를 따라가려면 구동 중인 스플렁크 서버와 운영 인텔리전스 예제 데이터가 적재되어 있어야 한다. 다른 사전 준비는 필요 없다.

이벤트 타입과 관련 태그를 정의하려면 다음 단계를 따른다.

1. 스플렁크 서버에 로그인한다.

2. 홈 런처로 오른쪽 위에 Settings 메뉴 아이템을 클릭하고 Event types 링크를 클릭한다.

3. New 버튼을 클릭한다.

4. Destination App 드롭다운에서 search를 선택한다. Name 필드에 HttpRequest-Success를 입력한다. Search string 텍스트 입력 창에 sourcetype=access_combined status=2*를 입력한다. Tag(s) 필드에 webserver를 입력하고 Save를 클릭한다.

5. 이벤트 타입이 생성됐다. 작업을 검증하려면 생성한 태그와 이벤트 타입으로 검색해봐야 한다. **Search & Reporting** 앱의 검색 화면으로 가서 **Last 60 minutes** 시간 범위로 이벤트 타입이 동작하는지 다음과 같은 검색을 수행해 확인한다.

```
eventtype="HttpRequest-Success"
```

6. **Last 60 minutes** 시간 범위로 태그가 동작하는지 다음과 같은 검색을 수행해 확인한다.

```
tag="webserver"
```

예제 분석

이벤트 타입은 검색 시점에서 이벤트에 적용되고 사용자 정의 값과 eventtype 필드로 대량의 데이터를 걸러내는 데 사용할 수 있다. 이벤트 타입은 결국 각 이벤트와 일치 여부를 판단할 수 있는 스플렁크 검색 문자열이다. 만약 이벤트 타입 검색이 어떤 일치 이벤트를 찾으면 eventtype 필드에 사용자가 정의한 이벤트 이름 값을 추가한다.

태그 값은 이벤트 타입을 그룹화하는 데 쓰인다. 여러 이벤트 타입이 같은 태그를 가지면 스플렁크 검색은 개별 이벤트 타입 목록을 지정할 필요 없이 특정 태그 값 하나로 검색할 수 있다.

이벤트 타입은 검색 시간에 적용되기 때문에 데이터의 재인덱싱이나 변경 없이 추가, 수정, 삭제할 수 있다.

이벤트 타입은 eventtypes.conf 파일에 저장되며 파일은 $SPLUNK_HOME/etc/system/local/ 또는 사용자 앱 디렉터리에 위치한다.

부연 설명

앞서 알아본 것처럼 웹 인터페이스를 통해 스플렁크에 이벤트 타입과 태그를 추가할 수 있지만, 대량으로 추가하거나 다양한 사용자 옵션을 이용할 수 있는 방식도 있다.

이벤트 타입과 태그를 eventtypes.conf와 tags.conf를 통해 추가

이벤트 타입은 eventtypes.conf 설정 파일을 통해 수동으로 추가할 수 있다. $SPLUNK_HOME/etc/system/local/eventtypes.conf 파일을 생성 또는 수정해서 이벤트 타입을 추가할 수 있다. 작업 후 스플렁크를 재시작해야 한다.

```
[HttpRequest-Success]
search = status=2*
```

스플렁크 태그는 tags.conf 설정 파일을 통해 수동으로 추가할 수 있다. $SPLUNK_HOME/etc/system/local/tags.conf 파일을 생성 또는 수정해서 이벤트 타입을 추가할 수 있다. 작업 후 스플렁크를 재시작해야 한다.

```
[eventtype=HttpRequest-Success]
webserver = enabled
```

 이번 예제에서 이벤트 타입을 태그했다. 그러나 이벤트 타입에만 태그할 수 있는 것은 아니다. 이벤트의 어떠한 필드 값 조합에 태그를 걸 수 있다. 개별로 태그를 생성하려면 Settings 메뉴에서 Tags를 선택한다.

참고 사항

▶ 책의 예제 데이터 적재 예제
▶ 필드 추출 정의 예제

요약

이번 장에서 다룬 주요 내용은 다음과 같다.

▶ 스플렁크는 여러 로그 파일을 수집하려는 목적으로 개별 파일이나 전체 디렉터리를 쉽게 모니터링할 수 있다.
▶ 시스로그 같은 소켓 기반의 데이터를 수집하려는 목적으로 네트워크 포트를 사용할 수 있다.

- ▶ 스플렁크 서버가 접근할 수 없는 원격지에 위치한 데이터를 수집하려는 목적으로 스플렁크 유니버설 포워더를 사용한다.
- ▶ 추가 데이터 소스를 이용하려면 스플렁크 커뮤니티에서 모듈러 입력을 가져와 사용한다.
- ▶ 이벤트 타입과 필드 변형을 사용해 데이터를 정규화함으로써 검색을 쉽게 한다.

2

데이터 파고들기:
검색과 리포트

이번 장에서는 스플렁크에서 데이터를 검색하는 기본 방식에 대해 다룬다. 다음에 대해 배울 것이다.

▶ 원본 데이터를 읽을 수 있게 하기

▶ 가장 많이 접속한 웹 페이지 찾기

▶ 가장 많이 사용하는 웹 브라우저 찾기

▶ 가장 많이 참조한 웹사이트 식별

▶ 웹 페이지 응답 코드 도표화

▶ 웹 페이지 응답시간 통계 보이기

▶ 가장 많이 조회한 상품 목록

▶ 애플리케이션의 기능적 성능 도표화

▶ 애플리케이션의 메모리 사용률 도표화

▶ 총 데이터베이스 연결 수 계산

이전 장에서 데이터를 스플렁크에 집어넣는 다양한 방법을 배웠다. 이번 장에선 데이터를 직접 파고들 것이다.

장비 데이터를 검색하는 일이 스플렁크의 핵심 기능이기에 다른 특징과 기능이 주로 검색에서 파생됐다는 것은 놀랄 만한 일이 아니다. 데이터 모델에 따라 기본 리포트, 대시보드 전체, 스플렁크 애플리케이션은 스플렁크 검색으로 만들어진다.

검색 처리 언어

스플렁크는 자체 검색 언어인 검색 처리 언어^{SPL, Search Processing Language}를 가지고 있다. SPL은 여러 함수, 인자, 구문을 가진 수백 개의 검색 명령어로 구성되어 있다. 효과적인 검색을 하려면 SPL에 대한 기본 이해가 필요하지만 모든 명령어를 알 필요는 없다. 스플렁크에 전문적인 대부분의 사람도 스플렁크 명령어를 모두 알 수 없어서 스플렁크 웹사이트, 메뉴얼, 질의응답(http://answers.splunk.com)을 자주 참고한다.

 SPL에 익숙해지려면 검색 명령어 참조표를 이용하자. 빠르게 찾아볼 수 있는 유용한 참조 안내서는 http://docs.splunk.com/Documentation/Splunk/latest/SearchReference/SearchCheatsheet에서 다운로드할 수 있다.

검색

스플렁크에서 검색은 보통 파이프(|) 문자로 나눈 여러 명령어 집합으로 구성된 기본 검색으로 시작한다. 파이프의 왼쪽 검색 결과는 다음 파이프의 오른쪽 검색 명령의 입력으로 사용된다. 스플렁크에서 여러 파이프를 사용해 원하는 결과가 나올 때까지 데이터를 거르는 방식을 자주 사용한다. 이번 장을 다뤄가면서 이런 개념에 점점 익숙해질 것이다.

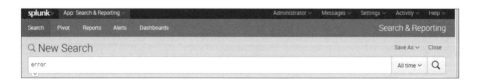

스플렁크는 로그 데이터에서 볼 수 있는 모든 것을 검색할 수 있게 해준다. 예를 들면 에러나 10.10.12.150 같은 주소 값을 키워드로 검색하는 가장 기본적인 검색을 할 수 있다. 그러나 하나의 단어나 IP를 테라바이트 데이터에서 검색하는 일은 스플렁크를 비효율적으로 만들 수 있다. 그래서 SPL이나 여러 스플렁크 명령어로 검색을 정제해야 한다. 검색을 정제하고 더 세분화할수록 검색을 더 빨리 수행하고 원하는 데이터를 더 빨리 얻을 수 있을 것이다.

 스플렁크에서 검색할 때, 가능한 한 첫 파이프(|)에서 많이 필터링하도록 해야 한다. 그렇게 한다면 CPU와 디스크 I/O를 절약할 수 있을 것이다. 또한 검색 시간 범위를 현명하게 선택해야 한다. 테스트로 수행할 때 시간 범위를 작게 하는 방식이 종종 도움이 된다. 테스트 후 범위를 확장할 수 있다.

불린 연산자

스플렁크에서 사용할 수 있는 세 가지 다른 불린 연산자^{Boolean operators}에는 AND, OR, NOT이 있다. 대소문자 구분이 중요해 반드시 대문자로 써야 스플렁크가 인식한다. AND 연산자는 암시적으로 기본 값이기 때문에 굳이 명시할 필요는 없지만 써서 문제될 일은 없다.

예를 들어 error OR success는 error와 success 단어를 포함한 모든 이벤트를 반환할 것이다. error success는 error와 success 단어 둘 다 포함한 이벤트 모두를 반환할 것이다. 다른 방식으로 error AND success로 쓸 수 있다. error OR success NOT mozilla 검색 결과는 error 또는 success 단어를 포함하고 mozilla 단어를 포함하지 않는 모든 이벤트를 반환할 것이다.

범용 명령어

스플렁크에서 데이터를 검색할 때 자주 사용하는 명령어가 있다. 이 범용 명령어 ^{Common commands}들은 다음 표에 정리했다.

명령어	설명
chart/timechart	스플렁크 차트에서 사용하는 시간 기반 출력 그리고/또는 테이블러(tabular)로 결과를 출력한다.
dedup	특정 필드를 바탕으로 중복을 제거하는 명령어다. 마지막에 일치한 항목을 유지한다.
eval	기존 또는 새로운 필드와 값을 평가하는 명령어다. eval에 같이 사용할 수 있는 여러 명령어 함수가 있다.
fields	검색 결과에서 특정 필드를 유지할지 제거할지 지정하는 명령어다.
head	첫 X(기술한 수만큼) 열의 결과를 보유하는 명령어다.
lookup	외부 소스나 목록에서 추가 필드 값을 찾아 가져오는 명령어다.
rare	어떤 필드에서 가장 희소한 값을 알아내는 명령어다.
rename	필드 이름을 변경하는 명령어다.
replace	필드의 값을 다른 값으로 바꾸는 명령어다.
search	결과 내 검색과 결과 필터링을 한다.
sort	오름차순 또는 내림차순으로 결과를 정렬한다.
stats	결과에 통계 작업을 하는 명령어다. stats에서 쓸 수 있는 여러 명령어가 있다.
table	결과 값을 테이블 형식으로 출력하는 명령어다.
tail	마지막 X(기술한 수만큼) 행의 결과를 남기는 명령어다.
top	필드에서 가장 많이 나오는 값을 식별하는 명령어다.
transaction	공통 트랜잭션 식별자를 통해 이벤트를 하나의 이벤트로 병합한다.

시간 변경자

그래픽 사용자 인터페이스GUI, Graphical User Interface에서 스플렁크 검색 바 오른쪽의 드롭다운 시간 범위 선택기는 미리 정해진 시간 범위 또는 사용자가 만든 다양한 시간 범위를 설정할 수 있다. GUI에서 선택하는 것 말고 earliest와 latest 시간 변경자Time modifiers를 검색 스트링으로 직접 입력함으로써 시간 범위를 직접 지정할 수 있다. 시간 변경자를 이렇게 사용하면 GUI 시간 범위 선택기의 시간 범위는 자동으로 무시된다.

earliest와 latest 시간 변경자는 여러 시간 단위를 사용할 수 있다. 초(s), 분(m), 시(h), 일(d), 주(w), 달(mon), 분기(q), 년(y) 단위가 있다. 시간 변경자는 @ 부호를 사용해 특정 시간 단위로 내림한 시간을 기준으로 범위를 정할 수 있다.

예를 들면 sourcetype=access_combined earliest=-1d@d latest=-1h와 같은 검색은 자정(오늘 새벽 0시) 기준으로 하루 전부터 현재 시간에서 한 시간 전까지의 모든 access_combined 이벤트를 검색할 것이다. 스냅(@)은 시간을 내림할 것이다. 이런 방식으로 자정에서 하루 반 전부터 오늘 오전 11시까지 범위로 검색할 수도 있을 것이다.

필드 다루기

스플렁크 필드는 하나 이상의 값을 가진 키워드라 생각할 수 있다. 이러한 필드는 스플렁크에서 검색할 수 있다. 스플렁크로 오는 모든 데이터 소스는 적어도 source, host, index, sourcetype 필드를 가지고 있다. 그러나 어떤 소스는 수백 개의 추가 필드를 가지고 있을 수 있다. 만약 원본 로그 데이터가 키 값 쌍이거나 JSON, XML 같이 구조를 가진 포맷을 가지고 있다면 스플렁크는 자동으로 필드를 추출해서 검색할 수 있게 만든다. 또한 props.conf와 transforms.conf 설정 파일을 사용해 스플렁크가 어떻게 원본 로그 데이터로부터 필드를 추출하는지 지정할 수 있다.

특정 필드 값으로 검색하는 일은 단순하다. 예를 들어 sourcetype=access_combined status!=200은 sourcetype 필드의 값이 access_combined이고 status 필드의 값이 200이 아닌 모든 이벤트를 찾을 것이다.

 스플렁크는 스플렁크 엔터프라이즈에 별도의 설정이 필요 없는 미리 정의한 다양한 종류의 내장 소스 타입을 가지고 있다. http://docs.splunk.com/Documentation/Splunk/latest/Data/Listofpretrainedsourcetypes에서 확인할 수 있다.

게다가, 윈도우 이벤트 같은 범용 데이터 소스의 필드 추출이나 이벤트 타입을 가지고 있는 Technical Add-Ons(TAs)를 스플렁크 앱스토어(http://apps.splunk.com)에서 사용할 수 있다.

검색 저장

스플렁크에 검색을 올바르게 작성했다면, 나중에 다시 쓰거나 대시보드에서 사용할 수 있도록 저장하길 원할 것이다. 스플렁크에서 저장한 검색을 Reports라고 한다. 스플렁크에서 검색을 저장하려면 메인 검색 바 오른쪽 위의 Save As 버튼을 클릭하고 Report를 선택한다.

원본 데이터를 읽을 수 있게 하기

검색 바에서 스플렁크 기본 검색을 하면 검색 결과는 기본적 설정상 원본 이벤트 형태로 보여준다. 많은 사용자에게 원본 이벤트 정보는 가독성이 떨어지고 이벤트의 중요 정보를 잘 보이지 않게 한다. 게다가, 이벤트가 몇 라인만 넘어가도 한 화면에서 한 번에 볼 수 없는 한계가 있다.

이번 예제에서 원본 이벤트 데이터를 읽을 수 있게 하고, 테이블러화하고, 필요한 필드만 보이게 하는 스플렁크 명령을 사용하는 법을 보여줄 것이다.

준비

이번 예제를 수행하려면 구동 중인 스플렁크 서버가 필요하며 1장 '시작: 데이터 입력'에서 적재한 예제 데이터가 있어야 한다. 또한 스플렁크 검색 바와 결과 영역 부분에 익숙해야 한다.

선택된 이벤트 데이터를 검색하고 테이블러화하려면 다음 단계를 따른다.

1. 스플렁크 서버에 로그인한다.

2. 화면 오른쪽 위의 드롭다운 메뉴에서 **Search & Reporting** 애플리케이션을 선택한다.

3. 시간 범위 선택기에서 **Last 24 hours**를 선택하고, 스플렁크 검색 바에서 다음을 입력한 후 확대경 아이콘을 누르거나 엔터를 입력한다.

```
index=main sourcetype=access_combined
```

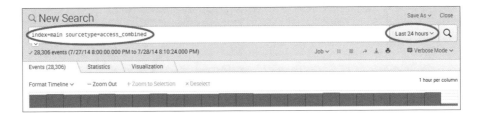

4. 스플렁크는 검색 바 아래에서 원본 검색 결과를 보여줄 것이다.

5. 이번엔 table 명령어를 다음과 같이 추가해 다시 검색을 수행한다.

```
index=main sourcetype=access_combined | table _time,
referer_domain, method, uri_path, status, JSESSIONID,
useragent
```

6. 스플렁크는 이제 같은 수의 이벤트를 반환하지만, 원본 데이터를 보여주는 대신 지정한 필드만 테이블 형식으로 보여준다. 훨씬 보기 편하다.

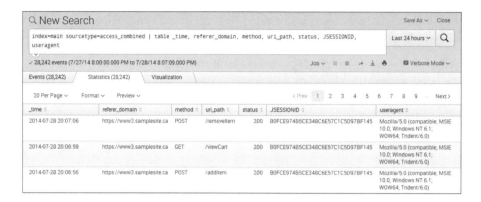

7. Save As를 클릭해 검색을 저장하고 **Report**를 클릭한다. 리포트 이름으로 cp02_
   tabulated_webaccess_logs를 입력하고 **Save**를 클릭한다. 다음 화면에서
   Continue Editing을 클릭해 검색 화면으로 돌아온다.

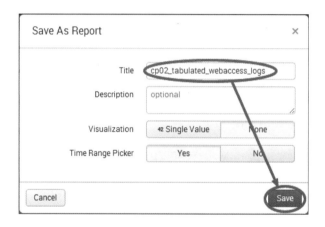

예제 분석

검색어에 대해 하나하나 분석해보자.

검색어 조각	설명
index=main	스플렁크의 모든 데이터는 하나 이상의 인덱스에 저장된다. 강제는 아니지만 정확한 검색을 하려면 명시적으로 인덱스 이름을 지정하는 편이 좋다.

(이어짐)

검색어 조각	설명
sourcetype=access_combined	access_combined 소스 타입에 관련한 데이터만 검색한다는 것을 의미하고 여기서는 웹 접근 로그를 의미한다.
| table _time, referer_domain, method, uri_path, action, JSESSIONID, useragent	table 명령어를 사용해 파이프 왼쪽 검색 결과를 테이블 형식으로 반환하라고 스플렁크에 지시한다. 테이블 결과에는 table 명령어 이후에 지정한 필드만 보이게 된다.

이번 예제에서 table 명령어를 사용해봤다. table 명령어는 대량 검색 성능에 큰 영향을 줄 수 있기 때문에 데이터에 대한 모든 처리가 끝난 검색의 마지막에 쓰여야 한다.

 stats 명령어는 table 명령어보다 효율적이어서 가능한 한 stats를 쓰도록 해야 한다. 그러나 stats와 table 명령은 완전히 다른 명령어임을 기억하자.

부연 설명

table 명령어는 데이터를 가독성 있는 형식으로 보여줄 때 유용하다. 추가로, 테이블러화된 데이터는 스플렁크에서 CVS 파일로 다운로드할 수 있기 때문에 스프레드시트(마이크로소프트 엑셀 같은) 소프트웨어나 다른 오프라인 방식으로 처리하는 데 유용하다. table 명령어를 사용해서 원본 데이터를 가독성 있게 만드는 다른 방법도 있다.

모든 데이터를 테이블러화

데이터 안의 모든 이벤트를 테이블러화Tabulating한 형식으로 보여주고 싶은 상황이 있을 수 있다. 이렇게 하려면 다음과 같이 와일드카드(*) 문자를 사용한다.

```
index=main sourcetype=access_combined | table *
```

몇 개 필드를 제거하고 나머지는 테이블러화

모든 필드를 와일드카드(*)를 사용해 테이블러화하다 보면 몇 가지 스플렁크 내장 필드(_raw 필드 같은)를 발견할 수 있다. 이런 필드를 table 명령을 사용하기 전에 제거하려면 다음과 같이 fields 명령을 사용할 수 있다.

```
index=main sourcetype=access_combined | fields - sourcetype,
index, _raw, source date* linecount punct host time* eventtype |
table *
```

필드 명령어 다음의 마이너스(-)를 붙이지 않으면 뒤에 명시한 필드를 제외한 모든 다른 필드를 제거할 것이다.

 만약 검색에서 정기적으로 많은 필드를 제거하고 싶다면 이런 작업을 하는 매크로를 만들어서 필요할 때 간단히 호출만 하면 된다. 매크로는 나중에 다룰 예정이다.

가장 많이 접속한 웹 페이지 찾기

1장 '시작: 데이터 입력'에서 적재한 예제 데이터 중 하나는 웹 서버의 접근 로그였다. 소스 타입으로 access_combined를 지정했고 사용자가 웹 애플리케이션에 접속한 모든 상세 정보를 가지고 있었다. 우리는 어떤 페이지에 가장 많이 접속했는지 알아내서 전자상거래 웹 애플리케이션이 어떻게 사용되는가에 대한 통찰을 얻는 일에 특히 관심이 있다. 또한 잘 방문하지 않는 페이지를 제거하거나 좀 더 효율적으로 다시 디자인하는 데 도움을 줄 수 있다.

이번 예제에서 주어진 시간 내에 가장 빈번하게 접속한 웹 페이지를 찾는 법을 알려줄 것이다.

준비

이번 예제를 따라가려면 1장 '시작: 데이터 입력'에서 적재한 예제 데이터와 구동 중인 스플렁크 엔터프라이즈 서버가 필요하다. 스플렁크 검색 바와 바로 오른쪽에 있는 시간 범위 선택기에 익숙할 필요가 있다.

가장 많이 방문한 웹 페이지를 검색하려면 다음 단계를 따라간다.

1. 스플렁크 서버에 로그인한다.

2. **Search & Reporting** 애플리케이션을 선택한다.

3. 시간 범위 선택기에서 **Last 24 hours**를 선택하고 스플렁크 검색 바에서 다음 검
   색어를 입력한다. 확대경 아이콘을 클릭하거나 엔터를 입력한다.

   ```
   index=main sourcetype=access_combined | stats count by
   uri_path | sort - count
   ```

4. 스플렁크는 페이지 목록을 반환할 것이다. 그리고 페이지 접근 횟수를 나타내는
   count라 이름 붙여진 새로운 필드를 반환할 것이다.

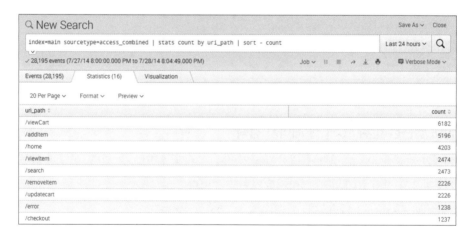

5. **Save As**를 클릭하고 **Report**를 클릭해 검색 결과를 저장한다. 저장할 리포트 이름
   에 cp02_most_accessed_webpages를 지정하고 **Save**를 클릭한다. 다음 화면에
   서 **Continue Editing**을 눌러 검색 화면으로 돌아간다.

검색어에 대해 하나하나 분석해보자.

검색어 조각	설명
index=main	스플렁크의 모든 데이터는 하나 이상의 인덱스에 저장된다. 강제는 아니지만 정확한 검색을 하려면 명시적으로 인덱스 이름을 지정하는 편이 좋다.
sourcetype=access_combined	access_combined 소스 타입에 관련한 데이터만 검색한다는 것을 의미하고 여기서는 웹 접근 로그를 의미한다.
| stats count by uri_path	stats 명령을 사용해 파이프의 왼쪽 검색 결과를 받아 스플렁크가 uri_path의 각 인스턴스 개수를 세도록 한다.
| sort - count	sort 명령을 사용해 stats 명령어로 만들어진 count 필드를 기준으로 정렬한다. 가장 많이 방문한 웹 페이지가 가장 위로 가게 내림차순(-) 명령어를 사용한다.

부연 설명

기본 검색에서 더 나은 다양한 검색 결과를 만들어낼 수 있다.

많이 접근한 상위 10개 웹 페이지 검색

예제의 검색을 stats 명령어 대신 top 명령어로 바꿔 수정할 수 있다. 이렇게 하면 기본값으로 상위 10개의 웹 페이지를 보여줄 것이다.

```
sourcetype=access_combined index=main | top uri_path
```

여기에 stats 대신 top 명령어를 쓴 검색이 있고. 기본값으로 상위 10개의 페이지를 보여줄 것이다. 만약 상위 20개를 보고 싶다면 다음과 같이 수정한다.

```
sourcetype=access_combined index=main | top limit=20 uri_path
```

사용자별 가장 많이 접근한 웹 페이지 검색

stats 명령의 dc(고유 개수^{distinct count}) 함수를 사용해 이번 예제를 수정하면 사용자별 고유한 방문 페이지를 보여줄 수 있다.

```
sourcetype=access_combined index=main | stats dc(uri_path) by user |
sort - user
```

dc 함수는 사용자가 같은 페이지를 여러 번 방문해도 한 번 방문으로 계산하게 한다. 내림차순으로 정렬했기 때문에 가장 많은 사용자가 방문한 페이지는 목록의 가장 위에 있을 것이다.

 stats 명령어를 다양하게 사용하는 방법에 대한 정보는 http://docs.splunk.com/Documentation/Splunk/latest/SearchReference/CommonStatsFunctions에서 확인할 수 있다.

참고 사항

▶ 가장 많이 사용하는 웹 브라우저 찾기 예제

▶ 가장 많이 참조한 웹사이트 식별 예제

▶ 웹 페이지 응답 코드 도표화 예제

가장 많이 사용하는 웹 브라우저 찾기

사용자는 다양한 장비와 웹 브라우저로 웹사이트에 접속한다. 웹 접근 로그를 분석해 어떤 브라우저가 가장 인기 있는지 알아내 웹사이트가 최소한 어떤 웹 브라우저를 지원해야 하는지 알 수 있다. 또한 같은 정보로 사용자가 어떤 장비를 사용하는지 알아낼 수 있다.

이번 예제에서는 정해진 시간 범위 동안 가장 많이 사용하는 웹 브라우저를 알아내는 검색을 작성할 것이다. 그리고 데이터를 정리하는 eval과 replace 명령어를 사용해볼 것이다.

이번 예제를 따라가려면 1장 '시작: 데이터 입력'에서 적재한 예제 데이터와 구동 중인 스플렁크 엔터프라이즈 서버가 필요하다. 스플렁크 검색 바와 바로 오른쪽에 있는 시간 범위 선택기에 익숙할 필요가 있다.

가장 많이 방문한 웹 페이지를 검색하려면 다음의 단계를 따라간다.

1. 스플렁크 서버에 로그인한다.

2. **Search & Reporting** 애플리케이션을 선택한다.

3. 시간 범위 선택기에서 **Last 24 hours**를 선택하고 스플렁크 검색 바에서 다음 검색어를 입력한다. 확대경 아이콘을 클릭하거나 엔터를 입력한다.

```
index=main sourcetype=access_combined | eval
browser=useragent | replace *Firefox* with Firefox,
*Chrome* with Chrome, *MSIE* with "Internet Explorer",
*Version*Safari* with Safari, *Opera* with Opera in browser
| top limit=5 useother=t browser
```

4. 스플렁크는 웹사이트에서 가장 많이 사용하는 상위 5개의 테이블러화된 리스트를 숫자와 비율로 반환할 것이다.

5. **Save As**를 클릭하고 **Report**를 클릭해 검색 결과를 저장한다. 저장할 리포트 이름에 cp02_most_used_webbrowsers를 지정하고 **Save**를 클릭한다. 다음 화면에서 **Continue Editing**을 눌러 검색 화면으로 돌아간다.

예제 분석

검색어를 하나하나 분석해보자.

검색어 부분	설명
`index=main` `sourcetype=access_combined`	이번 장의 이전 예제에서 언급했다.
`| eval browser=useragent`	eval 명령어를 사용해 새로운 필드인 browser를 만들어 useragent 필드의 값을 넣는다.

`| replace *Firefox* with`
`Firefox, *Chrome* with`
`Chrome, *MSIE* with`
`"Internet Explorer",`
`*Version*Safari* with`
`Safari, *Opera* with Opera`
`in browser`
	replace 명령의 와일드카드(*)를 사용해 브라우저 필드의 값을 축약한 이름으로 바꾸는 데 사용했다. 공백이 들어간 값은 따옴표로 묶는다. 예를 들면 "Internet Explorer"와 같은 형태다.

`| top limit=5 useother=t` `browser`	top 명령어로 상위 5개 웹 브라우저를 찾고 그 나머지를 OTHER 값으로 분류하게 한다.

이번 예제에서 eval과 replace 명령을 보여주기 위한 용도로 사용했다. 이런 접근법은 완벽하게 동작하지만 스플렁크의 참조^{lookup} 기능을 이용해 useragent 값을 찾아서 브라우저 이름과 버전을 반환하게 하는 것이 더 좋은 접근 방식이다. 참조 기능은 나중에 다룰 것이다.

부연 설명

종종 다른 관점을 발견할 수 있게 하나의 필드 값을 다른 방식으로 사용한다. useragent 필드 값을 사이트에 접속하는 장비 정보를 얻는 데 사용했다.

가장 많이 사용하는 OS 타입을 웹 브라우저 데이터를 검색해 알아내기

웹사이트에 접속하는 사용자의 운영체제를 검색을 수정해서 나타내보자.

```
index=main sourcetype=access_combined | eval os=useragent |
replace *Windows* with Windows, *Macintosh* with Apple,
*Linux* with Linux in os | top limit=3 useother=t os
```

검색을 수행했을 때 다음 스크린샷과 유사한 검색 결과를 얻어야 한다.

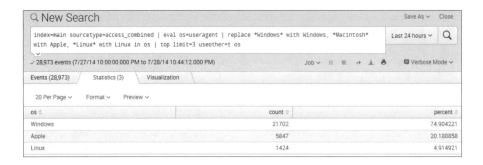

검색은 유사하지만 useragent 필드에서 OS 관련 정보를 끌어냈고 그 정보를 주요
OS 타입과 비교했다.

참고 사항

- ▶ 가장 많이 접속한 웹 페이지 찾기 예제
- ▶ 가장 많이 참조한 웹사이트 식별 예제
- ▶ 웹 페이지 응답 코드 도표화 예제

가장 많이 참조한 웹사이트 식별

접근 로그access log로 웹사이트와 방문 사용에 대해 많은 정보를 얻었다. 사용자가 어
디서 오는지에 대한 정보는 어떤 마케팅 활동이 가장 효과적인지 알게 해주거나 판매
잠재력이 어디서 오는지와 같은 통찰을 얻게 해준다. 이 정보를 얻으려고 로그 데이
터의 referer_domain 필드 값을 조사한다.

이번 예제에서 가장 많이 참조한 웹사이트를 찾는 검색을 작성할 것이다.

준비

이번 예제를 수행하려면 구동 중인 스플렁크 서버가 필요하며 1장 '시작: 데이터 입력'에서 적재한 예제 데이터가 있어야 한다. 또한 스플렁크 검색 바와 결과 영역 부분에 익숙해야 한다.

예제 구현

가장 많이 참조한 웹사이트를 검색하려면 다음 단계를 따른다.

1. 스플렁크 서버에 로그인한다.

2. 화면 오른쪽 위의 드롭다운 메뉴에서 **Search & Reporting** 애플리케이션을 선택한다.

3. 시간 범위 선택기에서 **Last 24 hours**를 선택한 후 스플렁크 검색 바에서 다음을 입력하고 확대경 아이콘을 누르거나 엔터를 입력한다.

```
index=main sourcetype=access_combined | stats dc(clientip)
AS Referals by referer_domain | sort - Referals
```

4. 스플렁크는 각 사이트가 참조한 수로 정렬해 테이블러화한 목록으로 반환할 것이다.

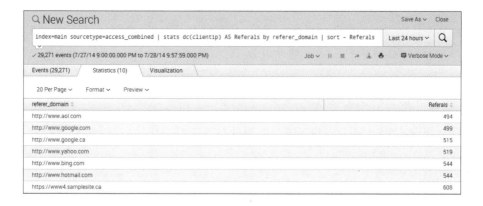

5. Save As를 클릭해 검색을 저장하고 **Report**를 클릭한다. 리포트 이름으로 cp02_top_referring_websites를 입력하고 **Save**를 클릭한다. 다음 화면에서 **Continue Editing**을 클릭해 검색 화면으로 돌아온다.

예제 분석

검색을 하나하나 분석해보자.

검색어 부분	설명
`index=main sourcetype=access_combined`	이번 장의 이전 예제에서 언급했다.
`| stats dc(clientip) AS Referals by referer_domain`	stats 명령의 dc 함수를 clientip에 사용해 referer_domain별로 고유한 IP 주소 수를 구하고 이 값의 필드 이름을 Referals로 바꾼다.
`| sort - Referals`	sort 명령어를 사용해 Referals 값을 내림차순으로 정렬한다.

부연 설명

top 명령어에 제한이 있으므로 이번 예제에서 top 명령어를 사용하지 않았다. stats 명령어는 훨씬 더 강력하고 고유 개수[distinct count] 같은 다양한 기능을 가지고 있다.

top 대신 stats를 사용해 가장 많이 참조한 상위 10개 웹사이트 검색

이번 예제에서 stats 명령을 사용해 웹 접근 로그상에 나오는 모든 웹사이트를 가져와서 유일한 참조 개수로 정렬했다. 상위 10위까지만 뽑기를 원한다면 다음과 같이 마지막에 head 명령어만 추가하면 된다.

```
index=main sourcetype=access_combined | stats dc(clientip) AS
Referals by referer_domain | sort -Referals | head 10
```

head 명령어는 앞에서 기술한 수만큼의 열만 남긴다. 내림차순으로 정렬했기 때문에 결국 상위 10개만 남게 된다.

stats, chart, timechart의 다양한 기능에 대해 알려주는 가이드를 http://docs. splunk.com/Documentation/Splunk/latest/SearchReference/Common StatsFunctions에서 볼 수 있다.

참조

▸ 가장 많이 사용하는 웹 브라우저 찾기 예제

▸ 웹 페이지 응답 코드 도표화 예제

▸ 웹 페이지 응답시간 통계 보이기 예제

웹 페이지 응답 코드 도표화

로그 데이터는 여러 가지 의미가 있는 암호처럼 보이는 코드를 가지고 있는 경우가 많다. 웹 접근 로그에서 웹 페이지의 응답을 나타내는 상태 코드가 그 경우다. 어떤 이벤트가 성공했는지 혹은 실패했는지 알아내는 데 이 코드는 매우 유용하다. 예를 들어 구매 이벤트에서 에러 코드 발생은 바람직하지 않은 상황이다. 웹사이트에 장애가 발생하면 판매하지 못할 수 있다.

이번 예제에서는 사이트의 다양한 웹 페이지에서 발생하는 웹 페이지 응답을 도표화하도록 검색을 작성할 것이다.

준비

이번 예제를 따라가려면 1장 '시작: 데이터 입력'에서 적재한 예제 데이터와 구동 중인 스플렁크 엔터프라이즈 서버가 필요하다. 스플렁크 검색 바와 바로 오른쪽에 있는 시간 범위 선택기에 익숙할 필요가 있다.

시간에 따른 웹 페이지 응답코드를 도표화하려면 다음의 단계를 따라간다.

1. 스플렁크 서버에 로그인한다.

2. **Search & Reporting** 애플리케이션을 선택한다.

3. 시간 범위 선택기에서 **Last 24 hours**를 선택하고 스플렁크 검색 바에 다음 검색 어를 입력한다. 확대경 아이콘을 클릭하거나 엔터를 입력한다.

```
index=main sourcetype=access_combined | chart
count(eval(like(status,"2%"))) AS Success,
count(eval(like(status,"4%") OR like(status,"5%"))) AS
Error by uri_path
```

4. 스플렁크는 각 페이지당 얼마나 많은 이벤트가 성공하거나 에러가 발생했는지 상세하게 기술하는 테이블러화된 웹 페이지 목록을 반환한다.

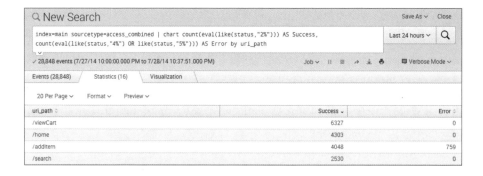

5. **Visualization** 탭을 클릭한다. 데이터가 칼럼 차트(기본값)로 보일 것이다.

6. **Save As**를 클릭해 검색을 저장하고 **Report**를 클릭한다. 리포트 이름으로 cp02_webpage_response_codes를 입력하고 **Save**를 클릭한다. 다음 화면에서 **Continue Editing**을 클릭해 검색 화면으로 돌아온다.

이번 예제에서 검색 대상으로 `uri_path` 필드를 선택했다. 이 필드는 사이트의 다양한 웹 페이지를 나타낸다. 검색을 하나하나 분석해보자.

검색 조각	설명
`index=main` `sourcetype=access_combined`	이번 장의 이전 예제에서 언급했다.

`| chart count(eval`
`(like(status,"2%"))) AS Success,`
`count(eval(like(status,"4%")`
`OR like(status,"5%"))) AS`
`Error by uri_path`
	쉽게 말하자면 stats count by uri_path와 유사하다고 말할 수 있다. 그러나 이번엔 chart 명령어를 사용해 성공 또는 에러 상태 코드의 수를 세는 데 사용했다.
	status 필드는 결국 코드이기 때문에 코드가 성공이나 에러를 의미하는지 판단해야 한다. 이는 eval 명령과 like 기능을 사용해서 해결했다. like 함수는 status 필드 값의 시작을 지정하게 해준다. % 기호로 임의 값을 설정했다. 2로 시작하는 상태 코드는 성공을 의미하고 4나 5로 시작하는 코드는 에러를 나타낸다.

부연 설명

점점 복잡해짐에 따라 검색 처리 언어^{SPL, Search Processing Language}의 강력함을 이해하기 시작했을 것이다. 이제 통찰을 더 얻기 위해 이 검색에서 좀 더 나아갈 수 있다.

성공과 에러 웹 페이지 응답 코드 총계

판매 정보와 좀 더 관련 있어 보이는 addItem과 checkout 웹 페이지 이벤트만 보여주게 검색을 수정할 수 있다. 추가로 addcoltotals 명령어를 사용해 총 성공과 에러 이벤트를 추가할 수 있다.

```
index=main sourcetype=access_combined uri_path="/addItem" OR
uri_path="/checkout" | chart count(eval(like(status,"2%"))) AS
Success, count(eval(like(status,"4%") OR like(status,"5%"))) AS
Error by uri_path | addcoltotals label=Total labelfield=uri_path
```

수정된 검색을 수행하면 다음 스크린샷과 유사한 결과를 볼 수 있다.

labelfield=uri_path와 label=Total을 사용해 uri_path 필드 칼럼에 Total 값을 넣도록 한다.

참고 사항

▶ 가장 많이 참조한 웹사이트 식별 예제
▶ 웹 페이지 응답시간 통계 보이기 예제
▶ 가장 많이 조회한 상품 목록 나열 예제

웹 페이지 응답시간 통계 보이기

웹 페이지가 로딩되는 것을 기다리고 싶어 하는 사람은 없다. 마찬가지로 사용자가 우리의 웹 애플리케이션을 기다리는 상황을 원치 않을 것이다. 웹 접근 로그에 페이지가 로드되는 데 걸린 시간을 밀리 세컨드 단위로 기록한 response라는 이름의 필드가 있다.

이번 예제에서는 지난주 동안 여러 시간대의 평균 페이지 로드 시간을 추적할 것이다.

이번 예제를 따라가려면 1장 '시작: 데이터 입력'에서 적재한 예제 데이터와 구동 중
인 스플렁크 엔터프라이즈 서버가 필요하다. 스플렁크 검색 바와 바로 오른쪽에 있는
시간 범위 선택기에 익숙할 필요가 있다.

예제 구현

지난주 동안의 웹 페이지 응답 통계를 구하고 검색하려면 다음의 단계를 따라간다.

1. 스플렁크 서버에 로그인한다.

2. **Search & Reporting** 애플리케이션을 선택한다.

3. 시간 범위 선택기에서 **Last 7 Days**를 선택하고 스플렁크 검색 바에서 다음 검색
   어를 입력한다. 확대경 아이콘을 클릭하거나 엔터를 입력한다.

   ```
   sourcetype=access_combined | timechart span=6h
   avg(response) AS avg_response | eval
   avg_response=round(avg_response/1000,2)
   ```

4. 스플렁크는 지난주부터 6시간 단위로 응답시간 평균을 보여주는 테이블러화된
   목록을 반환할 것이다.

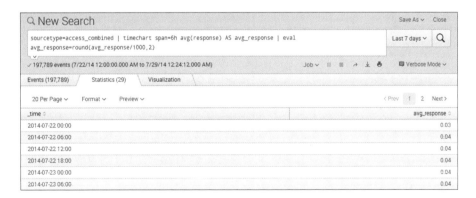

5. **Visualization** 탭을 클릭한다. 데이터가 칼럼 차트(기본값)로 보일 것이다.

6. 차트 위의 Column 링크를 클릭하고 Line을 선택한다. 스플렁크는 데이터를 라인 차트로 나타낸다. 그리고 여러 시간대의 평균 응답시간을 좀 더 명확히 확인할 수 있다.

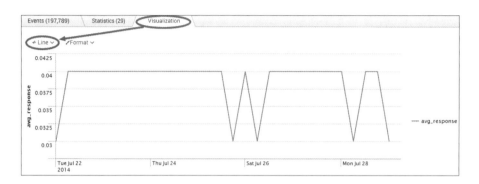

7. Save As를 클릭해 검색을 저장하고 Report를 클릭한다. 리포트 이름으로 cp02_ webpage_response_times를 입력하고 Save를 클릭한다. 다음 화면에서 Continue Editing을 클릭해 검색 화면으로 돌아온다.

예제 분석

검색을 하나하나 분석해보자.

검색 부분	설명
index=main sourcetype=access_combined	이번 장의 이전 예제에서 언급했다.
| timechart span=6h avg(response) AS avg_response	timechart 명령어를 사용해 시간 간격을 6시간으로 설정한다. response 필드에 avg 함수를 사용한다. 스플렁크는 6시간 동안의 response 타임을 합산해 그 시간의 평균 응답시간을 구한다.
| eval avg_response=round (avg_response/1000,2)	eval 명령을 사용해 평균 시간을 1,000으로 나눠 초 단위 평균 응답시간을 구한다. 마지막의 숫자 2는 올림 함수로 소수점 두 자리만 유지한다는 의미다.

timechart 명령은 많은 유용함을 가져다준다. 이런 검색을 통해 시각적으로 주간 비교를 할 수 있어 상태 이상이나 다른 이슈를 잡아낼 수 있다.

액션별 웹 페이지 응답시간 나타내기

수행한 액션 타입에 따른 평균 응답시간 상세 정보를 얻으려는 목적으로 검색을 수정할 것이다. 이로써 특정 액션이 응답성이 안 좋다는 것을 잡아낼 수 있다. 예를 들어 체크아웃 페이지가 원하는 응답시간 내에 동작한다는 것을 확인하고 싶을 수 있다. 다음 검색이 동작하려면 1장 '시작: 데이터 입력'에서 '필드 추출 정의' 예제를 수행해 응답 필드를 추출해야 한다.

```
sourcetype=access_combined uri_path=* | timechart span=6h
avg(response) by uri_path | foreach *
[eval <<FIELD>>=round(<<FIELD>>/1000,2)]
```

이제 웹 페이지 이벤트를 검색할 것이고 페이지(uri_field)당 평균 시간을 계산할 것이다. 여러 칼럼을 가진 테이블이 만들어지고 각 칼럼은 각 페이지를 나타낸다. 라인 그래프로 시각화하면 하나의 차트에 여러 라인을 볼 수 있다. 앞서 foreach라는 이름의 고급 스플렁크 검색 명령을 쓴 것을 보았다. for 타입 루프의 일종으로 테이블의 각 칼럼 필드를 돌아가며 각 페이지의 평균 시간을 밀리 세컨드에서 세컨드로 변환하는 계산을 하며 소수점 두 자리까지 반올림해 남긴다.

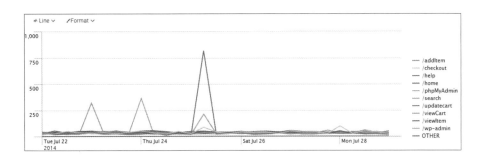

- ▸ 웹 페이지 응답 코드 도표화 예제
- ▸ 가장 많이 조회한 상품 목록 나열 예제
- ▸ 가장 많이 참조한 웹사이트 식별 예제

가장 많이 조회한 상품 목록

우리의 웹 접근 로그는 사용자가 조회하고 쇼핑카트에 집어넣는 상품 ID(로그의 아이템 필드)를 기록한다. 사용자의 조회 횟수가 상위인 상품을 이해함으로써 판매와 마케팅 전략을 세우거나 심지어 제품의 방향을 정하는 데까지 도움을 줄 수 있다. 참고로 전자상거래 사이트에서 상품 조회가 반드시 상품 판매로 이어지지는 않는다.

다음 예제에서 조회에 성공한 상위 10개의 제품을 쇼핑카트에 성공적으로 추가한 수와 비교해 도표화하는 검색을 작성할 것이다. 예를 들어 많이 조회한 상품이 있는데 카트에 추가되지 않는다면 이는 뭔가가 잘못됐음을 의미한다. 아마도 가격이 너무 높아서 그럴 수도 있다.

준비

이번 예제를 따라가려면 1장 '시작: 데이터 입력'에서 적재한 예제 데이터와 구동 중인 스플렁크 엔터프라이즈 서버가 필요하다. 스플렁크 검색 바와 바로 오른쪽에 있는 시간 범위 선택기에 익숙할 필요가 있다.

예제 구현

지난주 동안 많이 조회된 제품을 검색하려면 다음의 단계를 따라간다.

1. 스플렁크 서버에 로그인한다.
2. Search & Reporting 애플리케이션을 선택한다.
3. 시간 범위 선택기에서 Last 7 days를 선택하고 스플렁크 검색 바에서 다음 검색

어를 입력한다. 확대경 아이콘을 클릭하거나 엔터를 입력한다.

```
index=main sourcetype=access_combined uri_path="/viewItem"
OR uri_path="/addItem" status=200 | dedup JSESSIONID
uri_path item | chart count(eval(uri_path="/viewItem")) AS
view, count(eval(uri_path="/addItem")) AS add by item |
sort - view | head 10
```

4. 스플렁크는 제품이 성공적으로 조회된 수 대 제품이 실제로 쇼핑카트에 추가된 수를 보여주는 테이블러화된 아이템 목록(제품)을 반환할 것이다.

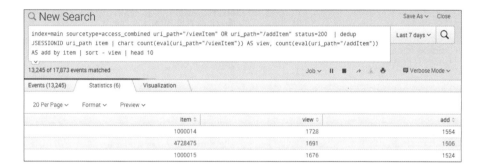

5. Save As를 클릭해 검색을 저장하고 Report를 클릭한다. 리포트 이름으로 cp02_top_products_viewed를 입력하고 Save를 클릭한다. 다음 화면에서 Continue Editing을 클릭해 검색 화면으로 돌아온다.

예제 분석

이번 예제에서 작성한 검색은 아이템 조회 수 대 카트에 추가된 수를 반환한다. 그리고 특정 제품과 관련된 유일한 아이템 ID 필드를 나타낸다. 하나하나 분석해보자.

검색 부분	설명
index=main sourcetype=access_combined	이번 장의 이전 예제에서 언급했다.
uri_path="/viewItem" OR uri_path="/addItem" status=200	가능한 한 검색을 상세히 해야 한다. uri_paths가 아이템을 조회하고 추가하는 일과 관련되고 상태 코드가 성공을 나타내는 200인 이벤트만 검색한다. 상세히 할수록 검색해야 하는 레코드의 양이 줄어 검색이 빨라진다.
	dedup JSESSIONID uri_path item	JSESSIONID, uri_path, item 데이터를 기준으로 중복을 제거한다. 이유는 사용자가 상품을 카트에 추가하기 전에 여러 번 볼 수 있기 때문이다. 그래서 하나의 상품을 하나의 사용자가 추가할 때 한 번으로 셈하게 해야 한다.
	chart count (eval(uri_path="/viewItem")) AS view, count (eval(uri_path="/addItem")) AS add by item	chart와 eval 명령을 사용해 조회 수와 추가한 수를 아이템별로 센다.
	sort - view	head 10.	sort 명령을 사용해 가장 많이 조회한 아이템을 최상단에 오게 한다. head 명령을 사용해 상위 10개만 남긴다.

부연 설명

예제를 통해 제품 조회와 쇼핑카트에 추가하는 행동 간의 통찰을 얻을 수 있다. 여기에 이 둘 사이의 관계를 좀 더 이해하는 데 도움을 주는 검색을 추가해보자.

상품 조회 당 카트 추가 비율 검색

이 예제에서 이전 검색을 수정해 제품 조회 중 카트에 추가되는 비율을 계산한 칼럼을 추가할 수 있다. eval 명령과 기본 수학을 사용해 다음과 같이 수행한다.

```
index=main sourcetype=access_combined uri_path="/viewItem" OR
uri_path="/addItem" status=200 | dedup JSESSIONID uri_path item |
chart count(eval(uri_path="/viewItem")) AS view,
count(eval(uri_path="/addItem")) AS add by item | sort - view |
head 10 | eval cart_conversion=round(add/view*100)."%"
```

새로운 cart_conversion 필드를 구한다. 그리고 구매 횟수를 조회 횟수로 나누고 100을 곱해 비율을 계산한다. eval 함수의 올림을 사용해 소수점을 제거한다. 그리고 마지막에 % 문자를 붙인다. 이제 상품 조회가 카트 추가로 이어지는 비율을 쉽게 알 수 있다.

참고 사항

▶ 웹 페이지 응답시간 통계 보이기 예제

▶ 가장 많이 참조한 웹사이트 식별 예제

▶ 가장 많이 사용하는 웹 브라우저 찾기 예제

애플리케이션의 기능적 성능 도표화

1장 '시작: 데이터 입력'에서 적재한 예제 데이터에는 애플리케이션 서버에서 나온 애플리케이션 로그도 있다. log4j 소스 타입이고 뒷단 데이터베이스가 사용자 웹 요청에 응답하는 다양한 애플리케이션 호출을 기술한다. 추가로 메모리 사용률과 다른 정상 동작 상태 관련 정보에 대한 통찰도 얻을 수 있다. 우리는 사용자 정보 요청 처리를 하는 데 걸리는 시간과 관련한 애플리케이션 수행 성능에 대해 특히 관심이 있다.

이번 예제에서 애플리케이션이 어떻게 동작하는지 알아내는 검색을 작성할 것이다. 데이터베이스 호출 트랜잭션과 지난주 최대, 평균 최소 트랜잭션 소요 시간을 도표화해 이를 밝혀낼 것이다.

준비

이번 예제를 따라가려면 '1장, 시작: 데이터 입력'에서 적재한 예제 데이터와 구동 중인 스플렁크 엔터프라이즈 서버가 필요하다. 스플렁크 검색 바와 바로 오른쪽에 있는 시간 범위 선택기에 익숙할 필요가 있다.

지난주 동안 많이 조회된 제품을 검색하려면 다음의 단계를 따라간다.

1. 스플렁크 서버에 로그인한다.

2. **Search & Reporting** 애플리케이션을 선택한다.

3. 시간 범위 선택기에서 **Last 24 hours**를 선택하고 스플렁크 검색 바에서 다음 검색어를 입력한다. 확대경 아이콘을 클릭하거나 엔터를 입력한다.

```
index=main sourcetype=log4j | transaction maxspan=4h
threadId | timechart span=6h max(duration) AS max,
mean(duration) AS mean, min(duration) AS min
```

4. 지난 24시간 동안 6시간 단위로 최대, 최소, 평균 데이터베이스 트랜잭션 시간을 보여주는 테이블러 리스트를 반환할 것이다.

5. 충분해 보이지만 테이블러 형식은 시각화와는 거리가 있다. **Visualization** 탭을 클릭한다. 데이터가 칼럼 차트(기본값)로 보일 것이다.

6. 차트 왼쪽 위의 차트 타입(Format 링크가 다음에 온다.) 링크를 클릭하고 **Line**을 선택한다(만약 선택되어 있지 않다면). 스플렁크는 데이터를 라인 차트로 나타낸다. 이제 최대, 평균, 최소 단계를 좀 더 명확히 확인할 수 있다.

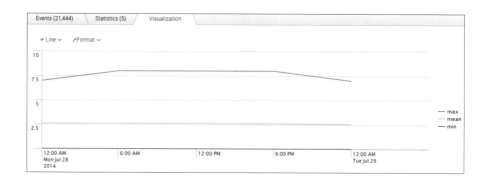

7. **Save As**를 클릭해 검색을 저장하고 **Report**를 클릭한다. 리포트 이름으로 cp02_
   application_performance를 입력하고 **Save**를 클릭한다. 다음 화면에서 **Continue
   Editing**을 클릭해 검색 화면으로 돌아온다.

예제 분석

검색을 하나하나 파악해보자.

검색 부분	설명
index=main sourcetype=log4j	이번 예제에 소스 타입이 log4j인 애플리케이션 로그를 검색한다.
| transaction maxspan=4h threadId	transaction 명령으로 공통 threadId를 가지는 여러 이벤트를 하나의 이벤트로 합친다. maxspan 함수로 4시간 안에 있는 같은 threadId만 찾게 한다. transaction 명령으로 새로운 필드인 duration을 구한다. duration은 첫 번째 이벤트에서 마지막 이벤트까지 시간을 초 단위로 나타낸다.
| timechart span=6h max(duration) AS max, mean(duration) AS mean, min(duration) AS min	timechart 명령어로 시간 단위를 6시간으로 하고 최대, 최소, 평균 함수를 duration 필드에 적용한다. 스플렁크는 6시간 간격으로 duration 필드를 분석해 최대, 최소, 평균 기간을 구한다.

 transaction 명령은 극도로 리소스를 많이 쓰는 명령어다. 이 명령어를 사용하려면 기술한 maxspan 타임 프레임 내에서 트랜잭션을 그룹화하도록 가능한 한 maxspan 함수를 사용하도록 한다.

이번 예제에서 transaction 명령어를 사용했다. 이 함수는 매우 강력하고 유용하다. 나중에 복잡하고 깊이 있는 내용을 다시 다룰 것이다.

▶ 애플리케이션 메모리 사용률 도표화 예제

▶ 총 데이터베이스 연결 수 계산 예제

애플리케이션 메모리 사용률 도표화

데이터베이스 트랜잭션의 기능적 성능을 측정하는 일과 더불어 메모리 관점에서 애플리케이션이 어떻게 동작하는지도 이해할 필요가 있다. 이런 종류의 정보를 분석함으로써 애플리케이션의 메모리 누출이나 사용자 경험과 애플리케이션이 느려지는 데 영향을 줄 수 있는 높은 메모리 사용률을 식별하게 해준다.

다음 예제에서 일정 기간 동안 애플리케이션의 메모리 사용률을 분석할 것이다.

준비

이번 예제를 따라가려면 1장 '시작: 데이터 입력'에서 적재한 예제 데이터와 구동 중인 스플렁크 엔터프라이즈 서버가 필요하다. 스플렁크 검색 바와 바로 오른쪽에 있는 시간 범위 선택기에 익숙할 필요가 있다.

예제 구현

지난날 동안 애플리케이션 메모리 사용률을 도표화하려면 다음의 단계를 따라간다.

1. 스플렁크 서버에 로그인한다.

2. Search & Reporting 애플리케이션을 선택한다.

3. 시간 범위 선택기에서 Last 24 hours를 선택하고 스플렁크 검색 바에서 다음 검색어를 입력한다. 확대경 아이콘을 클릭하거나 엔터를 입력한다.

```
index=main sourcetype=log4j perfType="MEMORY" | eval
mem_used_pc=round((mem_used/mem_total)*100) | eval
mem_remain_pc=(100-mem_used_pc) | timechart span=15m
avg(mem_remain_pc) avg(mem_used_pc)
```

4. 스플렁크는 검색 조건에 맞는 모든 이벤트를 상세히 보여주는 테이블러 목록을 반환할 것이다.

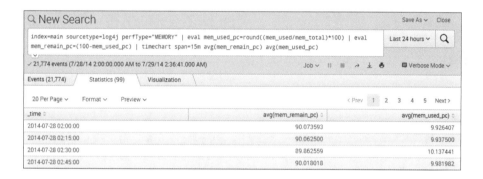

5. 충분해 보이지만 테이블러는 시각화라 하기 힘들다. Visualization 탭을 클릭한다. 데이터가 칼럼 차트(기본값)로 보일 것이다.

6. 차트 왼쪽 위의 칼럼 차트 타입(Format 링크 앞에) 링크를 클릭하고 Area를 선택한다. Format 링크를 클릭하고 Stack Mode를 '누적^{Stacked}'으로 변경하고 Apply를 클릭한다. 스플렁크는 이제 영역 차트$^{area\ chart}$ 형식으로 보여준다. 애플리케이션이 메모리를 적게 사용할 때를 쉽게 알 수 있다. 예제 데이터의 경우 메모리를 많이 쓰지 않는 것을 볼 수 있다.

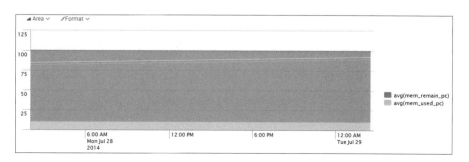

7. Save As를 클릭해 검색을 저장하고 Report를 클릭한다. 리포트 이름으로 cp02_
   application_memory를 입력하고 Save를 클릭한다. 다음 화면에서 Continue
   Editing을 클릭해 검색 화면으로 돌아온다.

예제 분석

검색을 하나하나 파악해보자.

검색 부분	설명
index=main sourcetype=log4j perfType="MEMORY"	이번 예제에서 log4j 소스 타입인 애플리케이션 로그를 검색할 것이다. 메모리 관련 이벤트만 선택해 조회한다.
| eval mem_used_pc=round ((mem_used/mem_total)*1 00)	eval 명령으로 애플리케이션 로그의 mem_used와 mem_total 필드를 사용해 비율을 계산한다.
| eval mem_remain_pc=(100- mem_used_pc)	eval 명령을 다시 사용해 이전 단계에서 계산한 메모리 사용 퍼센티지로부터 남아있는 메모리의 비율을 구한다.
| timechart span=15m avg(mem_remain_pc) avg(mem_used_pc)	timechart 명령을 사용해 지난 하루 동안 잔여 메모리와 사용한 메모리의 백분율 평균을 매 15분 간격으로 구한다.

참고 사항

▶ 애플리케이션의 기능적 성능 도표화 예제
▶ 총 데이터베이스 연결 수 계산 예제

총 데이터베이스 연결 수 계산

예제 애플리케이션은 데이터베이스 동시 접속에 한계를 가지고 있지만 애플리케이션 사용자가 늘어난다면 연결을 모니터링해 동시 접속 한계에 도달하지 않게 하거나 언제 데이터베이스 인프라를 확장해야 하는지 알 필요가 있다.

이번 장의 마지막 예제에서 특정 시간이나 날에 동시 접속 한계에 근접했는지를 알아내기 위해 지난주 동안 데이터베이스 트랜잭션을 모니터링할 것이다.

준비

이번 예제를 따라가려면 1장 '시작: 데이터 입력'에서 적재한 예제 데이터와 구동 중인 스플렁크 엔터프라이즈 서버가 필요하다. 스플렁크 검색 바와 바로 오른쪽에 있는 시간 범위 선택기에 익숙할 필요가 있다.

예제 구현

지난 30일 동안 총 데이터베이스 접속 수를 검색하려면 다음의 단계를 따라간다.

1. 스플렁크 서버에 로그인한다.

2. **Search & Reporting** 애플리케이션을 선택한다.

3. 시간 범위 선택기에서 **Last 7 days**를 선택하고 스플렁크 검색 바에서 다음 검색어를 입력한다. 확대경 아이콘을 클릭하거나 엔터를 입력한다.

   ```
   index=main sourcetype=log4j perfType="DB" | eval
   threshold=con_total/100*70 | where con_used>=threshold |
   timechart span=4h count(con_used) AS CountOverThreshold
   ```

4. 스플렁크는 검색 조건에 맞는 모든 이벤트를 상세히 보여주는 테이블러 목록을 반환할 것이다.

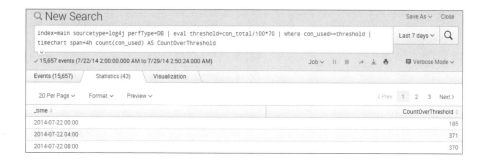

5. 충분해 보이지만 시각화와는 거리가 멀다. **Visualization** 탭을 클릭한다. 데이터가 어떤 차트로 보일 것이다.

6. 차트 왼쪽 위의 차트 타입(Format 링크 전) 링크를 클릭하고 **Line**을 선택한다(만약 선택되어 있지 않다면). 스플렁크는 데이터를 한 주 내의 특정 시간 동안 튀는 지점이 있는지 쉽게 보여주는 라인 차트로 나타낸다.

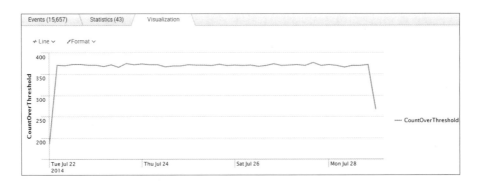

7. **Save As**를 클릭해 검색을 저장하고 **Report**를 클릭한다. 리포트 이름으로 cp02_application_db_connections를 입력하고 **Save**를 클릭한다. 다음 화면에서 **Continue Editing**을 클릭해 검색 화면으로 돌아온다.

예제 분석

검색을 하나하나 분석해보자.

검색 부분	설명
index=main sourcetype=log4j perfType="DB"	이번 예제에서 log4j 소스 타입인 애플리케이션 로그를 검색한다. 또한 데이터베이스(DB) 관련 이벤트만 보도록 선택한다.
| eval threshold=con_total/100 *70	eval 명령을 사용해 총 허용 접속의 70퍼센트인 새로운 threshold 필드를 계산한다.
| where con_used>=threshold	where 명령을 사용해 방금 정의한 임계점인 70퍼센트와 같거나 큰 이벤트만 찾는다.

(이어짐)

98

검색 부분	설명

`| timechart span=4h`
`count(con_used) AS`
`CountOverThreshold`
	마지막으로 4시간 단위로 접속 한계가 임계점과 같
	거나 넘긴 횟수를 구한다.

참고 사항

▸ 애플리케이션의 기능적 성능 도표화 예제

▸ 애플리케이션 메모리 사용률 도표화 예제

요약

이번 장의 요점은 다음과 같다.

▸ 스플렁크는 강력한 검색 처리 언어SPL, Search Processing Language를 지원한다.

▸ SPL에는 원본 데이터를 의미 있게 변형시키는 명령어와 함수가 있다.

▸ 동일 데이터에 SPL 명령을 사용해 운영 인텔리전스를 만들어내거나 비즈니스 통
찰을 얻을 수 있다.

3

대시보드와 시각화:
가치 있는 데이터 제공

이번 장에서는 대시보드를 만들고 데이터를 시각화하는 법을 배울 것이다. 배울 내용
은 다음과 같다.

▶ 운영 인텔리전스 대시보드 생성

▶ 가장 많이 접근한 웹 페이지를 파이 차트로 보여주기

▶ 순 방문자 수 보여주기

▶ 게이지를 사용해 에러 발생 횟수 보이기

▶ 타입과 호스트별 메소드 요청의 수 도표화

▶ 응답시간, 조회 메소드 요청 타임 차트 생성

▶ 크기와 응답시간이 동떨어진 요청을 식별하는 스캐터 차트 사용

▶ 애플리케이션 기능 통계 에어리어 차트 생성

▶ 카테고리별 평균 소비시간을 바 차트로 나타내기

▶ 시간에 따른 아이템 조회와 구매 라인 차트 생성

이전 장에서 스플렁크 검색 처리 언어[SPL]에 대해 배웠고, SPL을 사용해 검색한 후 데이터로 리포트를 만드는 법을 배웠다. 이번 장에서는 이 지식을 사용해 데이터를 가치 있게 만드는 스플렁크 시각화 기능을 사용해볼 것이다. 스플렁크 UI를 사용해 대시보드를 만들어 이전 장에서 만들었던 리포트를 어떻게 추가하는지 배울 것이다. 나머지 예제에서 두 개 이상의 대시보드를 만들 것이다.

시각화는 데이터 표현의 주춧돌이다. 데이터를 사람에게 익숙하고 정확하게 시각화함으로써 사용자는 나타나는 것들 간에 연관관계를 파악할 수 있어 적절히 행동을 취할 수 있다. 스플렁크를 운영 인텔리전스에 사용할 때 시각화하지 않은 리포트를 찾아보기 힘들 것이다. 실무자에서부터 경영자까지 모두 스플렁크의 시각화가 애플리케이션과 시스템이 만들어내는 데이터를 이해하기 쉽게 해준다는 사실을 알게 될 것이다. 대시보드를 만들어 사용함으로써 조직의 필요에 맞게 시각화를 집중화하고 정렬해 배치할 수 있다.

스플렁크 대시보드에 대해

대시보드는 스플렁크에서 가장 일반적인 조회 형식이고 하나 이상의 리포트를 모아서 한 페이지에 보여주는 수단을 제공한다. 검색이 생성한 각 리포트는 대시보드에 패널[panel] 형태로 들어간다. 일반적으로 대시보드가 로드되는 시점에서 패널의 데이터가 채워질 것이다. 패널의 리포트는 테이블러 데이터나 이번 장에서 앞으로 다룰 형태의 시각화 방법 중 하나로 보여줄 수 있다.

운영 인텔리전스에 대시보드 사용

운영 인텔리전스 세계에서 대시보드는 중심 정보를 풀어서 시스템과 애플리케이션의 전체 시야를 한 화면에 보여주는 핵심 도구다. 대시보드는 운영자, 관리자, 경영진 같은 핵심 이용자에게 정보를 취합해 보여주는 목적으로 만든다. 대시보드는 업무 환경이 어떻게 수행되는지 보여주는 창이고 정확한 정보를 정확한 시간에 한곳에서 얻어 적절한 시간 내에 대응 결정을 내릴 수 있게 한다.

시각화로 데이터 활용성 높이기

데이터 자체는 사람이 쉽게 이해하기 어려워서 분석하는 작업은 매우 지루한 일이 될 수 있다. 시각화는 데이터에 생명을 불어넣는 강력한 수단이다. 데이터를 시각화함으로써 하나의 값과 다른 값과의 관계를 이해하고, 패턴을 발견하며, 데이터 집합 간의 연관관계를 만들고, 추세를 밝혀낼 수 있다. 시각화에서 색깔은 주의를 끌거나 데이터의 특정 지점을 강조하는 데 사용할 수 있다. 예를 들어 정상 범위의 값은 녹색으로 하고, 값이 증가함에 따라 노란색이나 비정상 범위인 빨간색으로 바뀌게 할 수 있을 것이다. 사람은 녹색을 좋은 것으로, 빨간색을 나쁜 것으로 연관 짓는다. 그래서 빨간색 값은 색 자체로 주의를 끌 수 있다.

운영 인텔리전스에 적용해보자. 예를 들어 많은 양의 에러 데이터를 발생시키는 분산 환경의 웹 서버가 있다고 상상해보자. 이러한 각 이벤트는 이벤트가 발생했을 때 응답시간을 나타내는 필드다. 만약 테이블의 이벤트 데이터를 열 단위로 하나하나 분석한다면 정상에서 벗어난 값을 찾는 데 엄청난 시간이 걸릴 것이다. 스캐터 차트와 같은 시각화를 사용해 이벤트 데이터의 연관성을 밝혀냄으로써 이벤트 군집에서 벗어난 이벤트를 찾아낼 수 있다.

사용할 수 있는 시각화

스플렁크의 가장 큰 장점 중 하나는 데이터에 쉽게 적용해 바로 사용할 수 있는 다양한 시각화를 제공해준다는 데 있다. 시각화의 타입과 일반 사용법을 다음 표에 정리했다.

시각화	일반 사용처
라인 차트(Line chart)	보통 시간에 따른 데이터를 보려고 할 때 사용한다. 하나 이상의 데이터를 기술하면 차트의 각 라인은 다른 색을 가질 것이다. 라인 차트는 다른 데이터와 적층해 데이터 간 관계를 이해하는 데 도움을 준다.
에어리어 차트(Area chart)	라인 차트와 같은 방식으로 동작한다. 라인 아래 영역은 양을 강조하려고 색으로 채워진다.
칼럼 차트(Column chart)	데이터 값을 세로 열로 나타내며 값의 빈도를 비교할 때 보통 쓰인다. 칼럼 차트 또한 차트 내의 다른 데이터의 중요성을 강조하려고 적층 방식으로 만들 수 있다.

(이어짐)

시각화	일반 사용처
바 차트(Bar chart)	수평바로 데이터를 나타낸다. 칼럼 차트와 방식이 같지만, 축이 반대다.
파이 차트(Pie chart)	데이터 값을 파이의 조각으로 나타내는 일차원 형식이다. 보통 숫자 값의 부분을 비교하거나 강조하는 데 사용한다.
스캐터 차트(Scatter chart)	데이터 값을 일련의 구획된 사각형으로 나타낸다. 평범한 데이터의 범위를 벗어나는 이상치 데이터를 식별할 때 보통 쓰인다.
단일 값(Single value)	데이터를 하나의 값으로 나타낸다. 합 또는 총계 값을 나타낼 때 보통 쓰인다. 예를 들어 지난 한 시간 동안 에러 발생 총 횟수를 들 수 있다.
레이디얼 게이지(Radial gauge)	부채 꼴 범위에서 바늘로 현재 값을 나타내는 속도계와 비슷하다. 주어진 지표의 현재 상태를 실시간으로 주시해야 하는 대시보드에서 사용한다. 임계값을 정의해 어떤 값까지 괜찮은지(녹색), 상승 중인지(노란색), 심각한지(빨간색)를 식별하게 해준다.
필러 게이지(Filler gauge)	액체로 표시되는 온도계와 비슷하다. 값이 바뀜에 따라 액체의 양과 색이 변하면서 늘어나거나 줄어든다. 레이디얼 게이지와 함께 보통 실시간 대시보드에 사용하고 임계값을 정의할 수 있다.
마커 게이지(Marker gauge)	필러 게이지와 유사하다. 현재 값을 가리키는 움직이는 마커가 있고 임계점에 의해 정의되는 값을 미리 가지고 있다.
맵(Map)	보통 데이터의 기하학적 분포를 나타내는 데 쓰인다. 맵 위에 찍힌 데이터는 기하학적 위치 안의 개별 값을 강조하기 위해 도표화할 수 있다.
히트맵(Heat map)	테이블러 값은 높은 값을 붉은색으로, 낮은 값을 파란색으로 하는 히트맵 방식으로 표현할 수 있다. 보통 테이블의 값의 변화를 시각적으로 나타내기 위해 사용한다.
스파크라인(Sparkline)	미니 라인 차트와 같은 시각화이고 각 테이블의 각 행에 적용한다. 테이블의 결과 데이터로 적절히 표현할 수 없는 패턴을 확인하게 해주는 시야를 제공한다.

 시각화에 대한 더 많은 정보는 http://docs.splunk.com/Documentation/Splunk/latest/Viz/Visualizationreference에서 얻을 수 있다.

시각화의 모범 사례

대시보드에 시각화를 추가할 때 참고할 수 있는 모범 사례가 있다.

▶ 테이블러 데이터로 쉽게 보이지 않는 통찰을 얻으려고 시각화를 사용

- 절댓값을 찾기 쉬우므로 때때로 차트에 테이블을 넣는 것이 유용하다.
- 충분한 정보를 제공하되 지나치지 않도록 한다. 시각화의 목적을 달성 이상으로 사용하면 안 된다.
- 대시보드에 시각화를 너무 많이 사용하지 않는다. 하나의 대시보드에 몰아넣는 것보다 여러 대시보드에 나눠라.
- 특별히 에어리어 차트의 경우 적층 차트^{stacked chart}에 익숙해져야 한다. 적층시키지 못한다면 큰 값을 가진 객체가 다른 값들을 보이지 않게 할 것이다.
- 시각화 범위를 적절히 조절한다. 선형 함수나 로그 함수를 언제 사용하는 것이 최선인지 알아야 한다.
- 시각화에 적절한 이름을 붙여서 보는 사람이 무엇인지 명확하게 이해하게 한다.
- 주어진 일에 따라 적절한 시각화를 사용한다. 여기에 가이드가 있다.

    - 시간에 따른 비교: 라인 차트와 칼럼 차트 사용

    - 아이템 간 비교: 바 차트나 칼럼 차트 사용

    - 관계: 스캐터 차트 사용

    - 분포: 정렬한 칼럼 또는 바 차트 또는 스캐터 차트 사용

    - 정적 구성: 100%까지 쌓이는 칼럼 차트나 파이 차트 사용

    - 동적 구성: 칼럼이나 에어리어 차트를 적층해 사용하거나 100%까지 쌓이는 칼럼 차트나 에어리어 차트 사용

- 적당한 색이나 임계점을 단일 값 시각화나 게이지 차트에 사용한다.
- 시각화 타입의 원래 목적과 다르게 사용할 수 있다. 필요에 따라 최선의 선택을 하면 된다.

운영 인텔리전스 대시보드 생성

이번 장에서 시각화의 장점에 대해 들어가기 전에 우선 대시보드를 생성하는 절차에 대해 다뤄야 할 것이다. 이번 예제에서는 이번 장의 다른 예제에서 사용할 스플렁크 웹 UI로 대시보드를 바닥부터 생성할 것이다.

이번 예제를 따라가려면 1장 '시작: 데이터 입력'에서 적재한 예제 데이터와 2장 '데이터 파고들기: 검색과 리포트'의 예제 수행을 완료해야 한다. 구동 중인 스플렁크 엔터프라이즈 서버가 필요하며, 스플렁크 검색 바와 바로 오른쪽에 있는 시간 범위 선택기에 익숙할 필요가 있다.

예제 구현

운영 인텔리전스 대시보드를 생성하려면 다음의 단계를 따라간다.

1. 스플렁크 서버에 로그인한다.

2. Search & Reporting 애플리케이션을 선택한다.

3. 메뉴바에서 Dashboards 링크를 클릭한다.

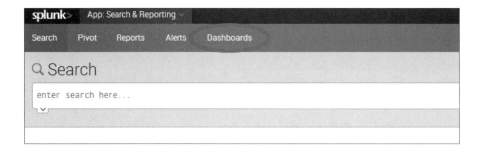

4. Dashboards 화면에서 Createa New Dashboard 버튼을 클릭한다.

5. Create New Dashboard 스크린이 튀어나올 것이다. Title 필드에 Website Monitoring을 입력한다. ID 필드는 자동으로 채워질 것이다. 가만히 두면 된다. Description 필드를 지금은 비워둔다. Shared in App 퍼미션이 선택되도록 한다. 마지막으로 Create Dashboard를 클릭한다.

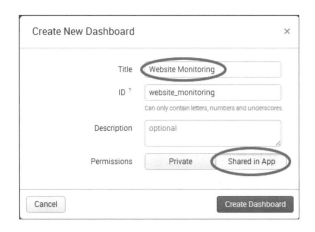

6. 새롭게 생성한 Website Monitoring 대시보드가 편집 모드에서 나올 것이다. 다음
   예제에서 대시보드에 패널을 추가할 것이다. 지금은 **Done** 버튼을 클릭한다.

이제 리포트와 시각화를 넣을 빈 대시보드를 생성했다.

예제 분석

사용자 인터페이스로 대시보드를 생성할 때 스플렁크는 내부에서 단순한 XML 코드
로 된 대시보드 오브젝트를 만든다. 이후에 리포트를 추가할 컨테이너로 대시보드 오
브젝트가 사용될 것이다. **Edit** 버튼을 클릭하고 드롭다운 메뉴에서 **Edit Source**를 클릭
해 대시보드 소스 코드를 볼 수 있다. 대시보드의 단순 XML 소스 코드가 편집기에 보
일 것이다. 대시보드와 단순 XML은 다음 장에서 더 상세히 다룰 것이다.

 스플렁크 사용자 인터페이스에서 대시보드를 생성하는 방법은 여러 가지다. 이 예제에
서는 시각화 리포트를 채워넣을 준비가 된 빈 대시보드를 생성했다. 나중에 보겠지만
스플렁크는 리포트를 추가하는 시점에 대시보드를 생성할 수 있게 해준다.

부연 설명

대시보드를 생성할 때 기본 접근 권한^{permission}은 프라이빗^{private}(생성한 사용자만 접근 가능)이다. 방금 만든 대시보드나 다른 대시보드를 이 리포트에 관심 있는 다른 사용자 또는 그룹과 공유하길 원할 것이다.

대시보드 접근 권한 변경

대시보드 퍼미션을 변경하려면 우선 Dashboards 화면으로 돌아가야 한다. 이는 이번 예제의 3단계에서 언급한 대로 Dashboards 메뉴를 클릭해서 수행할 수 있다. Dashboards 화면에서 이번 예제에서 만들었던 Website Monitoring 대시보드를 볼 수 있다. Actions 칼럼 아래 Edit라고 이름 붙여진 클릭할 수 있는 링크가 있다. 그 링크를 클릭한다. 드롭다운 패널이 보일 것이다. Edit Permissions이라 붙여진 아이템을 클릭한다. 팝업 윈도우가 보일 것이고 롤 기반 단위로 퍼미션을 정의할 수 있다. 그리고 이러한 퍼미션을 작업 애플리케이션 내 또는 전체 애플리케이션으로 제한할 것이다.

> 스플렁크 GUI로 대시보드를 생성할 때 기본 퍼미션 레벨은 프라이빗이다. 그러나 예제에서 대시보드를 생성할 때 Shared in App 퍼미션 버튼을 선택했다. 이를 통해 새롭게 생성하는 대시보드는 자동으로 애플리케이션에서 접근 권한이 있는 모두에게 공유되기 때문에 일일이 대시보드를 만든 다음 수정할 필요가 없다. 내부에서 애플리케이션 퍼미션을 가진 대시보드는 관련 애플리케이션 디렉터리 구조에 저장된다. 프라이빗 퍼미션을 가진 대시보드는 관련된 사용자 디렉터리에 저장된다.

가장 많이 접근한 웹 페이지를 파이 차트로 보여주기

1장 '시작: 데이터 입력'에서 적재한 예제 데이터는 고객이 온라인 쇼핑 웹사이트와 어떻게 상호작용하는가에 대한 풍부한 정보를 제공해준다. 2장 '데이터 파고들기: 검색과 리포트'의 가장 많이 접속한 웹 페이지 찾기 예제에서 어떻게 가장 많이 접속한 웹 페이지를 찾는지 살펴봤다. 그 예제에서 결과는 테이블러 포맷으로 보여줬는데, 웹 페이지 접근 비율의 차이를 인식하기 어려운 포맷이었다. 이제 파이 차트를 어떻

게 사용하는지 볼 것이다. 데이터가 아주 간단할지라도 시각화함으로써 더 나은 의사
결정을 제때 할 수 있다.

이번 예제에서 2장 '데이터 파고들기: 검색과 리포트'에서 만든 이름이 cp02_most_
accessed_webpages인 리포트를 사용할 것이다. 파이 차트를 사용해 리포트 출력을
시각화해 보여주고 방금 만든 Website Monitoring 대시보드에 추가할 것이다.

준비

이번 예제를 따라가려면 1장 '시작: 데이터 입력'에서 적재한 예제 데이터와 2장 '데
이터 파고들기: 검색과 리포트'의 예제 수행을 완료해야 한다. 구동 중인 스플렁크
엔터프라이즈 서버가 필요하고 스플렁크 검색 바, 시간 범위 선택기, 검색 탭(Events,
Statistics, Visualization)에 익숙해야 한다.

예제 구현

파이 차트로 가장 많이 접근한 웹 페이지를 보려면 다음의 단계를 따라간다.

1. 스플렁크 서버에 로그인한다.

2. Search & Reporting 애플리케이션을 선택한다.

3. 메뉴바에서 Report 링크를 클릭한다. 2장 '데이터 파고들기: 검색과 리포트'에서
   만들고 저장한 모든 리포트의 목록을 보여줄 것이다.

4. 이름이 cp02_most_accessed_webpages인 라인 아이템을 찾아서 Open In
   Search를 클릭한다.

5. 스플렁크는 다음에 기술한 검색 코드를 저장한 리포트를 실행할 것이다. 각 페이지가 몇 번 접속됐는지 총 횟수 필드를 가지는 페이지 목록이 반환될 것이다.

```
index=main sourcetype=access_combined | stats count by
uri_path | sort - count
```

6. 검색을 완료하면 결과는 **Statistics** 탭에 보일 것이다. 파이 차트를 만들 예정이므로 **Visualization** 탭을 클릭한다.

7. 스플렁크는 다양한 시각화를 제공하기 때문에 파이 시각화는 Visualization 탭의 기본 선택이 아닐 수도 있다. 시각화 타입 드롭다운 리스트를 클릭하고 Pie를 선택한다.

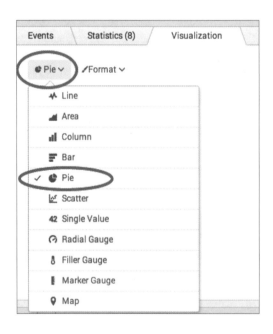

8. 다음 스크린샷처럼 이제 데이터는 파이 차트로 시각화될 것이다.

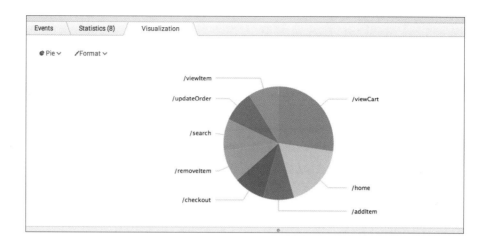

9. 첫 예제에서 만든 Website Monitoring 대시보드에 추가해보자. Save As를 클릭하고 드롭다운 메뉴에서 Dashboard Panel을 클릭한다.

10. Save As Dashboard Panel 스크린이 튀어나올 것이다. 이미 있는 대시보드를 사용하기 때문에 Existing을 선택한다. 그리고 목록에서 Website Monitoring 대시보드를 선택한다. Panel Title에 Most Accessed Webpages를 입력하고 Panel Powered By 항목에 Report를 선택한다. 마지막으로 Save를 클릭한다.

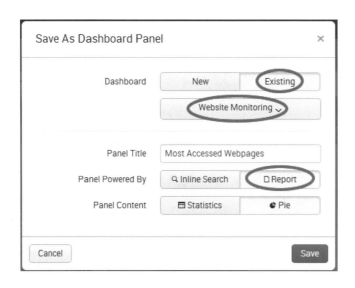

11. 다음 화면은 대시보드가 생성됐고 패널이 추가됐음을 확인하는 화면이다. View Dashboard를 클릭하고 직접 확인해보자.

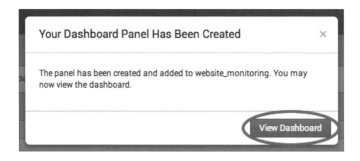

예제 분석

어떻게 검색이 동작하는지 상세히 보려면 2장 '데이터 파고들기: 검색과 리포트'의 가장 많이 접근한 웹 페이지 찾기 예제를 참조한다.

Visualization 탭은 테이블러 출력(값을 다른 값으로 나눠놓은 형태)을 가지고 주어진 시각화를 적용한다. 파이 차트 시각화를 적용하게 총 이벤트 횟수를 웹 페이지 이름으로 나눴다.

다른 시각화를 적용해보기 위해 기본 검색을 더 만들어 다양하게 검색 결과를 변형해 보자.

많이 접속한 상위 10개 웹 페이지 검색

리포트 검색을 수정해 stats 명령어를 top으로 대치한다면 상위 10개 웹 페이지를 보여줄 것이다.

index=main sourcetype=access_combined | top uri_path

여기서 리포트 검색을 수정해 stats 명령을 top으로 대치했다. 기본값으로 상위 10개 웹 페이지를 보여줄 것이다. Visualization 탭을 선택하고 Column을 선택해 결과를 칼럼 차트로 볼 수 있다. 그리고 Format을 클릭해 x와 y축의 값을 사용자화하고, 범례 legend를 배치하거나 삭제하는 일을 차트에 할 수 있는 메뉴에 접근할 수 있다.

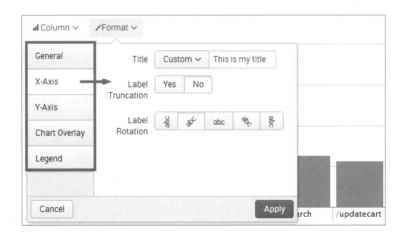

▶ 운영 인텔리전스 대시보드 생성 예제
▶ 순 방문자 수 보여주기 예제
▶ 게이지를 사용해 에러 발생 횟수 보이기 예제

순 방문자 수 보여주기

페이지 전체 조회 수를 알고 가장 많이 조회한 페이지를 알 수 있다면 매우 유용할 것이다. 때때로 각 사용자별 페이지 조회가 얼마나 일어나는지 알 수 있다면 더 도움이될 것이다. 웹 접근 로그를 통해 몇 명의 순 방문자가 있었는지 알 수 있다. 예를 들어웹사이트의 실 세션의 수 때문에 높은 부하가 생기는 시간이 있는지 여부를 알 수 있다면 좋을 것이다.

이번 예제에서는 주어진 시간 동안 웹사이트 순 방문자의 수를 찾는 스플렁크 검색을작성해본다.

그리고 단일 값 시각화를 사용해 대시보드에 시각적으로 보여줄 것이다.

준비

이번 예제를 따라가려면 1장 '시작: 데이터 입력'에서 적재한 예제 데이터를 가지고있는 구동 중인 스플렁크 엔터프라이즈 서버가 필요하다. 스플렁크 검색 바, 시간 범위 선택기, Visualization 탭에 익숙해야 한다. 반드시 필요하지는 않지만, 이전에 나왔던 예제를 전부 수행해보는 것이 좋다.

예제 구현

웹사이트 순 방문자 수를 나타내기 위해 다음 단계를 따른다.

1. 스플렁크 서버에 로그인한다.

2. **Search & Reporting** 애플리케이션을 선택한다.

3. 시간 범위 선택기에서 **Last 24 days**를 선택하고 스플렁크 검색 바에서 다음 검색어를 입력한다. 확대경 아이콘을 클릭하거나 엔터를 입력한다.

   ```
   index=main sourcetype=access_combined | stats
   dc(JSESSIONID)
   ```

4. 스플렁크는 이름이 JSESSIONID인 필드 값이 고유한 개수를 나타내는 수 하나를 반환할 것이다.

5. Visualization 탭을 클릭한다.

6. 스플렁크에 여러 시각화가 있기 때문에 단일 값 시각화는 Visualization 탭의 기본 값이 아닐 것이다. 시각화 타입 목록이 나오는 드롭다운을 클릭해 Single Value를 선택한다.

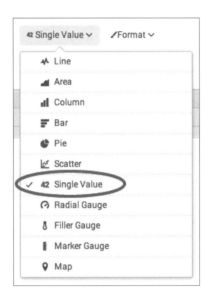

7. 데이터가 이제 단일 값으로 시각화될 것이다.

8. Save As를 클릭해 이 검색을 저장하고 Report를 누른다. cp03_unique_visitors로 이름을 정하고 Save를 클릭한다. 다음 화면에서 Add to Dashboard를 클릭한다.

9. Website Monitoring 대시보드에 추가할 것이다. Existing이라 붙여진 버튼을 선택하고 드롭다운 메뉴에서 Website Monitoring 대시보드를 선택한다. Panel Title 필드 값에서 Unique Visitors를 입력하고 Panel Powered By 항목에서 Report를 선택한다. 마지막으로 Save를 클릭한다.

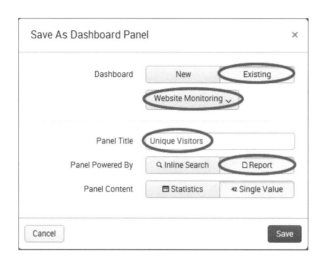

10. 다음 화면은 대시보드가 생성됐고 패널이 추가된 것을 확인하는 화면이다. View Dashboard를 클릭하고 직접 확인해보자. 단일 값 시각화는 이전 예제에서 만들었던 파이 차트 아래에 위치할 것이다.

11. 파이 차트와 단일 값 패널이 나란히 위치하도록 대시보드를 정렬할 것이다. Edit 버튼을 클릭하고 드롭다운 메뉴에서 Edit Panels를 선택한다.

12. 회색 바가 패널의 최상단에 보일 것이다. 이 바를 사용해 클릭하고 드래그해서, 패널을 다음 스크린샷처럼 파이 차트 패널과 같은 열에 위치하도록 배치한다.

13. 마지막으로 변경사항을 저장하기 위해 **Done**을 클릭한다.

 다음 장에서 대시보드 편집기의 특징과 기능에 대해 좀 더 배울 것이다. 이번 장에선 대시보드 패널을 단순히 옮기기만 할 것이다.

예제 분석

검색을 하나하나 분석해보자.

검색 조각	설명
`index=main` `sourcetype=access_combined`	이전 예제부터 이미 익숙한 내용이다.
`| stats dc(JSESSIONID)`	stats 명령의 dc 함수를 호출해 이름이 JSESSIONID인 필드의 값이 고유한 총 개수를 센다. JSESSIONID 필드는 웹사이트의 각 방문자에 임의의 세션 식별자로 부여받아 이 필드에 저장된다. 여기서 clientip 필드를 선택하지 않았는데, NAT(Network Address Translation)를 사용할 경우 웹사이트를 방문하는 여러 사용자가 같은 IP 주소를 가질 수 있기 때문이다.

Visualization 탭은 stats 명령의 숫자 출력을 받아서 주어진 시각화를 적용한다. 고유 방문자 세션의 수에 단일 값 시각화를 적용했다.

대시보드의 단일 값 시각화는 유용하지만 값에 대한 설명을 넣거나 값에 따라 색을 달리 보여준다면 더 유용할 것이다.

단일 값 패널에 라벨 추가

예제와 같은 검색을 수행하고 검색이 완료되면 Visualization 탭을 클릭해 Single Value 시각화 타입을 선택한다. 다음으로 Format 버튼을 클릭하면 드롭다운 메뉴에서 Before Label, After Label, Under Label 텍스트를 넣을 수 있는 옵션을 볼 수 있다.

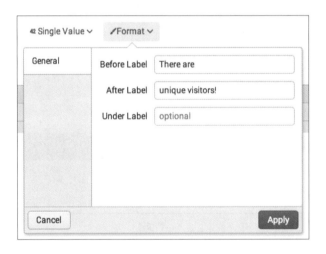

원하는 값을 넣은 후 Apply를 클릭한다. 다음 스크린샷과 같이 바로 적용될 것이다.

118

전에 했던 것처럼 이제 단일 값 리포트를 패널로 대시보드에 저장할 수 있다. 값 설명이 있으므로 Panel Title 필드를 채우지 않아도 된다.

값의 범위에 따른 색 지정

레이블을 추가한 다음, 수의 범위에 따라 색을 달리 보여준다면 유용할 것이다. 검색을 다음과 같이 수정한다.

```
index=main sourcetype=access_combined | stats dc(JSESSIONID) AS
count | rangemap field=count low=0-1 elevated=2-5 default=severe
```

이 검색에서 dc(JSESSIONID) 필드를 count로 이름을 변경했다. rangemap 명령은 count 필드 값에 기반을 둬 범위(low, elevated, severe) 값을 할당하는 데 사용했다. 단일 값 시각화는 범위 값을 색으로 시각화하는 데 사용한다. low 범위에 있다면 녹색green일 것이고 값이 elevated 범위이면 노란색yellow 그리고 severe 범위이면 빨간색red이 될 것이다.

rangemap 명령에 대해 더 알고 싶다면 http://docs.splunk.com/Documentation/
Splunk/latest/SearchReference/Rangemap을 방문하길 바란다.

참고 사항

▶ 가장 많이 접근한 웹 페이지를 파이 차트로 보여주기 예제

▶ 게이지를 사용해 에러 발생 횟수 보이기 예제

▶ 타입과 호스트별 메소드 요청의 수 도표화 예제

게이지를 사용해 에러 발생 횟수 보이기

모든 사용자가 항상 원활히 웹사이트와 상호작용할 수 있는 것은 아니다. 웹 페이지에 접근할 때 성공하지 못한 상태 코드를 마주하게 될 수도 있다. 이 횟수를 파악하고 낮은, 중간, 높은 임계점을 적용해 에러의 발생 횟수가 높을 때 사용자 경험이 어떻게

변할지 이해할 수 있다. 이번 예제에선 주어진 기간 동안 총 에러의 수를 찾는 검색을 작성할 것이다. 그리고 이 값을 대시보드에 레이디얼 게이지를 사용해 시각적으로 보여줄 것이다.

준비

이번 예제를 따라가려면 1장 '시작: 데이터 입력'에서 적재한 예제 데이터를 가지고 있는 구동 중인 스플렁크 엔터프라이즈 서버가 필요하며 스플렁크 검색 바, 시간 범위 선택기, Visualization 탭에 익숙해야 한다. 반드시 필요하지는 않지만, 이전에 나왔던 예제를 전부 수행해보는 것이 좋다.

예제 구현

고유한 웹사이트 방문자 수를 나타내기 위해 다음 단계를 따른다.

1. 스플렁크 서버에 로그인한다.

2. **Search & Reporting** 애플리케이션을 선택한다.

3. 시간 범위 선택기에서 **Last 24 days**를 선택하고 스플렁크 검색 바에서 다음 검색 어를 입력한다. 확대경 아이콘을 클릭하거나 엔터를 입력한다.

```
index=main sourcetype=access_combined NOT status="200" |
stats count
```

4. 스플렁크는 상태가 성공이 아닌 모든 이벤트의 총 횟수를 반환할 것이다.

5. **Visualization** 탭을 클릭한다.

6. 스플렁크에 여러 시각화가 있기 때문에 단일 값 시각화는 Visualization 탭의 기본 값이 아닐 것이다. 시각화 타입 목록이 나오는 드롭다운을 클릭해 Radial Gauge 를 선택한다.

7. 데이터가 이제 게이지로 시각화될 것이고 바늘은 완전히 빨간색 쪽으로 넘어가 있을 것이다. 임계점 설정 때문이며 조절이 필요하다.

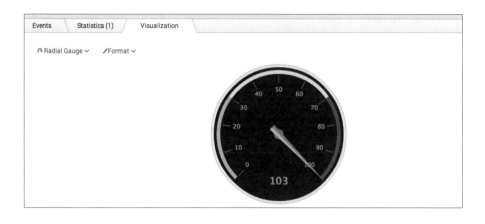

8. 레이디얼 게이지의 임계점을 조절하기 위해 Format 버튼을 클릭한다. 드롭다운 메뉴에서 Color Ranges 탭을 클릭하고 마지막으로 Manual 버튼을 클릭한다.

9. Manual Color Ranges 화면에서 바늘이 노란색 범위인 중간에 있게 값을 조절할 수 있다. 그리고 Apply를 클릭한다.

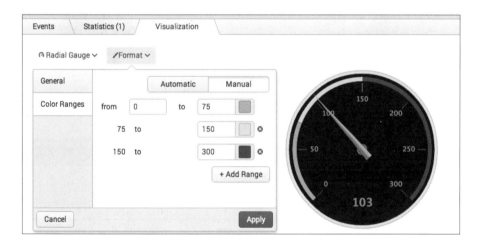

10. Save As를 클릭해 이 검색을 저장하고 Report를 누른다. cp03_webaccess_errors로 이름을 정하고 Save를 클릭한다. 다음 화면에서 Add to Dashboard를 클릭한다.

11. 이 리포트를 Website Monitoring 대시보드에 추가할 것이다. Existing이라 붙여진 버튼을 선택하고 드롭다운 메뉴에서 Website Monitoring 대시보드를 선택한다.

Panel Title 필드 값에서 Total Number of Errors를 입력하고 Panel Powered By 항목에서 Report를 선택한다. 마지막으로 Save를 클릭한다.

12. 다음 화면은 대시보드가 생성됐고 패널이 추가됐음을 확인하는 화면이다. View Dashboard를 클릭하고 직접 확인해보자. 레이디얼 게이지 시각화는 대시보드에서 이전 두 개 패널의 아래에 위치할 것이다.

13. 레이디얼 게이지 패널이 단일 값 패널 오른쪽에 위치하도록 대시보드를 정렬한다. Edit 버튼을 클릭하고 드롭다운 메뉴에서 Edit Panels를 선택한다. 레이디얼 게이지 패널을 이동한다.

14. 마지막으로 대시보드 변경사항을 저장하기 위해 Done을 클릭한다. 대시보드는 다음 스크린샷처럼 보여야 한다.

예제 분석

검색을 하나하나 분석해보자.

검색 부분	설명
index=main sourcetype=access_combined NOT status="200"	이번 장에 나왔던 예제라 익숙할 것이다. 그러나 검색 조건에 status 필드가 200과 다른 이벤트만 반환하도록 추가했다.
| stats count	stats 명령을 사용해 총 이벤트의 수를 반환하도록 했다.

Visualization 탭은 stats 명령의 숫자 출력을 가져와 주어진 시각화를 적용한다. 성공하지 못한 이벤트의 총합에 레이디얼 게이지 시각화를 적용했다.

이번 예제에서는 나머지 두 타입의 게이지인 필러 게이지와 마커 게이지를 사용하지 않았다. 보통 대시보드 사용자에게 단일 값 시각화보다 게이지 시각화가 더 선호되기 때문에 다른 두 가지 게이지를 사용해볼 필요가 있다.

 단일 값 시각화에 대한 더 많은 정보는 http://docs.splunk.com/Documentation/ Splunk/latest/Viz/Visualizationreference#Single-value_visualizations에서 확인 할 수 있다.

참고 사항

▶ 순 방문자 수 보여주기 예제
▶ 타입과 호스트별 메소드 요청의 수 도표화 예제
▶ 응답시간, 조회, 메소드 요청 타임 차트 생성 예제

타입과 호스트별 메소드 요청의 수 도표화

웹사이트를 조회하는 고객의 웹 요청을 여러 호스트가 처리하고 응답하는 환경에서 현재 각 메소드 요청의 수는 호스트별로 나누는 편이 좋다. 메소드는 고객의 웹 클라이언트와 웹 호스트 사이의 요청/응답 액션과 관련 있다. 메소드 타입의 정보를 통해 요청이 호스트 사이에 균등하게 분배되는지 또는 하나의 호스트에 부하가 쏠리는지 알아낼 수 있다.

이번 예제에서 타입과 호스트별로 메소드 요청의 수를 나눈 것을 도표화하는 스플렁크 검색을 작성할 것이다. 그리고 칼럼 차트를 사용해 이 값을 대시보드에 시각적으로 나타낼 것이다.

이번 예제를 따라가려면 1장 '시작: 데이터 입력'에서 적재한 예제 데이터를 가지고 있는 구동 중인 스플렁크 엔터프라이즈 서버가 필요하다. 스플렁크 검색 바, 시간 범위 선택기, Visualization 탭에 익숙해야 한다. 반드시 필요하지는 않지만, 이전에 나왔던 예제를 전부 수행해보는 것이 좋다.

호스트와 타입별 메소드 요청 수를 도표화하려면 다음 단계를 따른다.

1. 스플렁크 서버에 로그인한다.

2. Search & Reporting 애플리케이션을 선택한다.

3. 시간 범위 선택기에서 Last 24 hours를 선택하고 스플렁크 검색 바에서 다음 검색어를 입력한다. 확대경 아이콘을 클릭하거나 엔터를 입력한다.

```
index=main sourcetype=access_combined | chart count by
host,method
```

4. 스플렁크는 호스트로 나누어 각 메소드 요청의 총 개수를 테이블러화된 목록으로 반환할 것이다.

5. Visualization 탭을 클릭한다.

6. 시각화 타입 목록을 보여주는 드롭다운 메뉴를 클릭해 Column을 선택한다.

7. 이제 데이터는 다음 스크린샷처럼 시각화될 것이다.

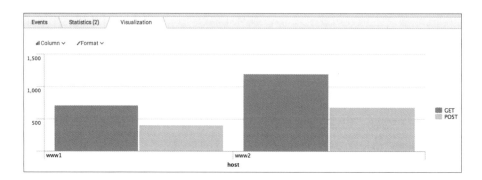

8. Save As를 클릭해 이 검색을 저장하고 Report를 누른다. cp03_method_by_host로 이름을 정하고 Save를 클릭한다. 다음 화면에서 Add to Dashboard를 클릭한다.

9. 리포트를 Website Monitoring 대시보드에 추가할 것이다. Existing이라 붙여진 버튼을 선택하고 드롭다운 메뉴에서 Website Monitoring 대시보드를 선택한다. Panel Title 필드 값에서 Method Requests by Type을 입력하고 Panel Powered By 항목에서 Report를 선택한다. 마지막으로 Save를 클릭한다.

10. 다음 화면에서 대시보드가 생성됐고 패널이 추가됐음을 확인할 수 있다. View Dashboard를 클릭하고 직접 확인해보자.

11. 대시보드를 수정해 칼럼 차트 시각화를 이전에 추가한 패널 아래에 위치시킨다.

예제 분석

검색을 하나하나 분석해보자.

검색 조각	설명
index=main sourcetype=access_combined	이전 예제부터 나와 익숙할 것이다.
| chart count by host,method	chart 명령어는 호스트와 메소드로 이벤트의 수를 나눈 값을 구하는 데 사용한다. 주어진 호스트의 각 메소드의 수를 만들어낸다.

Visualization 탭은 stats 명령의 테이블러화된 출력을 받아서 주어진 시각화를 적용한다. 호스트별 총 메소드의 수에 칼럼 차트 시각화를 적용했다.

참고 사항

▶ 게이지를 사용해 에러 발생 횟수 보이기 예제

▶ 응답시간, 조회, 메소드 요청 타임 차트 생성 예제

▶ 크기와 응답시간이 동떨어진 요청을 식별하는 스캐터 차트 사용 예제

응답시간, 조회, 메소드 요청 타임 차트 생성

하나의 값을 대시보드에 보여준다면 주요 지표를 파악하는 면에선 도움이 되지만 웹사이트에 영향을 미치는 다른 지표들과 어떤 상관관계가 있는지 알려주는 진정한 운영 인텔리전스를 달성하는 데 한계가 있을 수 있다. 요청한 메소드의 수, 총 조회 수, 주어진 시간 동안 평균 응답시간 같은 값을 조사함으로써 이들 수 사이의 상관관계를 발견해 나갈 수 있다. 웹사이트로의 활성 POST 요청 수가 많아서 또는 주어진 시간 동안 특정 타입의 요청이 총 요청의 다수를 차지해서 평균 응답시간이 늘어나는 현상이 발생했을 경우 이를 이해하는 데 큰 도움이 된다.

이번 예제에서는 timechart 명령으로 주어진 시간 동안 값 간의 관계를 밝혀내는 스플렁크 검색을 생성하고 이 값들을 라인 차트를 사용해 시각적으로 나타낼 것이다.

준비

이번 예제를 따라가려면 1장 '시작: 데이터 입력'에서 적재한 예제 데이터를 가지고 있는 구동 중인 스플렁크 엔터프라이즈 서버가 필요하다. 스플렁크 검색 바, 시간 범위 선택기, Visualization 탭에 익숙해야 한다. 반드시 필요하지는 않지만, 이전에 나왔던 예제를 전부 수행해보는 것이 좋다.

예제 구현

메소드 요청, 조회, 응답시간의 타임 차트를 만들려면 다음 단계를 따른다.

1. 스플렁크 서버에 로그인한다.

2. **Search & Reporting** 애플리케이션을 선택한다.

3. 시간 범위 선택기에서 **Last 7 days**를 선택하고 스플렁크 검색 바에서 다음 검색어를 입력한다. 확대경 아이콘을 클릭하거나 엔터를 입력한다.

```
index=main sourcetype=access_combined | eval
GET_response=if(method=="GET",response,0) | eval
POST_response=if(method=="POST",response,0) | timechart
```

```
span=5m avg(GET_response) AS Avg_GET_Response,
avg(POST_response) AS Avg_POST_Response,
count(eval(method=="GET")) AS GET_Total,
count(eval(method=="POST")) AS POST_Total, count AS
Total_Visits
```

4. 스플렁크는 GET과 POST 요청의 평균 응답시간, GET과 POST 요청의 수, 총 웹
   페이지 방문 수를 시계열 차트로 반환할 것이다.

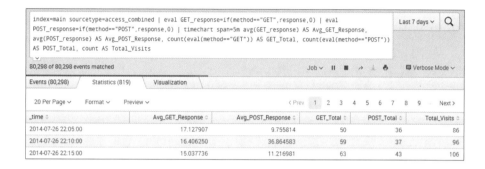

5. Visualization 탭을 클릭한다. 그리고 드롭다운 목록에서 데이터를 라인 차트로 보
   여주게 Line을 선택한다.

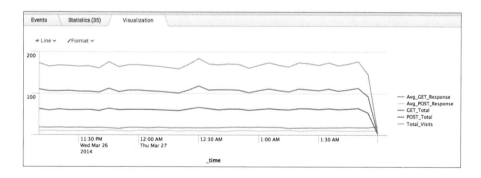

6. Save As를 클릭해 이 검색을 저장하고 Report를 누른다. cp03_method_view_
   reponse로 이름을 정하고 Save를 클릭한다. 다음 화면에서 Add to Dashboard를
   클릭한다.

7. 이 리포트를 Website Monitoring 대시보드에 추가할 것이다. Existing이라 붙여진 버튼을 선택하고 드롭다운 메뉴에서 Website Monitoring 대시보드를 선택한다. Panel Title 필드 값에서 Website Response Performance를 입력하고 Panel Powered By 항목에서 Report를 선택한다. 마지막으로 Save를 클릭한다.

8. 다음 화면에서 대시보드가 생성됐고 패널이 추가됐음을 확인할 수 있다. View Dashboard를 클릭하고 직접 확인해보자. 라인 차트 시각화는 이제 대시보드에서 이전에 추가한 패널 아래에 위치할 것이다.

9. 대시보드를 조절해 이전에 만든 칼럼 차트 오른쪽에 라인 차트 패널이 위치하도록 한다. Edit 버튼을 클릭하고 드롭다운 메뉴에서 Edit Panels를 선택한다. 라인 차트 패널을 적절히 이동시킨다.

10. 마지막으로 Done을 클릭해 대시보드 변경사항을 저장한다.

예제 분석

검색을 하나하나 분석해보자.

검색 부분	설명
```index=main sourcetype=access_combined```	이 책의 이전 예제에서 언급했다.
```| eval GET_response=if(method =="GET",response,0)```	eval 함수를 사용해 if 함수의 반환 값을 가지는 GET_reponse라는 새로운 필드를 생성했다. 만약 method가 GET이라면 반환 값은 response 필드의 값이 되고 그렇지 않으면 반환 값은 0이 된다.
```| eval POST_response=if (method=="POST", response,0)```	eval 함수를 사용해 if 함수로의 반환 값을 가지는 POST_response라는 새로운 필드를 생성했다. 만약 method가 GET이라면 반환 값은 response 필드의 값이 되고 그렇지 않으면 반환 값은 0이 된다.

(이어짐)

128

검색 부분	설명
| ```
timechart span=5m
avg(GET_response) AS
Avg_GET_Response,
avg(POST_response) AS
Avg_POST_Response,
count(eval(method=="
GET")) AS GET_Total,
count(eval(method=="
POST")) AS POST_Total,
count AS Total_Visits
``` | timechart 명령을 사용한다. 우선 시간 단위를 5분으로 설정한다. 다음으로 단위 시간당 POST_reponse와 GET_respose의 평균 값을 구한다. 마지막으로 이벤트의 전체 수를 구한다. POST와 GET 모두를 센다. AS 연산자를 사용해 차트가 보일 때 이해하기 쉽게 필드 이름을 의미 있는 이름으로 변경했다. |

Visualization 탭에서 timechart의 시계열 출력을 받아 주어진 시각화를 적용했다. 이 경우에는 라인 차트 시각화를 적용한다.

부연 설명

이번 예제에서 웹 서버 환경 전체를 나타내는 값을 알아봤다. 그러나 여러 서버에 웹 부하가 분산되는 환경에서는 해당 호스트별로 값을 나누는 편이 좋다.

호스트별 메소드 요청, 조회, 응답시간

이벤트가 발생하는 호스트별로 이벤트 조회를 더 상세히 나누기는 매우 쉽다. 이전 스플렁크 검색에 다음과 같이 by 구문을 마지막에 집어넣기만 하면 된다.

```
index=main sourcetype=access_combined | eval
GET_response=if(method=="GET",response,0) | eval
POST_response=if(method=="POST",response,0) | timechart span=5m
avg(GET_response) AS Avg_GET_Response, avg(POST_response) AS
Avg_POST_Response, count(eval(method=="GET")) AS GET_Total,
count(eval(method=="POST")) AS POST_Total, count AS Total_Visits
by host
```

이처럼 단순하게 이벤트가 발생하는 호스트별로 나눠 시각화할 수 있다. 이것은 분산 환경에서 지연이나 정상이 아닌 수치가 있는지 밝혀내는 데 필수다.
```

▶ 타입과 호스트별 메소드 요청의 수 도표화 예제

▶ 크기와 응답시간이 동떨어진 요청을 식별하는 스캐터 차트 사용 예제

▶ 애플리케이션 기능 통계 에어리어 차트 생성 예제

크기와 응답시간이 동떨어진 요청을 식별하는 스캐터 차트 사용

지금까지 살펴봤던 예제에서는 현재 애플리케이션의 상태 요약, 성능 데이터 분석, 값 비교 등의 시각화를 통해 얻을 수 있는 방대한 양의 정보가 있었다. 그러나 이상 이벤트가 예측할 수 없이 무작위적으로 나타난다면 어떨까? 이러한 이벤트는 칼럼 차트, 단일 값 게이지, 파이 차트 등에 적절히 반영되지 않을 것이다. 그러나 이상 이벤트는 문제가 있다는 것을 나타내거나 문제가 발생하는 하나의 시작점이 될 수 있다.

이번 예제에서는 테이블러 형식으로 몇 개의 웹 요청 요소를 밝혀내는 매우 단순한 검색을 작성할 것이다. 스캐터 차트로 이 값을 시각화해야 진정한 가치를 얻을 수 있다.

준비

이번 예제를 따라가려면 1장 '시작: 데이터 입력'에서 적재한 예제 데이터를 가지고 있는 구동 중인 스플렁크 엔터프라이즈 서버가 필요하다. 스플렁크 검색 바, 시간 범위 선택기, Visualization 탭에 익숙해야 한다. 반드시 필요하지는 않지만, 이전에 나왔던 예제를 전부 수행해보는 것이 좋다.

예제 구현

크기와 응답시간에 의한 이상 요청을 식별하는 스캐터 차트를 사용하려면 다음 단계를 따른다.

1. 스플렁크 서버에 로그인한다.

2. Search & Reporting 애플리케이션을 선택한다.

3. 시간 범위 선택기에서 **Last 24 hours**를 선택하고 스플렁크 검색 바에서 다음 검색어를 입력한다. 확대경 아이콘을 클릭하거나 엔터를 입력한다.

```
index=main sourcetype=access_combined | eval kb=bytes/1024
| table method kb response
```

4. 스플렁크는 각 이벤트에 대해 `method`, `kb`, `response` 필드를 가진 테이블러 목록을 반환할 것이다.

5. **Visualization** 탭을 클릭한다. 그리고 드롭다운 목록에서 데이터를 스캐터 플롯 차트로 보여주게 **Scatter**를 선택한다. 정상 활동 무리[cluster]와 정상에서 벗어난 일부 이상 값을 볼 수 있을 것이다.

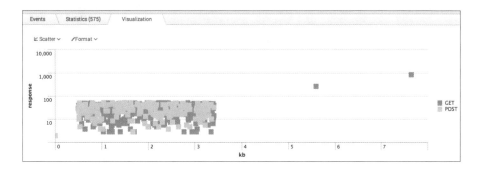

6. **Save As**를 클릭해 이 검색을 저장하고 **Report**를 누른다. cp03_discrete_requests_size_reponse로 이름을 정하고 **Save**를 클릭한다. 다음 화면에서 **Add to Dashboard**를 클릭한다.

7. 이 리포트를 Website Monitoring 대시보드에 추가할 것이다. **Existing**이라 붙여진 버튼을 선택하고 드롭다운 메뉴에서 **Website Monitoring** 대시보드를 선택한다. **Panel Title** 필드 값에서 Requests by Size and Response를 입력하고 **Panel Powered By** 항목에 **Report**를 선택한다. 마지막으로 **Save**를 클릭한다.

8. 다음 화면에서 대시보드가 생성됐고 패널이 추가된 것을 확인할 수 있다. **View Dashboard**를 클릭하고 직접 확인해보자. 스캐터 차트 시각화는 대시보드에서 이전에 추가한 패널 아래에 위치할 것이다.

예제 분석

검색을 하나하나 분석해보자.

검색 부분	설명
index=main sourcetype=access_combined	이 책의 이전 예제에서 언급했다.
| eval kb=bytes/1024	eval 명령을 사용해 요청의 크기를 바이트에서 킬로바이트로 변환한다. 보이기 위한 용도이며 더 쉽게 읽혀 다른 값과 쉽게 연결 지을 수 있다.
| table method kb response	table 명령을 사용해서 데이터를 구획 지어 스캐터 차트로 나타낸다. 첫째 필드 method는 범례에 보일 데이터이고 두 번째 필드 kb는 x축 값, 마지막 세 번째 필드 reponse는 y축 값이다.

부연 설명

테이블러 형식의 데이터를 스캐터 차트에 배치하는 것 말고도, timechart 명령어와 이러한 이상 값에 대한 문맥을 더 잘 파악하게 해주는 timechart 함수를 쓸 수 있다.

시계열 데이터 점과 스캐터 차트 사용

이번에 구동시키는 스플렁크 검색에서 `timechart` 명령과 `timechart`가 제공하는 모든 함수를 사용하도록 수정할 수 있다. Visualization 탭과 스캐터 차트를 사용해 다음 스플렁크 검색을 Last 24 hours 범위에서 실행한다.

```
index=main sourcetype=access_combined | eval kb=bytes/1024 |
timechart span=5m mean(kb) min(kb) max(kb)
```

보는 바와 같이 `timechart` 명령어에서 span 파라미터에 명시한 대로 이벤트를 5분 간격으로 나눠놓는다. 다음으로 주어진 시간 간격 내 kb 필드의 평균값, 최솟값, 최댓값을 계산한다. 이런 방식으로 이상 값이 있다면 어떤 범위의 이벤트가 이상치인지 좀 더 명확하게 알 수 있다.

다음 스크린샷에서 예를 볼 수 있다. 스캐터 차트에서 정상 이벤트 군집에서 많이 벗어난 값을 강조했다. 이 이벤트 시리즈에서 최솟값과 최댓값을 사용해 두드러진 값을 가지는지 볼 수 있다.

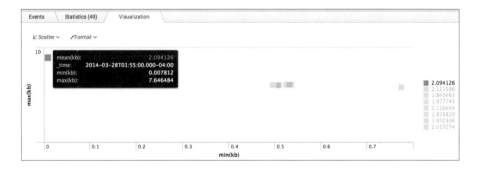

참고 사항

- ▶ 응답시간, 조회, 메소드 요청 타임 차트 생성 예제
- ▶ 애플리케이션 기능 통계 에어리어 차트 생성 예제
- ▶ 카테고리별 평균 소비시간을 바 차트로 나타내기 예제

성공적인 웹사이트를 운용하려면 웹 페이지가 어떻게 동작하고 요청에 응답하는지 이해해야 할 뿐만 아니라 밑에 깔린 애플리케이션까지 이해해야 한다. 애플리케이션이 어떻게 동작하는지, 내부 관련 데이터 조각 간의 연관성이나 추세가 나타나는지 지속해서 관찰할 필요가 있다. 웹사이트를 방문하는 고객의 사용자 경험은 웹사이트의 모든 구성 요소가 지속적으로 제 성능을 내는 일과 관련 있다.

이번 예제에서 주어진 시간 동안 웹 애플리케이션 메모리와 응답시간 통계 간의 관계를 밝혀내는 검색을 작성할 것이다. 그리고 에어리어 차트로 시각화해본다.

준비

이번 예제를 따라가려면 1장 '시작: 데이터 입력'에서 적재한 예제 데이터를 가지고 있는 구동 중인 스플렁크 엔터프라이즈 서버가 필요하다. 스플렁크 검색 바, 시간 범위 선택기, Visualization 탭에 익숙해야 한다. 반드시 필요하지는 않지만, 이전에 나왔던 예제를 전부 수행해보는 것이 좋다.

예제 구현

애플리케이션 기능 통계를 에어리어 차트로 생성하려면 다음 단계를 따른다.

1. 스플렁크 서버에 로그인한다.

2. **Search & Reporting** 애플리케이션을 선택한다.

3. 시간 범위 선택기에서 **Last 24 hours**를 선택하고 스플렁크 검색 바에서 다음 검색어를 입력한다. 확대경 아이콘을 클릭하거나 엔터를 입력한다.

```
index=main sourcetype=log4j | eval
mem_used_MB=(mem_used/1024)/1024 | eval
mem_total_MB=(mem_total/1024)/1024 | timechart span=1m
values(mem_total_MB) AS Total_Mem_Avail_MB, count AS
Total_Calls, avg(mem_used_MB) AS Avg_Mem_Used_MB,
avg(response_time) AS Avg_Response_Time
```

4. 총 웹 페이지 방문 수와 평균 GET과 POST 요청 시간 값 시계열 차트를 반환할 것이다.

5. Visualization 탭을 클릭한다. 그리고 드롭다운 목록에서 데이터를 에어리어 차트로 보여주게 Area를 선택한다. 주어진 데이터를 더 잘 보여주기 위해 어떻게 데이터를 적층하는지 주목하자.

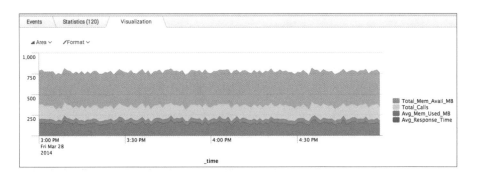

6. Save As를 클릭해 이 검색을 저장하고 Report를 누른다. cp03_webapp_functional_stats로 이름을 정하고 Save를 클릭한다. 다음 화면에서 Add to Dashboard를 클릭한다.

7. 이 리포트를 Website Monitoring 대시보드에 추가할 것이다. Existing이라 붙여진 버튼을 선택하고 드롭다운 메뉴에서 Website Monitoring 대시보드를 선택한다. Panel Title 필드 값에서 Web Application Functional Statistics를 입력하고 Panel Powered By 항목에서 Report를 선택한다. 마지막으로 Save를 클릭한다.

8. 다음 화면에서 대시보드가 생성됐고 패널이 추가됐음을 확인할 수 있다. View Dashboard를 클릭하고 직접 확인해보자.

예제 분석

검색을 하나하나 분석해보자.

검색 부분	설명
index=main sourcetype=log4j	이번 예제에서 log4j 소스 타입인 애플리케이션 로그를 검색할 것이다.
| eval mem_used_MB= (mem_used/1024)/1024	eval 명령을 사용해 메가바이트 단위로 현재 메모리 사용량을 계산할 것이다.
| eval mem_total_MB= (mem_total/1024)/102 4	eval 명령을 다시 사용해 사용할 수 있는 총 메모리의 양을 메가바이트 단위로 계산한다.
| timechart span=1m values(mem_total_MB) AS Total_Mem_Avail_MB, count AS Total_Calls, avg(mem_used_MB) AS Avg_Mem_Used_MB, avg(response_time) AS Avg_Response_Time	timechart 명령을 사용해 이벤트의 간격을 1분으로 지정한다. 다음으로 value 함수를 사용해 mem_total_MB 필드에 저장된 값을 가져온다. 주어진 시간 범위에서 함수 호출의 총량을 계산하는 데 count 함수를 사용한다. 주어진 시간 동안 평균 함수 호출 응답시간과 평균 사용 메모리양을 계산하려고 average 함수를 두 번 사용했다. 차트에서 보기에 의미 있고 이해하기 쉽게 필드의 이름을 AS 연산자를 사용해 변경했다.

Visualization 탭은 timechart 명령의 시계열 출력을 받아 주어진 시각화를 적용한다. 에어리어 차트다.

참고 사항

▶ 크기와 응답시간이 동떨어진 요청을 식별하는 스캐터 차트 사용 예제

▶ 카테고리별 평균 소비시간을 바 차트로 나타내기 예제

▶ 시간에 따른 아이템 조회와 구매 라인 차트 생성 예제

카테고리별 평균 소비시간을 바 차트로 나타내기

이번 장을 통해 전자상거래 웹사이트의 운영 성능에 대한 통찰을 제공해주는 시각화를 만들었다. 웹사이트를 방문하게 만드는 요소와 고객의 시점을 이해하는 일은 도움이 된다. 이런 종류의 정보는 본래 생산이나 마케팅 부문에 가장 유용하다. 또한 어떤 아이템의 인기가 상승해 고객이 늘고 사이트에 부하를 많이 주는지를 이해하는 데 유

용하다.

이번 예제에서 제품 카테고리별 평균 구매 금액을 계산하는 스플렁크 검색을 작성해본다. 새로운 Product Monitoring 대시보드에 바 차트를 사용해 시각적으로 보여줄 것이다.

준비

이번 예제를 따라가려면 1장 '시작: 데이터 입력'에서 적재한 예제 데이터를 가지고 있는 구동 중인 스플렁크 엔터프라이즈 서버가 필요하다. 스플렁크 검색 바, 시간 범위 선택기, Visualization 탭에 익숙해야 한다. 반드시 필요하지는 않지만, 이전에 나왔던 예제를 전부 수행해보는 것이 좋다.

예제 구현

카테고리별 평균 소비 금액을 바 차트로 보여주려면 다음 단계를 따른다.

1. 스플렁크 서버에 로그인한다.

2. Search & Reporting 애플리케이션을 선택한다.

3. 시간 범위 선택기에서 Last 24 hours를 선택하고 스플렁크 검색 바에서 다음 검색어를 입력한다. 확대경 아이콘을 클릭하거나 엔터를 입력한다.

```
index=main sourcetype=log4j | transaction sessionId
maxspan=30m | search requestType="checkout" | stats
avg(total) AS Avg_Spent by category
```

4. 스플렁크는 카테고리 상세와 관련 평균 소비량을 상세히 보여주는 테이블러 목록을 반환할 것이다.

5. Visualization 탭을 클릭한다. 그리고 드롭다운 목록에서 데이터를 바 차트로 보여주게 Bar를 선택한다.

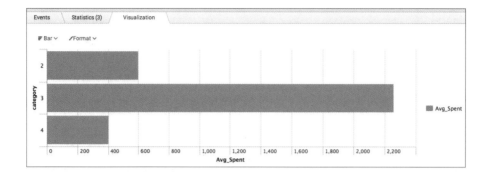

6. Save As를 클릭해 이 검색을 저장하고 Report를 누른다. cp03_average_spent_
   category로 이름을 정하고 Save를 클릭한다. 다음 화면에서 Add to Dashboard를
   클릭한다.

7. 이 리포트를 Product Monitoring 대시보드에 추가할 것이다. New라 붙여진 버튼
   을 선택하고 대시보드 제목으로 Product Monitoring을 입력한다. Panel Title 필
   드 값에서 Average Spent by Category를 입력하고 Panel Powered By 항목에서
   Report를 선택한다. 마지막으로 Save를 클릭한다.

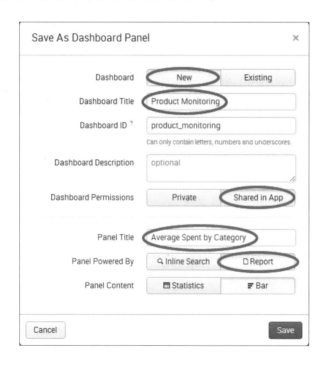

8. 다음 화면에서 대시보드가 생성됐고 패널이 추가됐음을 확인할 수 있다. View Dashboard를 클릭하고 직접 확인해보자.

예제 분석

검색을 하나하나 분석해보자.

검색 부분	설명
`index=main` `sourcetype=log4j`	이번 예에서 log4j 소스 타입인 애플리케이션 로그를 검색할 것이다.
`| transaction sessionId` `maxspan=30m`	transaction 명령을 사용해 30분 범위에서 sessionId를 공유하는 모든 이벤트를 묶는다.

`| search`
`requestType="checkout"`
`paymentReceived="Y"`
	search 명령을 사용해 그룹화된 결과를 checkout 이벤트이면서 지불이 완료된 이벤트로 제한한다. 이번 시각화에서 구매가 성공적으로 처리됐는지는 고려사항이 아니다.

`| stats avg(total) AS` `Avg_Spent by category`	stats 명령을 사용해서 카테고리별 총 소비의 평균을 계산한다. 차트에서 보기에 의미 있고 이해하기 쉽게 필드의 이름을 AS 연산자를 사용해 변경했다.

Visualization 탭은 stats 명령의 시계열 출력을 받아 주어진 시각화를 적용한다. 바차트다.

참고 사항

▶ 애플리케이션 기능 통계 에어리어 차트 생성 예제

▶ 시간에 따른 아이템 조회와 구매 라인 차트 생성 예제

▶ 크기와 응답시간이 동떨어진 요청을 식별하는 스캐터 차트 사용 예제

시간에 따른 아이템 조회와 구매 라인 차트 생성

저번 예제부터 계속해서, 주어진 시간 동안 아이템 조회와 실구매 차트를 살펴봄으로써 고객 활동에 대한 이해를 늘려가는 과정을 보게 될 것이다. 이를 통해 아이템을 조회하고 실제로 그 아이템을 구매하는 고객에 대해 이해할 수 있다.

이번 장의 마지막 예제에서는 주어진 시간 동안 아이템 조회와 구매에 관해 도표화하는 스플렁크 검색을 작성할 것이다. 그리고 이 데이터를 라인 차트로 시각화해 보여줄 것이다.

준비

이번 예제를 따라가려면 1장 '시작: 데이터 입력'에서 적재한 예제 데이터를 가지고 있는 구동 중인 스플렁크 엔터프라이즈 서버가 필요하다. 스플렁크 검색 바, 시간 범위 선택기, Visualization 탭에 익숙해야 한다. 반드시 필요하지는 않지만, 이전에 나왔던 예제를 전부 수행해보는 것이 좋다.

예제 구현

시간에 따른 아이템 조회와 구매 라인 차트를 만들려면 다음 단계를 따른다.

1. 스플렁크 서버에 로그인한다.

2. Search & Reporting 애플리케이션을 선택한다.

3. 시간 범위 선택기에서 Last 24 hours를 선택하고 스플렁크 검색 바에서 다음 검색어를 입력한다. 확대경 아이콘을 클릭하거나 엔터를 입력한다.

   ```
   index=main sourcetype=access_combined | timechart span=5m
   count(eval(uri_path="/viewItem")) AS Item_Views,
   count(eval(uri_path="/checkout")) AS Purchases
   ```

4. 스플렁크는 시계열 기반의 주어진 시간 동안 아이템 조회 수와 구매수 목록을 반환할 것이다.

5. Visualization 탭을 클릭한다. 그리고 드롭다운 목록에서 데이터를 라인 차트로 보여주게 Line을 선택한다.

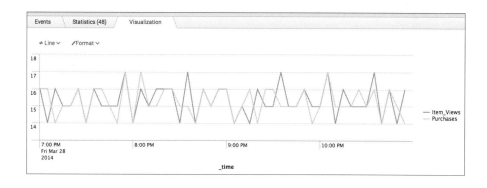

6. Save As를 클릭해 이 검색을 저장하고 Report를 누른다. cp03_item_views_purchases로 이름을 정하고 Save를 클릭한다. 다음 화면에서 Add to Dashboard를 클릭한다.

7. 이 리포트를 Product Monitoring 대시보드에 추가할 것이다. Existing이라 붙여진 버튼을 선택하고 드롭다운 메뉴에서 Product Monitoring 대시보드를 선택한다. Panel Title 필드 값에서 Item Views vs. Purchases를 입력하고 Panel Powered By 항목에서 Report를 선택한다. 마지막으로 Save를 클릭한다.

8. 다음 화면에서 대시보드가 생성됐고 패널이 추가됐음을 확인할 수 있다. View Dashboard를 클릭하고 직접 확인해보자.

9. 대시보드를 조절해 이전 예제에서 만든 바 차트 오른쪽에 라인 차트 패널이 위치하도록 한다. Edit 버튼을 클릭하고 드롭다운 메뉴에서 Edit Panels를 선택한다. 라인 차트 패널을 적절히 이동시킨다.

10. 마지막으로 Done을 클릭해 대시보드 변경사항을 저장한다.

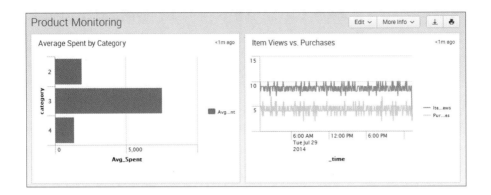

예제 분석

검색을 하나하나 분석해보자.

검색 부분	설명
index=main sourcetype=access_combined	이번 예제에서 log4j 소스 타입인 애플리케이션 로그를 검색한다.
| timechart span=5m count(eval(uri_path="/viewItem")) AS Item_Views, count(eval(uri_path="/checkout")) AS Purchases	timechart 명령을 사용해 아이템 조회와 아이템 구매가 발생했을 때 카운트한다.

참고 사항

▸ 애플리케이션 기능 통계 에어리어 차트 생성 예제

▸ 카테고리별 평균 소비시간을 바 차트로 나타내기 예제

이번 장에서 다룬 주요 내용은 다음과 같다.

▶ 대시보드는 여러 시각화를 하나의 화면으로 집중화하는 수단을 제공한다.

▶ 시각화는 데이터에 생명을 주어서 패턴과 추세, 데이터 사이의 관계를 쉽게 알 수 있게 해준다.

▶ 시각화의 모범 사용 사례 활용 및 검토

▶ 스플렁크는 범용 검색 명령에 붙여 사용할 수 있는 풍부하고 강력한 시각화를 가지고 있다.

4

운영 인텔리전스
애플리케이션 구축

이번 장에서는 스플렁크 애플리케이션을 만들고 수정하는 법을 배울 것이다. 다루는
내용은 다음과 같다.

▶ 운영 인텔리전스 애플리케이션 생성

▶ 대시보드와 리포트 추가

▶ 대시보드를 더 효과적으로 배치

▶ 동적으로 활성 리포트에서 드릴다운^{drill down}

▶ 웹 활동을 검색하는 폼 만들기

▶ 웹 페이지 활동 리포트를 폼에 연결

▶ 방문자의 위치를 지도로 보여주기

▶ 대시보드 PDF 배달 스케줄링

이전 장에서 스플렁크의 멋진 대시보드와 시각화를 소개했다. 기본 대시보드를 만들고 다양한 운영 인텔리전스 기반의 시각화를 집어넣었다. 이번 장에서는 이전 장에서 배운 기법을 바탕으로 스플렁크 대시보드 지식을 계속 발전시켜 나갈 것이다. 스플렁크 애플리케이션을 만들고 여러 대시보드로 채우는 법을 배울 것이다. 또한 드릴다운, 맵, 폼 같은 고급 대시보드 기능을 사용하는 법을 배울 것이다.

스플렁크 애플리케이션(또는 앱)은 특정 사용 사례를 다루는 최적의 작업 공간으로 설계됐다. 이번 장에서는 운영 인텔리전스에 중점을 둔 새로운 애플리케이션을 만들 것이다. 스플렁크는 저장한 리포트나 대시보드 묶음 같이 단순한 형태부터 완전히 기능을 갖춘 단독 솔루션 같은 복잡한 형태까지 다양하게 만들 수 있다. 스플렁크에 처음 로그인하면 시스템에 실제 설치된 다른 애플리케이션 목록을 대시보드에 보여주는 런처launcher 애플리케이션과 상호작용할 것이다. 이 책에서 지금까지 사용해온 **Search & Reporting** 애플리케이션은 스플렁크 애플리케이션의 묶음 중 하나다.

 여러 벤더, 개발자, 고객은 시작 데이터 셋으로 사용할 수 있는 애플리케이션을 개발해왔다. 이러한 애플리케이션의 대부분은 스플렁크 앱스토어(http://apps.splunk.com)에서 무료로 다운로드할 수 있다.

이번 장에서 대시보드 폼 기능에 대한 개념을 설명한다. 스플렁크에서 폼은 결국 사용자가 대시보드 검색에 값을 입력하게 해주는 대시보드의 인터페이스라고 생각하는 편이 좋다. 예를 들어 스플렁크 기본 폼은 대시보드에 사용자 시간 선택기가 맨 위에 위치한 형태일 것이다. 사용자는 대시보드에 지난 24시간을 선택해 구동하고 해당 시간 범위로 대시보드 시각화를 하는 검색의 수행을 원할 수 있다.

폼은 성격상 입력을 받아야 한다. 운 좋게도 스플렁크는 대시보드에서 대시보드 편집기 또는 SimpleXML을 통해 바로 쓸 수 있는 범용 입력 폼이 있다. 사용할 수 있는 폼의 기본 사용법과 설명은 다음 표에 상세히 설명했다.

입력	설명
드롭다운(Dropdown)	사용자가 선택할 수 있는 값 목록을 보여준다. 드롭다운은 스플렁크 검색으로 동적으로 채워질 수 있고 사용자가 선택한 다른 드롭다운을 통해 드롭다운 목록을 필터링할 수도 있다. 또한 사용자는 하나 이상의 값을 선택할 수 있다.
라디오(Radio)	단순히 yes/no를 선택하거나 같은 타입의 값 중 하나를 선택하는 데 쓰인다. 하나만 선택해야만 한다는 것이 드롭다운과 다른 점이다.
텍스트(Text)	단순 텍스트박스다. 검색하려는 어떤 값이든지 입력할 수 있다. 텍스트박스는 와일드카드(abc* 같은 필드 값)를 사용할 수 있는 것이 장점이다.
타임(Time)	시간 범위 선택기다. 스플렁크 메인 검색 대시보드의 시간 범위 선택기와 같다. 전체 대시보드나 개별 대시보드 패널에 시간 범위를 적용할 수 있다.

스플렁크의 대시보드는 내부에서 SimpleXML로 코드화된다. SimpleXML 코드는 직접 수정하거나 스플렁크와 상호작용하는 GUI 기반의 대시보드 편집기를 사용해 수정할 수 있다. 이번 장에서는 GUI 기반의 대시보드 편집기를 사용해 한 라인의 코드도 직접 수정하지 않고 대시보드를 수정하는 방식을 주로 사용할 것이다. 그러나 좀 더 고급인 기능과 옵션을 활용할 수 있도록 직접 SimpleXML을 수정하는 법도 소개할 것이다. 그럼 논의는 이만하고 본격적인 내용을 시작해본다.

운영 인텔리전스 애플리케이션 생성

이번 예제에서 운영 인텔리전스 애플리케이션을 구축하는 시작점이 될 빈 스플렁크 앱을 만들 것이다.

준비

이번 예제를 따라가려면 1장 '시작: 데이터 입력'에서 적재한 예제 데이터를 가지고 있는 구동 중인 스플렁크 엔터프라이즈 서버가 필요하다. 이전에 나왔던 예제를 전부 수행해보는 것이 좋다. 스플렁크 사용자 인터페이스 간 이동에도 익숙해야 한다.

운영 인텔리전스 애플리케이션을 만드는 다음 단계를 따른다.

1. 스플렁크 서버에 로그인한다.

2. 탑 메뉴에서 Apps를 선택하고 Manage Apps를 선택한다.

3. Create app 버튼을 클릭한다.

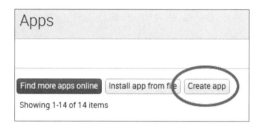

4. 다음의 박스 필드를 모두 채운다. 앱의 이름을 Operational Intelligence라 정하고 폴더 이름을 operational_intelligence라 입력한다. 버전 수와 작성자 이름을 기입한다. Visible을 Yes로 선택하고 템플릿으로 barebones를 선택한다.

Add new
Apps » Add new

Name

Operational Intelligence

Give your app a friendly name for display in Splunk Web.

Folder name *

operational_intelligence

This name maps to the app's directory in $SPLUNK_HOME/etc/apps/.

Version

1.0

App version.

Visible

◯ No ⦿ Yes

Only apps with views should be made visible.

Author

John Smith

Name of the app's owner.

Description

An application for Operational Intelligence

Enter a description for your app.

Template

barebones ▼

These templates contain example views and searches.

5. 폼이 완성되면 Save를 클릭한다. 파란색 바와 Successfully saved operational_
   intelligence 메시지를 볼 수 있다.

축하한다. 방금 스플렁크 애플리케이션을 완성했다.

예제 분석

스플렁크 GUI를 통해 앱이 생성될 때 스플렁크는 operational_intelligence라는 이름의 새로운 폴더를 $SPLUNK_HOME/etc/apps 디렉터리에 만든다. $SPLUNK_

HOME/etc/apps/operational_intelligence 디렉터리 안의 4개 서브디렉터리에 방금 만든 운영 인텔리전스 앱 반제품^{barebone}에 필요한 모든 설정 파일을 담고 있다.

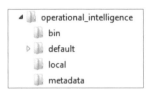

눈치가 빠르다면 앱을 만들 때 선택 가능한 sample_app과 barebones 두 개의 템플릿이 있다는 사실을 알아챘을 것이다. barebones 템플릿은 안에 많지 않은 내용을 담고 있는 애플리케이션을 만들고, sample_app 템플릿은 예제 대시보드, 검색, 뷰, 메뉴, 리포트가 있는 애플리케이션을 만든다. 앱을 많이 만들 때 원한다면 자체 템플릿을 만들 수 있다. 예를 들면 특정 색 조합만 쓰도록 강제하는 템플릿을 만들 수도 있다.

부연 설명

스플렁크 앱은 단지 디렉터리와 파일의 집합이기 때문에 스플렁크 엔터프라이즈에 앱을 추가하는 다른 방법이 있다.

애플리케이션으로부터 또 다른 애플리케이션 만들기

스플렁크 GUI를 사용하지 않고 기존 앱에서 새로운 앱을 생성하는 것이 상대적으로 쉽다. 스플렁크 유니버설 포워더를 배치하는 여러 inputs.conf 파일이 있는 다수의 앱을 만들 때 유용한 접근 방법이다.

방금 예제로 만든 앱인 operational_intelligence의 전체 디렉터리 구조를 copid_app 이란 이름으로 복사한다.

```
cp -r $SPLUNK_HOME$/etc/apps/operational_intelligence/*
$SPLUNK_HOME$/etc/apps/copied_app
```

copyid_app 디렉터리 구조에 있는 기본 디렉터리의 app.conf 파일을 수정해야 한다.

$SPLUNK_HOME$/etc/apps/copied_app/default/app.conf 파일을 열어서 label

필드를 My Copid App으로 변경한다. 디스크립션도 수정하고 conf 파일을 저장한다.

```
#
# Splunk app configuration file
#
[install]
is_configured = 0
[ui]
is_visible = 1
label = My Copied App
[launcher]
author = John Smith
description = My Copied application
version = 1.0
```

 윈도우에서 작업 중에 'access denied' 에러를 받았다면, 시스템 관리자에 문의하자.

이제 스플렁크를 재시작하면, 새로운 My Copid App 애플리케이션이 애플리케이션 메뉴에 나타나야 한다.

```
$SPLUNK_HOME$/bin/splunk restart
```

스플렁크 앱의 다운로드와 설치

스플렁크를 위한 애플리케이션 전용 웹사이트에는 스플렁크 사용자, 다른 벤더, 스플 렁크 자체에서 만든 수백 개의 애플리케이션이 있다. 이를 기본 애플리케이션으로 사 용하여, 필요에 따라 수정해 쓰는 편이 좋다.

로그인한 스플렁크 서버가 인터넷에 접근할 수 있다면 이전처럼 Apps 메뉴를 클릭하 고 Find More Apps 버튼을 클릭한다. 여기서 앱을 검색하고 바로 설치할 수 있다.

스플렁크 앱을 설치하는 다른 방법은 http://apps.splunk.com에 방문해 앱을 검색하 는 방식이다. 검색 후 로컬에 필요한 애플리케이션을 다운로드한다. 스플렁크 서버에 서 App 메뉴를 클릭하고 Manage Apps 버튼을 클릭한다. Install App from File 버튼을 눌러 방금 다운로드한 앱을 올린다.

앱이 설치되면 방금 설치한 애플리케이션이 만든 디렉터리 구조를 찾아가서 확인하자. 주요 파일을 살펴보고 파일이 어디에 있는지를 직접 확인해 익숙해지자.

 스플렁크 사이트에서 애플리케이션을 다운로드할 때 앱을 테스트하고 검증하는 가장 좋은 방법은 운영 환경이 아닌 곳에서 먼저 실험해보는 것이다. 스플렁크 사이트는 커뮤니티 기반이라 앱의 품질과 기술 지원이 다소 제한적일 수 있다.

참고 사항

- ▶ 대시보드와 리포트 추가 예제
- ▶ 대시보드를 더 효과적으로 배치 예제
- ▶ 동적으로 활성 리포트에서 드릴다운^{drill down} 예제

대시보드와 리포트 추가

이전 장에서 살펴봤듯이 대시보드는 여러 종류의 정보를 표현하는 데 효과적이다. 스플렁크 환경에 이질적인 대시보드를 만드는 것보다 관련 대시보드를 묶어 범용 스플렁크 애플리케이션으로 만드는 방식이 훨씬 합리적이다. 예를 들면 운영 인텔리전스 대시보드를 하나의 범용 운영 인텔리전스 애플리케이션으로 만드는 경우다.

이번 예제에서는 지난 장에서 만들었던 대시보드와 관련 리포트를 어떻게 새로운 운영 인텔리전스 애플리케이션으로 옮기는지 배울 것이다.

준비

이번 예제를 따라가려면 1장 '시작: 데이터 입력'에서 적재한 예제 데이터를 가지고 있는 구동 중인 스플렁크 엔터프라이즈 서버가 필요하다. 이전에 나왔던 예제를 전부 수행해보는 것이 좋다. 스플렁크 사용자 인터페이스 간 이동에도 익숙해야 한다.

운영 인텔리전스 애플리케이션을 만들려면 다음 단계를 따른다.

1. 스플렁크 서버에 로그인한다.

2. 새롭게 만든 Operational Intelligence 애플리케이션을 선택한다.

3. 상단 메뉴에서 Settings를 선택하고 User Interface 메뉴 아이템을 선택한다.

4. Views를 선택한다.

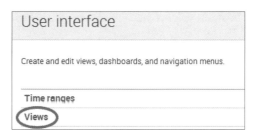

5. **App Context** 드롭다운에서 **Searching & Reporting** (search)를 선택하거나 이전 장에서 대시보드를 만들 때 구현한 애플리케이션을 선택한다.

6. website_monitoring 대시보드 열을 뷰의 목록에서 찾은 후 열의 오른쪽 Move 링크를 클릭한다.

7. **Move Object** 팝업에서 전에 생성했던 **Operational Intelligence** (operational_intelligence) 애플리케이션을 선택하고 **Move** 버튼을 클릭한다.

8. 화면 최상단에 대시보드가 성공적으로 이동했음을 확인시켜주는 메시지 바가 나올 것이다.

9. 5번 단계를 반복해 product_monitoring 대시보드도 이동시킨다.

10. Website Monitoring과 Product Monitoring 대시보드가 이동된 후 이전 예제에서 만든 모든 리포트를 이동시키길 원한다. 대시보드에 힘을 불어넣고 운영 인텔리전스 시야를 제공해주기 때문이다. 상단 메뉴에서 **Settings**를 선택하고 **Searches, reports, alerts**를 선택한다.

11. **Search & Reporting** (search) 컨텍스트^{context}를 선택하고 필터로 cp0*를 선택해 2장 '데이터 파고들기: 검색과 리포트'와 3장 '대시보드와 시각화: 가치 있는 데이터 제공'에서 만든 검색(리포트)을 보이게 한다. 목록에서 cp0* 검색의 **Move** 링크를 클릭한다.

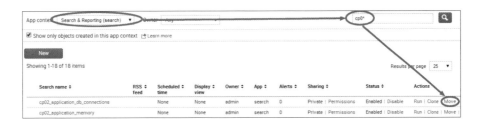

12. 객체를 **Operational Intelligence** (operational_intelligence) 애플리케이션으로 이동시키기 위해 선택한다. **Move** 버튼을 클릭한다.

13. 대시보드가 성공적으로 이동했다는 사실을 확인해주는 메시지바가 화면 위에 나타날 것이다.

14. **Search & Reporting** (search) 컨텍스트를 선택하고 11번 단계부터 반복해 다른 모든 검색을 새로운 운영 인텔리전스 애플리케이션으로 이동시킨다(많아 보이지만 금방 할 수 있다.).

모든 대시보드와 리포트는 이제 운영 인텔리전스 애플리케이션으로 넘어왔다.

이전 예제에서 스플렁크 앱은 결국 디렉터리와 파일의 집합이라는 것을 밝혔다. 대시보드는 $SPLUNK_HOME/etc/apps 디렉터리 안에 위치한 XML 파일이다. 대시보드를 하나의 앱에서 다른 앱으로 옮기면 스플렁크는 대시보드에 딸린 디렉터리와 파일을 다른 앱으로 옮긴다. 이번 예제에서 **Search & Reporting** 앱에 있는 대시보드를 다음 스크린샷처럼 Operational Intelligence 앱으로 옮겼다.

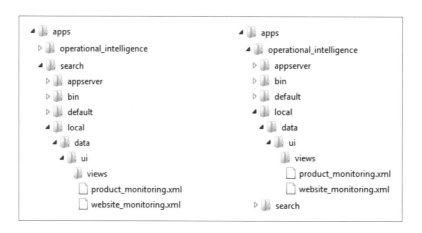

대시보드의 시각화는 저장한 리포트(또는 검색)를 사용하기 때문에 대시보드가 접근할 수 있게 리포트를 새로운 앱으로 옮겨야 한다. 저장한 검색을 옮기는 대신에 검색 퍼미션을 Global로 해서 스플렁크의 모든 다른 앱에서 볼 수 있도록 할 수 있다. 그러나 리포트를 옮기는 다른 이유가 있는데, 운영 인텔리전스 애플리케이션이 모든 것을 가지고 있어야 리포트를 계속 만들어갈 수 있기 때문이다.

 대시보드와 리포트의 퍼미션을 Global로 변경하는 방식은 필요치 않은 모든 다른 애플리케이션에서도 접근할 수 있게 한다는 점에서 좋지 않은 방식이다. 게다가 글로벌로 퍼미션을 변경하는 방식은 유지보수 관점에서 안 좋을 수 있는데, 특정 애플리케이션에 속한 리포트와 뷰 목록이 불필요하게 길어질 수 있다. 전체 애플리케이션에서 유용할 태그, 이벤트 타입, 매크로, 참조(lookup) 같은 지식 객체는 이 법칙에서 예외다.

이번 예제를 통해 대시보드는 애플리케이션 단계의 퍼미션을 가졌지만, 리포트는 프라이빗 단계의 퍼미션을 가졌다는 사실을 알았다. 리포트가 프라이빗 퍼미션인 이유는 생성될 때 기본 설정이 그렇기 때문이다. 프라이빗 레벨 퍼미션은 리포트를 만든 사용자와 관리 사용자만 접근을 허용한다. 만약 다른 사용자 애플리케이션에서 사용할 수 있게 하려면 리포트의 퍼미션을 리포트 퍼미션 변경 예제에서 했던 대로 Shared in App으로 바꿔야 한다.

저장한 리포트의 퍼미션 변경

리포트의 공유 퍼미션 레벨을 기본 Private에서 App으로 변경하는 일은 매우 직관적이다.

1. 현재 Operational Intelligence 애플리케이션에 있는지 확인한다.

2. 리포트 목록을 보기 위해 Reports 메뉴를 선택한다.

3. 퍼미션을 바꾸려는 리포트에 있는 Edit를 클릭한다. 그리고 Edit Permissions를 드롭다운 목록에서 선택한다.

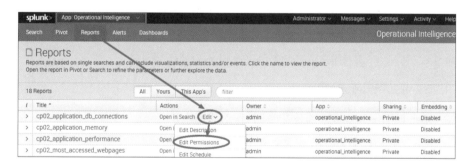

4. Edit Permissions 팝업박스가 나타날 것이다. Display for 절에서 Owner를 App으로 바꾸고 Save를 클릭한다.

5. 박스가 닫힐 것이다. 테이블의 Sharing 퍼미션이 App으로 바뀐 것을 볼 수 있다. 이 리포트는 이제 애플리케이션의 모든 사용자가 사용할 수 있을 것이다.

▶ 운영 인텔리전스 애플리케이션 생성 예제

▶ 대시보드를 더 효과적으로 배치 예제

▶ 동적으로 활성 리포트에서 드릴다운 예제

대시보드를 더 효과적으로 배치

이번 예제에서 스플렁크의 대시보드 데이터를 더 효과적으로 시각화하고 배치하는 법을 배울 것이다. 이 기능은 스플렁크 6에 소개됐고 6.1에서 더 발전됐다.

준비

이번 예제를 따라가려면 1장 '시작: 데이터 입력'에서 적재한 예제 데이터를 가지고 있는 구동 중인 스플렁크 엔터프라이즈 서버가 필요하다. 이전에 나왔던 예제를 전부 수행해보는 것이 좋다. 스플렁크 사용자 인터페이스 간 이동에 익숙해야 한다.

예제 구현

대시보드를 좀 더 효과적으로 조직화하려면 다음 단계를 따른다.

1. 스플렁크 서버에 로그인한다.

2. Operational Intelligence 애플리케이션을 선택한다.

3. 대시보드 메뉴 아이템을 클릭한다.

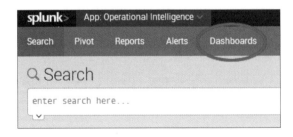

4. 이전 장에서 Operational Intelligence 앱에서 이동한 **Product Monitoring**과 **Website Monitoring** 대시보드가 보여야 한다. **Website Monitoring** 대시보드를 선택하면 보일 것이다.

5. 스플렁크에서 대시보드에 여러 시각화가 있음을 알았을 것이다. 이런 시각화를 패널이라 했다. **Edit Panels**를 **Edit** 메뉴에서 선택한다.

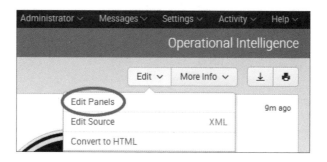

6. **Total Number of Errors** 패널에서 레이디얼 게이지[radial gauge] 아이콘을 선택하고 **Single Value**를 선택함으로써 **Radial Gauge**를 **Single Value** 시각화로 변경한다.

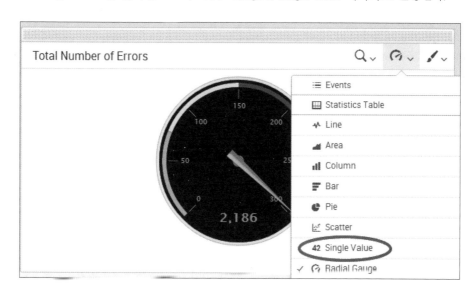

7. 다른 패널들도 여기저기 이동시켜 다음 스크린샷에 보이는 레이아웃과 비슷하도록 만든다. 단일 값 패널은 가장 위에 놓고 다양한 차트는 가운데, 그리고 시계열

차트는 바닥에 둔 것을 확인하자.

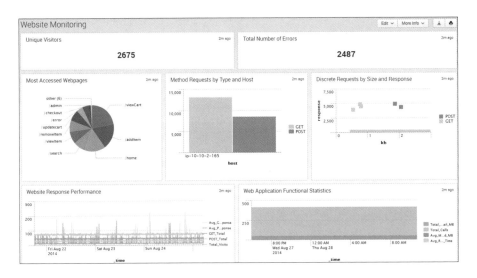

8. 완료했다면 Done 버튼을 클릭한다. 이전 대시보드보다 지금 대시보드가 훨씬 나아 보일 것이다. 모든 것이 화면에 맞고 보기에 훨씬 편하다.

예제 분석

이번 예제에서 스플렁크의 대시보드 편집기의 놀라운 힘을 경험했다. 대시보드 편집기는 사용자에게 내부에서 일어나고 있는 일을 숨기는 훌륭한 사용자 인터페이스를 제공한다. 이런 방식으로 대시보드 패널을 수정할 때 스플렁크는 SimpleXML 코드로 해당 뷰의 XML 파일을 사용자 대신 작성한다. Done을 클릭할 때 내부에서 새롭게 작성한 XML로 저장한다. 더 알고 싶더라도 걱정하지 말자. 편집기에 대해 이제 시작했을 뿐이다. 이번 장에서 앞으로 다룰 내용이 더 많다.

 스플렁크에서 대시보드는 뷰라고도 불린다. 백엔드의 관리 인터페이스에서 보통 뷰라고 지칭하지만 애플리케이션 메뉴에서 대시보드라 부른다. 이 책에선 두 의미를 교차해 사용할 것이다.

대시보드 편집기를 사용하는 대신 SimpleXML을 직접 편집할 수 있다.

SimpleXML 직접 수정

Website Monitoring 대시보드 뒤의 SimpleXML을 살펴보자. 대시보드를 화면에서 확인하자. 그리고 Edit 버튼을 전처럼 클릭한다. Edit Panels를 클릭하는 대신 Edit Source를 클릭한다. 대시보드를 나타내는 SimpleXML 소스 코드가 이제 보일 것이다.

대시보드의 SimpleXML은 로우row, 패널, 시각화 요소로 이뤄져 있다. 대시보드는 여러 로우(<row></row>)를 가질 수 있다. 그러나 약 세 개의 로우가 권장된다. 각각의 로우 안에 다수의 패널(<panel></panel>)을 가질 수 있다. 그리고 각 패널엔 여러 시각화 요소(예를 들어, 차트가 있다면 <chart></chart>)가 있다. Website Monitoring 대시보드에서 세 개의 로우 요소와 각 패널에 단일single 요소를 가진 여러 패널을 볼 수 있을 것이다.

대시보드 상단 로우 근처의 단일 요소는 SimpleXML을 직접 수정해 교체할 수 있다. 다음 스크린샷에서 보는 것처럼 단순히 첫 번째 패널 그룹을 선택한다.

```
<dashboard>
  <label>Website Monitoring</label>
  <description/>
  <row>
    <panel>
      <single>
        <title>Unique Visitors</title>
        <searchName>cp03_unique_visitors</searchName>
      </single>
    </panel>
    <panel>
      <single>
        <title>Total Number of Errors</title>
        <searchName>cp03_webaccess_errors</searchName>
      </single>
    </panel>
  </row>
```

다음 스크린샷에 보는 것처럼 이 패널 그룹을 두 번째 패널 그룹 아래로 이동시킨다.

```
<dashboard>
  <label>Website Monitoring</label>
  <description/>
  <row>
    <panel>
      <single>
        <title>Total Number of Errors</title>
        <searchName>cp03_webaccess_errors</searchName>
      </single>
    </panel>
    <panel>
      <single>
        <title>Unique Visitors</title>
        <searchName>cp03_unique_visitors</searchName>
      </single>
    </panel>
  </row>
```

완료 후 Save 버튼을 클릭한다. 매우 단순한 예다. 그러나 대시보드 편집기를 사용하는 대신 어떻게 직접 코드를 편집할 수 있는지 알 수 있었다.

스크린샷을 간단히 하기 위해 패널 그룹 안의 일부 <option> 데이터를 생략한 점을 주의하길 바란다. 반드시 패널 그룹 안의 모든 데이터를 이동해야 한다.

SimpleXML에 익숙해지고 수동으로 수정하는 법에 익숙해진다면 더 많은 기능을 쓸 수 있고 대시보드 생성을 더 효과적으로 할 수 있다.

 SimpleXML을 배우는 가장 좋은 방법은 대시보드 편집기로 무엇인가를 수정한 다음에 SimpleXML 코드에 무슨 일이 일어났는지 확인하는 것이다. 스플렁크는 주요 SimpleXML 요소를 빠르게 조회해볼 수 있는 레퍼런스를 제공한다. 더 많은 정보는 http://docs.splunk.com/Documentation/Splunk/latest/Viz/PanelreferenceforSimplifiedXML에 있다.

참고 사항

▶ 대시보드와 리포트 추가 예제

▶ 동적으로 활성 리포트에서 드릴다운 예제

▶ 웹 활동을 검색하는 폼 만들기 예제

동적으로 활성 리포트에서 드릴다운

스플렁크에서 대시보드를 조회할 때 지금 보고 있는 차트나 리포트 정보를 좀 더 상세히 보고 싶은 경우가 많다.

스플렁크 대시보드는 사용자에게 더 많은 정보를 주기 위해 드릴다운하게 설정할 수 있다. 대시보드 아래에 있는 결과 또는 데이터 지점을 연결해 사용자가 클릭한 정보로 더 상세한 단계의 정보를 보여주거나 다음 처리 단계로 이동시켜줄 수 있다.

이번 예제에서 리포트를 연이은 검색이나 다른 대시보드로 드릴다운하게 설정해, Operational Intelligence 애플리케이션에서 사용자가 관심 있어 해보길 원하는 데이터를 가져다주는 워크플로우에 연결할 수 있다.

준비

이번 예제를 따라가려면 1장 '시작: 데이터 입력'에서 적재한 예제 데이터를 가지고 있는 구동 중인 스플렁크 엔터프라이즈 서버가 필요하다. 이전에 나왔던 예제를 전부 수행해보는 것이 좋다. 스플렁크 사용자 인터페이스 간 이동에도 익숙해야 한다.

예제 구현

로우로 드릴다운할 수 있는 대시보드 리포트를 설정하려면 다음 단계를 따른다.

1. 스플렁크 서버에 로그인한다.
2. Operational Intelligence 애플리케이션을 선택한다.
3. 대시보드 메뉴 아이템을 클릭한다.

4. Create New Dashboard 버튼을 클릭한다.

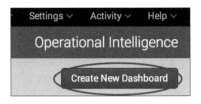

5. 대시보드 이름에 Visitor Monitoring을 입력하고 Permissions 필드를 Shared in App으로 설정한다.

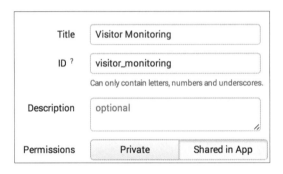

6. Create Dashboard를 클릭한다.

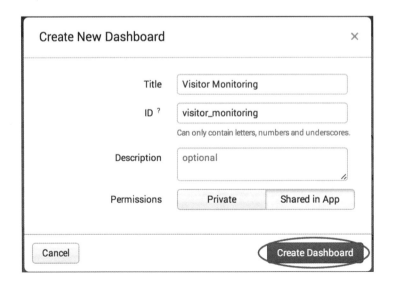

7. 빈 대시보드가 보이면 Add Panel 버튼을 클릭한다.

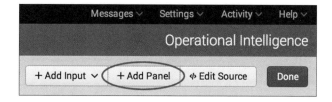

8. Content Title 패널을 Session Listing이라 설정한다.

9. Search String 필드를 다음 검색으로 설정한다.

```
index=main sourcetype=access_combined | iplocation clientip |
fillnull value="Unknown" City, Country, Region| replace "" with
"Unknown" in City, Country, Region | stats count by JSESSIONID,
clientip, City, Country, Region | fields clientip, City, Region,
Country
```

10. 시간 범위를 Last 24 hours라 설정한다.

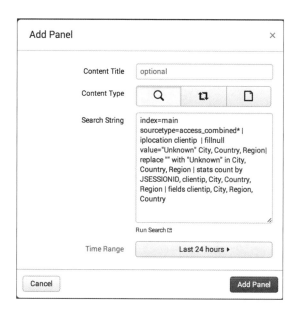

11. Add Panel 버튼을 클릭한다.

12. 패널 그래픽 아이콘을 클릭하고 그래프가 Statistics Table인 것을 확인한다.

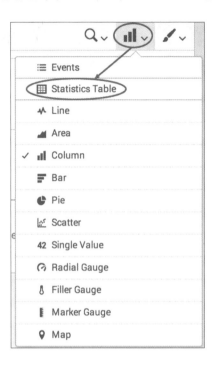

13. 패널 편집 아이콘을 클릭하고 Drilldown 설정을 하기 위해 Row를 선택한다. 그리고 Apply 버튼을 클릭한다.

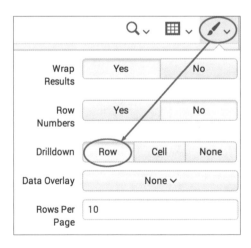

14. Done 버튼을 눌러 대시보드 편집을 끝낸다.

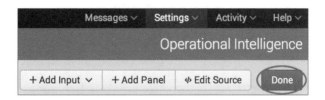

15. 대시보드 테이블에서 로우를 클릭하면 스플렁크는 검색 화면에서 드릴다운을 수행하고 선택한 로우의 `clientip` 값으로 필터링 검색해 드릴다운할 것이다.

예제 분석

대시보드의 드릴다운 기능을 통해 사용자가 필요한 다른 데이터를 사용할 수 있게 해준다. 테이블 요소나 차트의 일부를 클릭했을 때 검색이 시작되어 클릭한 아이템의 상세 정보로 드릴다운할 수 있다. 드릴다운의 예제 분석은 SimpleXML로 된 패널 설정으로 조종된다. 그러나 대시보드 편집기에서도 일부 옵션을 볼 수 있다.

테이블 결과를 보여줄 때 선택할 수 있는 세 가지 옵션이 있다.

옵션	설명
Row	로우를 클릭했을 때 드릴다운으로 인해 시작하는 검색은 로우의 첫 칼럼의 x축 값에 바탕을 둔다.
Cell	특정 셀을 클릭했을 때 드릴다운으로 발생하는 검색은 해당 셀의 x축과 y축의 값에 바탕을 둔다.
None	드릴다운 기능을 비활성화한다. 테이블을 클릭해도 페이지 변화가 없을 것이다.

차트를 보여줄 때 선택할 수 있는 드릴다운 예제 분석에는 두 가지가 있다.

옵션	설명
On	로우를 클릭했을 때 드릴다운에 의해 발생한 검색은 차트의 선택 값에 기반을 둬 발생한다.
Off	드릴다운 기능을 비활성화한다. 사용자가 테이블을 클릭해도 페이지는 변경되지 않을 것이다.

테이블이나 차트를 클릭해 드릴다운 검색이 시작되면, 원래 검색에서 남겨놓은 변형 명령에 드릴다운 설정에 따라 선택한 값을 추가한다.

 차트, 테이블, 맵 같은 새로운 패널 아이템이 추가될 때 기본값으로 드릴다운은 활성화 되어 있다.

부연 설명

대시보드 옵션은 사용자화할 수 있고 대시보드를 클릭했을 때 선택할 수 있는 예제 분석이 다양하게 준비되어 있다.

테이블이나 차트에서 드릴다운 기능 비활성화

드릴다운 기능을 비활성화하려면 편집 패널의 **Drilldown** 설정에서 패널 소스의 다음 SimpleXML 옵션을 추가/편집해 **None**을 선택할 수 있다.

```
<option name="drilldown">none</option>
```

 전체 드릴다운 옵션은 스플렁크 문서인 http://docs.splunk.com/Documen tation/ Splunk/latest/Viz/PanelreferenceforSimplifiedXML#Panel_visualization_ elements에서 볼 수 있다.

참고 사항

▶ 대시보드를 더 효과적으로 배치 예제

▶ 웹 활동을 검색하는 폼 만들기 예제

▶ 웹 페이지 활동 리포트를 폼에 연결 예제

웹 활동을 검색하는 폼 만들기

앞서 살펴본 대로 데시보드는 데이터를 시각화하는 매우 효과적인 방법이다. 그러나 보통 사람들은 데이터를 조각조각 내 다양한 관점에서 보길 원한다. 이렇게 하려면 대시보드를 좀 더 상호작용하도록 만들어야 한다. 스플렁크의 대시보드 폼 기능으로 이를 달성할 수 있고 사용자에게 중요한 조건에 기반을 둬 데이터와 대시보드 시각화를 필터링하게 해준다.

이번 예제에서는 앞의 예제에서 만든 테이블러 Visitor Monitoring 대시보드로 테이블화한 결과를 세분화해 필터링하게 할 것이다.

준비

이번 예제를 따라가려면 1장 '시작: 데이터 입력'에서 적재한 예제 데이터를 가지고 있는 구동 중인 스플렁크 엔터프라이즈 서버가 필요하다. 이전에 나왔던 예제를 전부 수행해보는 것이 좋다. 스플렁크 사용자 인터페이스 간 이동에도 익숙해야 한다.

예제 구현

대시보드의 데이터를 필터링하는 폼을 만들려면 다음 단계를 따른다.

1. 스플렁크 서버에 로그인한다.

2. Operational Intelligence 애플리케이션을 선택한다.

3. 대시보드 메뉴 아이템을 클릭한다.

4. 이전 예제에서 만든 Visitor Monitoring 대시보드를 선택한다.

5. 대시보드가 적재되면 Edit 드롭다운을 클릭하고 Edit Panels를 클릭한다.

6. Add Input을 클릭하고 Time을 선택한다.

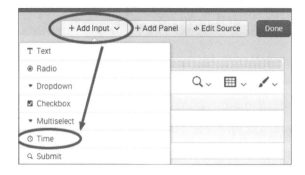

7. Add Input을 클릭하고 Text를 선택한다.

8. field2라고 이름 붙여진 텍스트 입력이 나타날 것이다. 텍스트 입력 위에 작은 연필 아이콘을 볼 수 있다. 연필 아이콘을 클릭해 입력을 편집한다. 팝업이 보일 것이다.

9. 다음 표의 값으로 채워넣는다.

필드	값
Label	IP
Search on Change	체크함
Token	ip
Default	*
Token Suffix	*

그리고 Apply를 클릭한다.

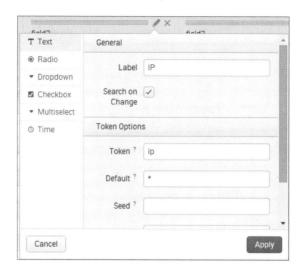

10. 박스가 사라질 것이다. 그리고 IP라 이름 붙여진 입력을 볼 수 있을 것이다.

11. 7번 단계를 반복하여, 다른 세 가지 텍스트 필드에 다음 값을 각각 추가하고 편집한다.

Textbox field	Field	Value
field3	Label	City
	Search on Change	체크함
	Token	city
	Default	*
	Token Suffix	*
field4	Label	Region
	Search on Change	체크함
	Token	region
	Default	*
	Token Suffix	*

(이어짐)

Textbox field	Field	Value
field5	Label	Country
	Search on Change	체크함
	Token	country
	Default	*
	Token Suffix	*

12. 총 다섯 개 필드가 완성된다. 이제 재배치해보자. 위의 마지막 필드이기 때문
    에 Time input 필드를 가장 오른쪽으로 이동한다. 추가로 오른쪽 끝 Autorun
    dashboard 체크박스를 체크한다.

13. 시간 입력 위의 연필 아이콘을 클릭해 기본 시간 범위를 All Time에서 Last 24
    Hours로 변경하고 Apply를 클릭한다.

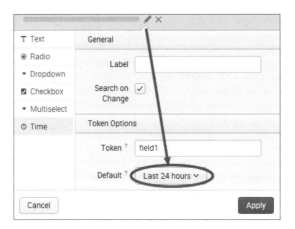

14. 다음으로 폼 편집을 마치기 위해 화면의 오른쪽 위 **Done**을 클릭한다. 모든 필드에 이름이 붙여지고 각 텍스트박스에 와일드카드 애스터리스크(*)가 있어야 한다.

15. 다음으로 테이블과 방금 생성한 새로운 필드를 연결할 필요가 있다. **Edit**를 클릭하고 **Edit Panels**를 클릭한다.

16. 테이블의 패널에 **Edit Search String**을 선택한다. 현재 검색 스트링과 팝업박스가 보일 것이다.

17. 기존의 문자열을 다음으로 교체한다. 수정할 검색 부분을 강조했다.

```
index=main sourcetype=access_combined clientip="$ip$" | iplocation
clientip | fillnull value="Unknown" City, Country, Region| replace ""
with "Unknown" in City, Country, Region | stats count by JSESSIONID,
clientip, City, Country, Region | fields clientip, City, Region,
Country | search City="$city$" Region="$region$" Country="$country$"
```

18. **Time Range Scope**를 **Shared Time Picker (field1)**로 변경한다.

19. Save를 클릭하고 Done을 클릭한다.

20. 대시보드를 보여주는 브라우저를 다시 로드한다.

21. 이상이다. 폼 기반의 훌륭한 테이블을 가지게 됐다. 테스트해보자. 예를 들어 134로 시작하는 모든 IP 주소로 필터링하고 싶다면 IP 텍스트박스에 134를 입력하고 엔터를 입력한다.

예제 분석

이번 예제에서는 GUI 편집기만 사용했다. 이것은 스플렁크가 대시보드를 만드는 SimpleXML을 대신 변경해준다는 의미다. 첫 입력 필드를 추가하자마자 시작 SimpleXML `<dashboard>` 요소를 폼 `<form>` 요소로 바꾼다. 추가한 5개 입력 각각은 `<fieldset>` 요소 안에 있다. 각 입력으로 스플렁크는 `<input>` 요소를 만든다. 그리고 각 입력 타입은 여러 필드를 가진다. 옵션도 있고 필수 요소도 있다. 각 타입의 중요 필드 중 하나는 Token 필드로 대시보드 검색에 사용된다. 각 입력에 ip, city, country 같은 토큰 이름을 할당했다. 텍스트 입력에서 채워넣었던 다른 필드는 Default, Suffix 필드로 값이 *였다. 이는 스플렁크가 모든(*) 것을 검색하도록 한다.

174

기본값으로 텍스트박스에 입력한 모든 입력 끝에 와일드카드(*)를 붙인다. 예를 들면 Tor 값으로 city를 검색한다면 스플렁크는 Toronto 같은 Tor(Tor*)로 시작하는 모든 도시를 검색할 것이다. **Search on Change** 박스를 체크했다. 입력 값이 변했으면 대시보드의 검색이 다시 시작하도록 한다. SimpleXML의 <fieldset> 요소에 autoRun="tue"를 추가해 입력 수정이 끝나면 대시보드가 자동 실행을 하게 선택했고, 값을 폼에 입력하기를 기다리는 대신에 대시보드가 로딩될 때 바로 기본값으로 검색이 실행되도록 했다.

입력 폼을 만들고 설정을 적절하게 했다면 대시보드 시각화를 할 때 각 폼 입력의 토큰을 사용해 검색하도록 해야 한다. 각 입력의 **Token** 필드는 입력받은 값을 가지고 있다. 대시보드에서 테이블 검색을 수정해 스플렁크가 이러한 토큰에 기반을 둬 검색하도록 조건을 추가해야 한다. 토큰 이름은 $ 기호로 감싸야 한다. ip 토큰은 검색에서 ip와 같이 들어가고 country 토큰은 $country$와 같이 들어간다. 검색에 자체 시간 범위를 사용하는 대신 Shared Time Picker 입력을 사용하도록 했었다. 이를 통해 검색이 폼에 추가한 시간 선택기 입력을 사용하게 한다.

결론적으로 폼 입력으로 입력한 모든 것은 관련 토큰으로 캡슐화되고 이 토큰의 값은 대시보드 테이블을 활용하는 검색에 전달된다. 입력 값을 변경하면 검색의 입력 토큰의 값도 바뀌고 검색을 즉시 재실행하면 테이블 검색 결과도 그에 맞게 변한다.

부연 설명

이번 예제는 시간 선택기와 텍스트박스 입력만 사용해 폼 생성의 표면만 다루며 시작했다. 이 책을 통해 드롭다운 입력을 이용해 검색 결과로 드롭다운 값을 집어넣는 법과 드롭다운 선택으로 다른 드롭다운 값을 필터링하는 법도 배울 것이다.

폼에 Submit 버튼 추가

이번 예제의 경우 Submit 버튼이 없다. 버튼이 없는 이유는 필요하지 않았기 때문이다. 대시보드 자동 실행을 선택하고 각 입력에서 **Search on Change**를 선택했다. 그러나 무엇인가 변경할 때마다 검색을 수행하길 원하지 않을 수도 있다. 아마도 여러 입력을 수정한 다음에 검색하는 경우일 것이다. 게다가 웹사이트나 애플리케이션의 폼에 일반적으로 사용하는 방식대로 대부분의 사용자는 Submit 버튼으로 재확인하는 것이 더 편하다고 여긴다.

Submit 버튼을 추가하는 것은 극단적으로 쉽다. 대시보드가 편집 모드일 때 단순히 Add Input 드롭다운에서 Submit을 선택한다. 녹색 Submit 버튼이 폼에 나타난 것을 볼 수 있다. 텍스트 입력을 편집해 Search on Change 체크박스를 선택 해제하면 폼은 Submit 버튼을 클릭해야 제출될 것이다.

참고 사항

▶ 동적으로 활성 리포트에서 드릴다운 예제
▶ 웹 페이지 활동 리포트를 폼에 연결 예제
▶ 방문자의 위치를 지도로 보여주기 예제

웹 페이지 활동 리포트를 폼에 연결

스플렁크에서 폼 검색은 이벤트나 테이블 기반 데이터에 한정되지 않는다. 풍부한 시각화와 폼을 연결해 폼이 제출되면 시각화를 갱신하게 할 수 있다.

이번 예제에서는 폼을 확장하고 위치와 방문자 트래픽을 보여주기 위해 만든 시각화를 폼에 집어넣는 법을 보여줄 것이다.

준비

이번 예제를 따라가려면 1장 '시작: 데이터 입력'에서 적재한 예제 데이터를 가지고 있는 구동 중인 스플렁크 엔터프라이즈 서버가 필요하다. 이전에 나왔던 예제를 전부 수행해보는 것이 좋다. 스플렁크 사용자 인터페이스 간 이동에도 익숙해야 한다.

예제 구현

웹 페이지 활동 차트를 추가하고 폼에 연결하려면 다음 단계를 따른다.

1. 스플렁크 서버에 로그인한다.

2. Operational Intelligence 애플리케이션을 선택한다.

3. 대시보드 메뉴 아이템을 클릭한다.

4. 이전 예제에서 만든 Visitor Monitoring 대시보드를 선택한다.

5. Edit 버튼을 클릭하고 Edit Panels를 클릭한다.

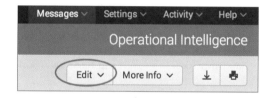

6. Add Panel 버튼을 클릭한다.

7. Add Panel 윈도우에서 Context Title 필드를 Sessions Over Time으로 설정한다.

8. Search String 필드에 다음 검색을 설정한다.

```
index=main sourcetype=access_combined clientip="$ip$" |
iplocation clientip | fillnull value="Unknown" City,
Country, Region| replace "" with "Unknown" in City,
Country, Region | search City "$city$" Region="$region$"
Country="$country$" | timechart dc(JSESSIONID)
```

9. Time Range Scope 필드를 Shared Time Picker (field1)로 설정한다.

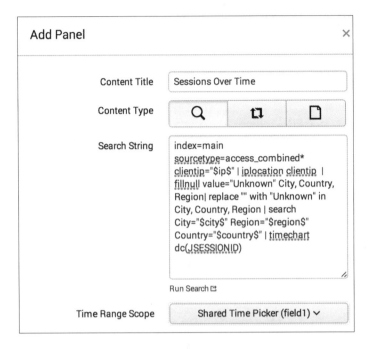

10. Add Panel 버튼을 클릭한다.

11. 패널이 대시보드 바닥에 추가된 후 방금 추가한 패널의 오른쪽 위 모서리에 위치한 차트 타입 패널 아이콘을 클릭한다.

12. Line 차트 타입을 클릭한다.

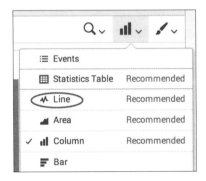

13. 패널 편집 아이콘을 클릭한다.

14. Custom Title의 X-Axis 레이블을 Time으로 갱신한다.

15. Custom Title의 Y-Axis 레이블을 Unique Sessions로 갱신한다.

16. Legend 옵션을 None으로 설정한다.

17. Apply를 클릭하면 팝업박스는 패널에 변경이 반영된 후 사라질 것이다.

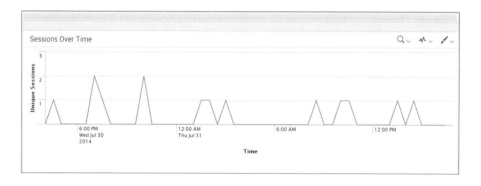

18. 다음으로 Done을 클릭해 대시보드 편집을 끝낸다.

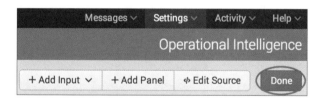

19. IP가 134나 유사한 값으로 다시 필터링해보면 차트 패널 또한 테이블 패널과 같이 변한 것을 볼 수 있다.

대시보드에 차트를 추가하는 방식은 기본 폼을 생성하는 방식과 매우 유사하다. 차트에 사용된 인라인 검색 폼에서 정의한 필드 변수를 사용할 수 있다. 스플렁크는 폼이 제출되면 변수를 사용할 것이다. 또한 패널은 폼에서 사용한 시간 범위를 사용하거나 별도의 시간 범위 드롭다운을 담을 수 있다.

폼과 여러 차트 및 테이블을 만들어 폼 기반의 유용한 대시보드를 구축할 수 있다. 조사 목적으로 폼 기반 대시보드를 활용하는 것도 좋은 방안 중 하나다. 필드를 취해 특정 나라에서 세션이 오는 것을 확인하고, 알고 싶은 시간대의 활동 정보를 보는 대시보드를 예로 들 수 있다.

부연 설명

좀 더 의미 있는 값을 얻기 위해 차트에 사용자화를 추가할 수 있다.

세션 오버 타임 차트에 덧씌우기 추가

스플렁크에 필드 값을 덧씌워 추세선trendlines 등을 기존의 차트 위에 보여줄 수 있다. Sessions Over Time 검색에 다음 라인을 인라인 검색의 끝에 추가하자.

```
| eventstats avg(dc(JSESSIONID)) as average | eval
average=round(average,0)
```

그리고 다음 라인을 패널의 SimpleXML에 추가하자.

```
<option name="charting.chart.overlayFields">average</option>
```

```
<row>
  <panel>
    <chart>
      <title>Sessions Over Time</title>
      <searchString>index=main sourcetype=access_combined clientip="$ip$" | iplocation clientip
      <earliestTime>$field1.earliest$</earliestTime>
      <latestTime>$field1.latest$</latestTime>
      <option name="charting.chart.overlayFields">average</option>
      <option name="charting.axisLabelsX.majorLabelStyle.overflowMode">ellipsisNone</option>
      <option name="charting.axisLabelsX.majorLabelStyle.rotation">0</option>
```

실제 값 위에 평균 세션 숫자를 보여주는 라인이 추가될 것이다.

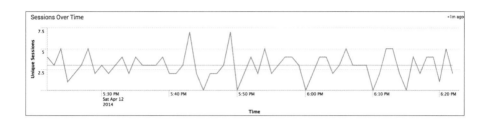

방문자의 위치를 지도로 보여주기

운영 인텔리전스가 항상 파이 차트, 바 차트 그리고 데이터 테이블 형식일 필요는 없다. IT 시스템에서 수집되는 광범위한 운영 데이터로 좀 더 사용자에게 의미 있는 정보를 추세나 이상을 쉽게 식별하는 방식으로 보여줄 방법이 있다.

훌륭한 시각화를 보장하는 방식 중 한 가지는 데이터를 지리 지도로 보여주는 것이다. 지리 데이터 형식에는 여러 종류가 있다. 이런 방식의 시각화에 웹 서버 로그의 IP 주소를 가장 일반적으로 사용한다. 줌 기능과 사용자가 보는 부분을 갱신하는 기능이 있는 맵을 대시보드에 쉽게 추가할 수 있다.

이 예제는 맵 패널을 대시보드에 설정하는 법과 IP 트래픽이 어느 나라에서 발생했는지 IP 주소를 시각화하는 검색을 연결하는 법을 보여줄 것이다.

준비

이번 예제를 따라가려면 1장 '시작: 데이터 입력'에서 적재한 예제 데이터를 가지고 있는 구동 중인 스플렁크 엔터프라이즈 서버가 필요하다. 이전에 나왔던 예제를 전부 수행해보는 것이 좋다. 스플렁크 사용자 인터페이스 간 이동에도 익숙해야 한다.

폼 기반 대시보드에 맵을 추가하려면 다음 단계를 따른다.

1. 스플렁크 서버에 로그인한다.

2. Operational Intelligence 애플리케이션을 선택한다.

3. 대시보드 메뉴 아이템을 클릭한다.

4. 이전 예제에서 만든 Visitor Monitoring 대시보드를 선택한다.

5. Edit 버튼을 클릭하고 Edit Panels를 클릭한다.

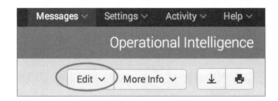

6. Add Panel 버튼을 클릭한다.

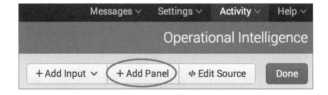

7. Add Panel 윈도우에서 Context Title 필드를 Sessions by Location으로 설정한다.

8. Search String 필드에 다음 검색을 설정한다.

```
index=main sourcetype=access_combined clientip="$ip$" | iplocation
clientip | fillnull value="Unknown" City, Country, Region|
replace "" with "Unknown" in City, Country, Region | search
```

```
City="$city$" Region="$region$" Country="$country$" | geostats
count
```

9. Time Range Scope 필드를 Shared Time Picker (field1)로 설정한다.

10. Add Panel 버튼을 클릭한다.

11. 패널이 대시보드 바닥에 추가된 후 방금 추가한 패널의 오른쪽 위 모서리에 위치한 차트 타입 패널 아이콘을 클릭한다.

12. Map 차트 타입을 클릭한다.

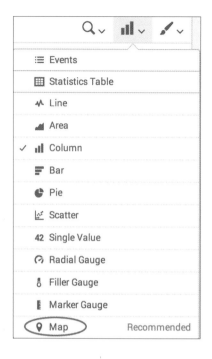

13. 패널 편집 아이콘을 클릭한다.

14. 임의의 134 같은 IP나 유사한 값으로 다시 필터링하면, 맵 패널 또한 이전에 추가한 테이블과 차트 패널 같이 변한 것을 볼 수 있다.

예제 분석

스플렁크 4 버전부터 써드파티로 개발된 애플리케이션을 통해 매핑 지원이 이뤄졌다. 스플렁크 6부터 자체 맵을 지원해 대시보드에 쉽게 사용할 수 있다.

대부분 브라우저 기반의 맵은 유사한 방식으로 동작하는데, 타일이라 불리는 많고 작은 이미지를 격자로 배치하고 확대 정도나 요청 영역에 따라 이미지를 교체하는 방식이다. 이런 식으로 브라우저나 서비스가 전 세계의 이미지 데이터를 한 번에 메모리에 적재할 필요는 없어진다.

스플렁크는 실제 맵 이미지를 제공하는 데 사용할 수 있는 자체 타일 서버나 외부 OpenStreetMap 서비스(openstreetmap.org)를 사용하는 방식 둘 다 지원한다. 자체 타일은 상세한 지도를 보여주지는 못하지만, 외부 접속이 안 되거나 보안상의 이유로 외부 서비스 호출이 불가할 때 사용할 수 있다.

지도에 표시하는 데 필요한 위도와 경도 필드를 검색 결과에서 찾고 맵이 데이터를 적절히 보여주도록 필요한 필드를 만드는 geostats 명령어에 맵 패널이 의존한다. 보통 geostats 명령어는 네트워크 트래픽의 발생 위치를 찾는 iplocation과 같이 쓰인다.

스플렁크 엔터프라이즈의 일부로 스플렁크에 내장된 IP 위치 데이터가 있다. 그러나 인터넷에서 구할 수 있는 최신의 데이터는 아니다. 특히 매우 중요한 보안 모니터링 대시보드나 검색에서 사용할 때는 가장 정확한 실시간 데이터를 사용하는 써드파티 서비스를 구매해서 사용하는 편이 최선일 것이다.

맵 패널은 맵의 최소화나 최대화 확대 레벨 같이 처음 맵이 적재됐을 때 적용할 파라미터를 설정할 다양한 옵션이 있다. 드릴다운 역시 지원한다.

 맵 드릴다운 옵션의 전체 레퍼런스는 스플렁크 문서인 http://docs.splunk.com/Documentation/Splunk/latest/Viz/PanelreferenceforSimplifiedXML#Panel_visualization_elements에서 찾을 수 있다.

부연 설명

맵 패널 옵션은 스플렁크에서 다양한 방식으로 설정할 수 있다.

SimpleXML을 사용해 맵 패널 추가

맵 패널은 대시보드 소스 편집 시 다음 SimpleXML을 추가해 직접 대시보드에 추가한다.

```
<map>
    <title>Count by location</title>
    <searchString>index=main sourcetype=access_combined
    clientip="$ip$" | iplocation clientip | fillnull
    value="Unknown" City, Country, Region| replace "" with
    "Unknown" in City, Country, Region | search City="$city$"
    Region="$region$" Country="$country$" | geostats
    count</searchString>
    <earliestTime>-24h@m</earliestTime>
    <latestTime>now</latestTime>
    <option name="mapping.data.maxClusters">100</option>
    <option name="mapping.drilldown">all</option>
    <option name="mapping.map.center">(0,0)</option>
</map>
```

지역별 유통 매핑

geostats 명령어는 주요 인자로 집계 항을 받는다. 이 항은 맵의 위치를 파이 차트로 보여주는 데 사용한다. 이번 예제에선 단순히 | geostats count를 돌렸다(이 명령어의 가장 일반적인 사용법이고 단일 횟수 값을 반환). 그러나 데이터를 제품별로 나눌 수 있고 파이 차트는 마우스 커서를 위로 올렸을 때 분할된 시각화 정보를 보여줄 수 있다.

```
MySearch | geostats count by product
```

참고 사항

▶ 웹 페이지 활동 리포트를 폼에 연결 예제
▶ 대시보드 PDF 배달 스케줄링 예제

186

대시보드 PDF 배달 스케줄링

운영 인텔리전스를 필요로 하는 사람에게 가져다주는 일은 항상 쉽지만은 않다. 받는 대상은 IT 상식이 없을 수도 있고 해당 시스템에 대한 접근 권한이 없거나 최근 결과 데이터로 고객과 만나야 하는 경영진일 수도 있다.

매일 아침 메일함에 데이터를 받아 사무실 출근 중에 리뷰할 수 있게 해주거나 부하 직원에게 아침에 브리핑하도록 하는 것이 필요한 전부일 수도 있다. 스플렁크는 사용자가 대시보드를 PDF 문서로 이메일을 통해 수신자 목록에 전달할 수 있게 해준다 (수신자 목록을 편집할 수 있다.).

이 예제는 어떻게 내부 이메일 배포 목록에 운영 인텔리전스 애플리케이션 대시보드 PDF 문서를 배달하는 일정schedule을 만드는지 보여줄 것이다.

준비

이번 예제를 따라가려면 1장 '시작: 데이터 입력'에서 적재한 예제 데이터를 가지고 있는 구동 중인 스플렁크 엔터프라이즈 서버가 필요하다. 이전에 나왔던 예제를 전부 수행해보는 것이 좋다. 스플렁크 사용자 인터페이스 간 이동에도 익숙해야 한다. 스플렁크가 실제 이메일에 기술한 주소로 보낼 수 있도록 이메일 서버를 설정해 스플렁크와 연동한다.

예제 구현

대시보드 PDF 전달을 예약하려면 다음 단계를 따른다.

1. 스플렁크 서버에 로그인한다.

2. Operational Intelligence 애플리케이션을 선택한다.

3. 대시보드 메뉴 아이템을 클릭한다.

4. 대시보드 목록에서 PDF 문서로 전달할 대시보드를 선택한다. Website Monitoring 과 **Product Monitoring** 대시보드만 PDF로 전달할 수 있다. 현재까진 폼 입력 기반 의 대시보드에 PDF 배달을 사용할 수 없다.

5. 선택한 대시보드가 적재되면 오른쪽 위 화면 모서리의 Edit 드롭다운 메뉴를 클릭한다.

6. Schedule PDF Delivery 옵션을 클릭한다.

7. Edit PDF Schedule 폼에서 Schedule PDF 박스를 체크한다.

8. Schedule 필드를 필요에 맞게 수정한다. 드롭다운을 갱신하고 적절한 스케줄 타입을 선택한다.

9. PDF를 보낼 이메일 주소 목록을 Email To 필드에 입력한다. 여러 주소일 경우 콤마(,)로 구분한다.

10. 이메일의 우선순위를 지정한다.

11. 사용자가 받아볼 메시지 제목인 Subject 필드의 내용을 적는다.

12. 사용자가 받아볼 메시지 내용인 Message 필드의 내용을 적는다.

13. Paper Size와 Paper Layout을 수정해 생성할 PDF 배치 옵션을 갱신한다.

14. PDF와 이메일 포맷을 미리 보기 옵션을 사용해 테스트할 수 있다. Send Test Email 링크를 클릭해, 링크를 클릭할 때 보이는 대시보드를 수신인에게 보낸다. 그리고 Preview PDF를 클릭하면 링크를 클릭했을 때의 PDF 버전으로 보여준다. 테스트 이메일을 보내려면 스플렁크 관리자가 스플렁크의 SMTP 설정을 적절히 할 필요가 있다.

15. Save 버튼을 클릭하면 PDF 대시보드 전달 일정이 생성된다.

스플렁크 5 배포판부터는 스플렁크 엔터프라이즈에 자체 PDF 대시보드와 리포트 생성 기능을 만들었다. 5 버전 이전엔 리눅스 서버에서만 동작하고 다른 운영체제엔 의존성이 필요한 별도의 추가 앱이 필요했다. 새로 통합된 PDF 기능은 일정에 따라 생성한 PDF를 이메일이나 웹으로 쉽고 빠르게 접근할 수 있게 해준다.

폼 기반의 대시보드, 고급 XML로 생성한 대시보드, 새로운 구성 요소를 가지고 있는 SimpleXML 대시보드 같이 PDF 생성을 하지 못하는 경우가 있을 수 있다. 이 경우에 히트 맵 오버레이 같은 기능은 적절하게 나타나지 않을 것이다.

PDF는 HTML에서 나오는 대로 만들어내 PDF로 인코딩하는 스플렁크 자체 내장 라이브러리에 의해 만들어진다. 쉽게 맞추기 힘들지만, 사용자가 선택한 페이지 형태나 방향을 고려해 PDF가 브라우저 윈도우에 잘 보이도록 해야 한다.

대시보드 PDF 배달은 일정 리포트와 얼럿[alerts]이 사용하는 것 같은 방식을 사용한다. sendmail 명령은 이러한 처리의 중추 역할을 하고 작업과 스케줄 상세에 관한 내용을 메시지 본문이나 제목에 대치해 삽입하는 토큰 전부를 사용할 수 있다.

 일정 리포트, 대시보드 옵션 설정에 대한 더 많은 정보는 http://docs.splunk.com/Documentation/Splunk/latest/Report/Schedulereports에서 찾을 수 있다.

▶ 방문자의 위치를 지도로 보여주기 예제

요약

이번 장에서 다룬 핵심 내용은 다음과 같다.

▶ 대시보드와 지식을 조직화해 사용자 스플렁크 앱으로 만든다.

▶ 대시보드 배치를 수정해 정보를 효과적으로 보이도록 한다.

▶ 운영 데이터를 계층화하고 드릴다운 옵션을 이용해 필요할 때 더 상세히 조회한다.

▶ 맵 같은 시각화를 사용해 데이터를 좀 더 의미 있게 전달한다.

▶ 스플렁크 로그인 없이 데이터를 주요 이해 당사자에게 전달한다.

5

인텔리전스 확장: 데이터 모델과 피봇

이번 장에서는 스플렁크 데이터 모델과 피봇 기능을 소개할 것이다. 다룰 내용은 다음과 같다.

▶ 웹 접근 로그 데이터 모델 생성

▶ 애플리케이션 데이터 모델 만들기

▶ 데이터 모델 가속화

▶ 총 판매 트랜잭션 피봇하기

▶ 지정학적 위치로 구매 피봇하기

▶ 가장 느린 웹 페이지 응답 피봇하기

▶ 상위 에러 코드 차트 피봇하기

소개

지금까지 검색, 리포트, 대시보드를 만들려고 스플렁크 검색 처리 언어^{SPL}를 이용했다. 이번 장에서는 스플렁크 데이터 모델과 피봇 기능을 이용해 기술에 익숙하지 않은 사용자가 어떻게 리포트, 차트, 대시보드를 만들 수 있는지 보여줄 것이다.

이번 장의 첫 부분은 스플렁크 데이터 모델 구축에 대해 다룬다. 데이터 모델은 스플렁크 데이터 집합을 관련 정보와 연관 지어 여러 스플렁크 검색을 숨긴 계층적 구조로 매핑하도록 한다. 스플렁크의 피봇 도구는 이 모델을 가지고 사용자가 검색 작성 없이 대시보드나 리포트를 동적으로 생성하게 해준다. 데이터 모델은 관계형 데이터베이스의 스키마와 다소 비슷하다(데이터를 행과 열로 피봇한다는 점에서).

데이터 모델은 보통 스플렁크 SPL을 데이터 모델 편집기에서 사용하는 데 익숙한 사람이 만든다. 데이터 모델은 계층적 구조이고 오브젝트, 오브젝트 타입object type, 오프젝트 제약object constraints, 오브젝트 속성object attributes으로 이뤄져 있다. 데이터 모델은 하나 또는 하나 이상의 오브젝트로 구성하고 각 오브젝트는 하나의 오브젝트 타입을 가진다. 각 오브젝트는 하나 또는 하나 이상의 제약을 갖고 마찬가지로 하나 또는 하나 이상의 오브젝트 속성을 가진다.

4개의 오브젝트 타입을 아래 표에 정리했다.

오브젝트 타입	설명
이벤트 오브젝트(Event objects)	웹 접근 로그 이벤트 또는 애플리케이션 로그 이벤트 같이 이벤트 타입을 보여준다. 이들은 가장 일반적으로 사용하는 타입일 것이다.
검색 오브젝트(Search objects)	시간에 따른 집계 검색처럼 데이터를 보려는 방식으로 데이터를 변형하는 명령을 포함한 스플렁크 검색을 나타낸다.
트랜잭션 오브젝트(Transaction objects)	시간에 따른 그룹 관련 트랜잭션 타입 검색을 나타낸다.
자식 오브젝트(Child objects)	부모 오브젝트의 속성과 제약을 상속받고 추가로 자체 이벤트 필터링과 제약사항, 속성을 가지고 있다.

모든 데이터 모델 오브젝트는 하나 또는 하나 이상의 오브젝트 제약으로 정의한다. 제약은 관련 없는 이벤트를 필터링하는 데 쓰인다. 제약은 다음 표에 정리했다.

오브젝트 제약	설명
이벤트 오브젝트 제약(Event object constraints)	단순 제약에 한정된다. 궁극적으로 파이프 전의 검색 첫 부분(예를 들어 sourcetype=x field=y)
검색 오브젝트 제약(Search object constraints)	여러 변환 명령과 파이프를 사용한 객체의 전체 검색 문자열로 만드는 제약
트랜잭션 오브젝트 제약(Transaction object constraints)	필드에 의한 그룹이나 그룹 오브젝트를 식별하는 트랜잭션 정의에 의한 제약
자식 오브젝트 제약(Child object constraints)	단순 제약에 한정된다. 궁극적으로 파이프 전의 검색 첫 부분(예를 들어 sourcetype=x field=y)

모든 데이터 오브젝트 모델은 하나 또는 하나 이상의 속성을 가지고 있다. 이는 기본적으로 모델이 될 데이터 집합 안의 필드이고 사용할 수 있는 속성 타입은 다음 표에 정리했다.

오브젝트 속성	설명
Auto-Extracted	소스 타입(sourcetype)에 미리 정의한 추출(extraction)에 기반을 둬 스플렁크가 모델 데이터 셋에서 자동으로 추출하는 필드
Eval-Pxpression	eval 표현에 의해 생성되는 결과 필드
Lookup	이벤트에 룩업의 결과로 추가된 하나 또는 하나 이상의 필드
Regular Expression	입력한 정규식을 사용해 이벤트 데이터에서 추출한 필드
Geo IP	IP를 받아 lon, lat, city, country 등의 지리 정보 필드를 추가하는 룩업 테이블이다.

범용 정보 모델 애드온 앱(The Common Information Model add-on app)에 스플렁크의 CIM(Common Information Model)에 적용할 수 있는 미리 정의한 다양한 데이터 모델이 있다. CIM 애드온을 사용하면 모델링한 데이터 간 호환성을 보장받을 수 있고 피봇이나 리포트에 미리 구축된 데이터 모델을 이용할 수 있는 장점이 있다. 애드온은 http://apps.splunk.com/app/1621/에서 다운로드해 사용할 수 있다.

이번 장에서 일단 데이터 모델을 구축하고 어떻게 가속화하는지 배울 것이다. 데이터 모델 가속화는 스플렁크에 깔린 HPAS^{High Performance Analytics Store}를 이용해 관련 인덱스의 버킷 데이터와 함께 요약 정보를 구축해 엄청나게 큰 데이터 집합을 피봇 기반으로 리포팅하는 성능을 극적으로 향상시킨다.

 스플렁크 데이터 모델에 대한 더 많은 정보는 http://docs.splunk.com/Documen tation/Splunk/latest/Knowledge/Aboutdatamodels에서 Knowledge Manager 문서를 살펴봄으로써 얻을 수 있다.

이번 장의 나머지 절반에선 스플렁크의 피봇 도구를 사용해 모델링한 데이터를 검색하고 리포트를 만든다. 피봇은 스플렁크에서 데이터로 SPL 사용 없이 리포트를 만들 수 있게 해준다. 피봇 인터페이스는 끌어넣기 기능을 제공해 데이터 집합을 쉽게 리포트로 만들고 시각화한다. 피봇은 데이터 모델과 리포팅 관련 오브젝트를 사용하기 때문에 피봇을 사용하기 전에 데이터 모델을 먼저 만들어야 한다.

데이터 모델과 피봇의 핵심을 근본적으로 이해하기는 쉽지 않기 때문에 직접 스플렁크 모델링과 피봇해보는 것 말고는 더 나은 방법이 없다. 그럼 시작해보자.

웹 접근 로그 데이터 모델 생성

첫 예제에서 웹 접근 로그 데이터 모델을 만들 것이다. 스플렁크 데이터 모델 편집기를 사용할 것이고, 다양한 오브젝트 타입을 정의한 후 속성과 제약을 추가할 것이다.

준비

이번 예제를 따라가려면 1장 '시작: 데이터 입력'에서 적재한 예제 데이터를 가지고 있는 구동 중인 스플렁크 엔터프라이즈 서버가 필요하다. 이전에 나왔던 예제를 전부 수행해보는 것이 좋다. 스플렁크 사용자 인터페이스 간 이동에도 익숙해야 한다.

Web Access 데이터 모델을 생성하려면 다음 단계를 따른다.

1. 스플렁크 서버에 로그인한다.

2. Operational Intelligence 애플리케이션을 선택한다.

3. 화면의 오른쪽 위 모서리에 Settings 메뉴 아이템을 선택하고 Data Models를 선택한다.

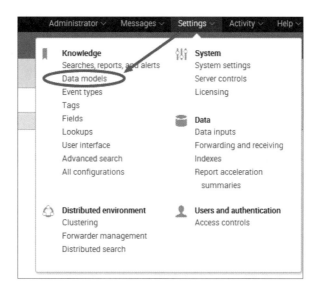

4. 다룰 빈 데이터 모델 목록이 적재될 것이다. 화면 오른쪽 위 모서리에 위치한 New Data Model 버튼을 클릭한다.

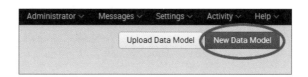

5. 팝업박스가 나올 것이다. Title 필드에 Web Access를 입력한다. 입력하자마자 ID가 자동으로 생성될 것이다. 선택한 앱이 Operational Intelligence인 것을 확인하고 Create 버튼을 누른다.

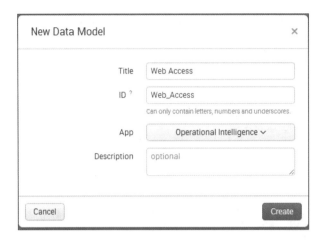

6. 이렇게 빈 데이터 모델을 생성하고 데이터 모델 편집기가 나타날 것이다. 다음으로 오브젝트 타입을 생성한다. **Add Object** 드롭다운을 선택하고 **Root Event**를 선택한다.

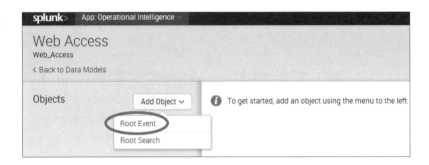

7. **Add Event Object** 페이지가 나타날 것이다. **Object Name** 필드에 All Web Access를 입력하고 **Constraints** 박스에 index=main sourcetype=access_combined를 입력한다. 이런 값을 입력하고 **Preview** 버튼을 누르면 웹 접근 로그 이벤트가 미리 보기 영역에 나타날 것이다. 다음으로 **Save**를 클릭해 이벤트 오브젝트 타입을 저장한다.

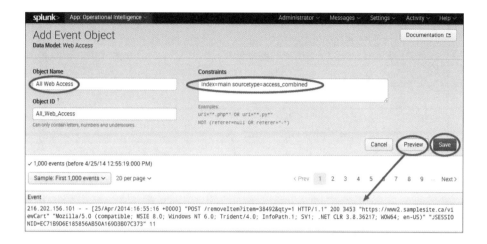

8. 오브젝트 타입을 저장하고 나면, 데이터 모델 편집기가 새롭게 만든 All Web
Access 오브젝트와 함께 나타날 것이다. 상속받은 몇 개 속성이 오른쪽에 보
이고, 지금 몇 개 더 추가할 것이다. **Add Attribute** 드롭다운을 클릭하고 **Auto-**
Extracted를 선택한다.

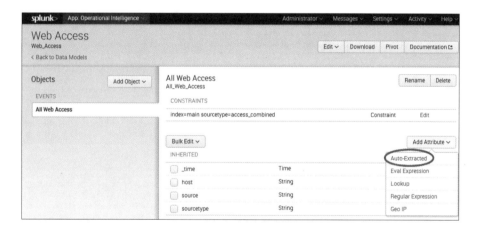

9. 스플렁크가 웹 접근 로그로부터 추출한 모든 필드가 팝업박스에 나타날 것이다.
모델의 특정 필드를 선택할 수 있지만, 단순화하기 위해 **Field** 칼럼 앞의 최상단
체크박스를 체크해 모두 선택한다. 모든 필드가 체크된 것을 확인한다. 완료하면
Save를 클릭한다. 그러면 모든 필드가 데이터 모델 오브젝트의 속성이 될 것
이다.

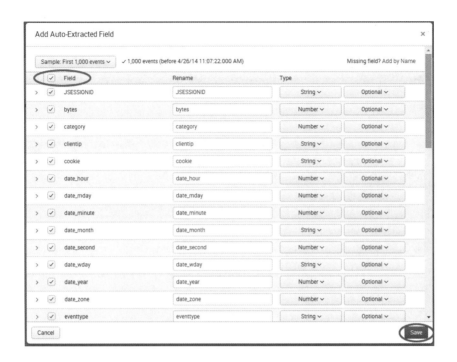

10. 평가 속성을 상태 카테고리에 추가할 것이다. **Add Attribute** 드롭다운을 다시 클릭해 이번엔 Eval Expression을 클릭한다.

11. Add Attributes with an Eval Expression 화면에서 Eval Expression 박스에 이벤트 상태 코드와 카테고리 묘사가 일치하는 이벤트를 찾는 검색 문장을 입력한다.

```
case(like(status,"1%"),"Informational",
like(status,"2%"),"Success", like(status,"3%"),"Redirect",
like(status,"4%"),"Client Error", like(status,"5%"),"ServerError")
```

12. Field Name 필드에 status_category를 입력하고 나머지 필드는 기본값으로 둔다. 그리고 Preview 버튼을 누른다. 새로운 status_category 필드가 미리 보기 결과에 보이는 것을 확인한다. 새로운 평가 속성을 저장하기 위해 Save를 클릭한다.

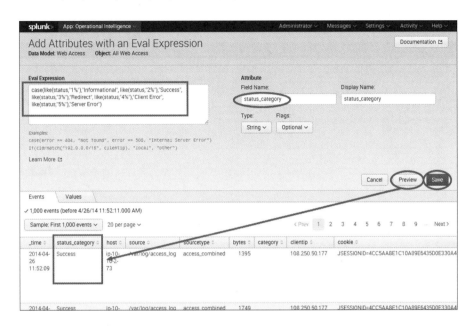

13. 이제 새롭게 만들어진 status_category 오브젝트 속성을 가지고 에러와 성공 이벤트를 위한 자식 타입 오브젝트를 만들 것이다. 데이터 모델 편집기에서 Add Object 드롭다운을 다시 선택한다. 그러나 이번엔 Child를 선택한다.

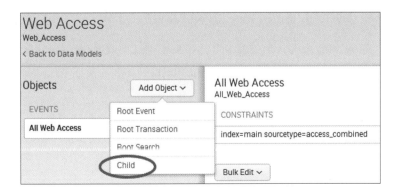

14. **Add Child Object** 화면이 보일 것이다. Success를 **Objet Name** 필드에 입력하고 **Additional Constants** 박스에 status_category="Success" 문장을 입력한다. 나온 결과를 미리 확인하기 위해 **Preview**를 클릭하고 **Save**를 클릭해 자식 오브젝트 타입을 저장한다.

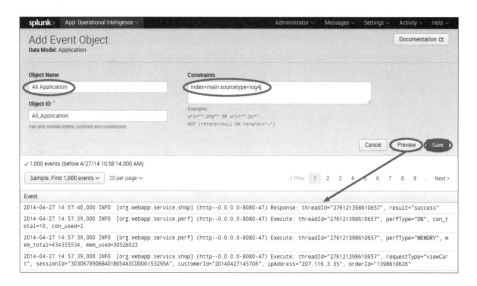

15. 오브젝트 타입을 저장한 다음에 데이터 모델 편집기로 돌아오면 **Success** 자식 오브젝트가 **All Web Access** 이벤트 오브젝트 루트 레벨 아래에 보일 것이다. **All Web Access** 이벤트 오브젝트를 클릭하고 13과 14번 단계를 반복해 또 다른 자식 오브젝트 타입인 Error를 만들고 **Additional Constraints**를 status_category="Client Error" OR status_category="Server Error"로 한다.

16. 완료 후 **All Web Access**라 이름 붙여진 루트 이벤트 아래에 **Success**와 **Error**라 이름 붙여진 두 개의 자식 오브젝트가 보일 것이다.

이제 초기 데이터 모델이 완성됐다.

예제 분석

이번 예제는 웹 접근 데이터 집합 데이터 모델을 새로 만들면서 시작했다. 초기 데이터 모델을 만든 다음 오브젝트 계층 구조에 최상위에 위치한 All Web Access라 이름 붙여진 루트 레벨 이벤트 오브젝트 타입을 추가했다. 이 이벤트 오브젝트는 웹 접근 로그로 제약하는 단순 제약을 부여하려고 만들었다. 다음으로 스플렁크가 미리 알고 있어 자동 추출한^{Auto-Extracted} 필드 전체를 속성으로 오브젝트에 추가하고 이벤트 데이터를 다양한 상태 코드로 분류하는 평가 속성^{Eval Expression}을 오브젝트에 추가했다. 그리고 Success와 Error 이벤트를 위한 자식 오브젝트 타입을 만들려고 새롭게 생성한 status_category 평가 속성을 사용했다.

내부에서 스플렁크는 모델이 된 데이터 집합을 리포트로 만드는 검색을 생성한다. 제약^{constraint}은 궁극적으로 스플렁크가 어떤 데이터를 봐야 할지 알려주고 속성^{attribute}은 기본적으로 스플렁크가 검색할 데이터 내 필드를 알려준다. Success와 Error 자식 오브젝트 타입은 부모인 All Access Log 오브젝트로부터 모든 제약과 속성을 상속받고 스플렁크가 앞으로 만들 백엔드 검색의 필터로 동작한다.

부연 설명

데이터 모델을 구축하면 데이터 모델은 리포트를 만드는 피봇 도구에서 필요한 검색 시간 매핑을 하는 데 사용한다. 그러나 스플렁크 인터페이스를 사용해서 데이터 모델과 데이터 모델의 오브젝트에 의해 매핑되어 만들어진 데이터 집합을 볼 수도 있다.

검색 인터페이스를 사용해 데이터 모델 검색

스플렁크 datamodel 명령어는 스플렁크 검색 인터페이스로 직접 데이터 모델에 의해 매핑되는 데이터 집합과 관련 오브젝트를 검색하게 해준다. 사용하려면 명령어가 스플렁크 검색의 가장 첫 부분에 와야 한다.

Operational Intelligence의 검색 바로 이동해 애플리케이션 내 데이터 모델 목록을 보기 위해 다음 검색을 입력한다.

```
| datamodel
```

여러 데이터 모델이 있다면 다음 검색을 입력해 Web Access 데이터 모델만 필터링할 수 있다.

```
| datamodel Web_Access
```

반환 데이터 형식은 JSON 포맷이고 objectNameList를 확장해 데이터 모델 안의 모든 오브젝트를 볼 수 있다. All Web Access 오브젝트의 관련 데이터를 보려면 다음 검색을 입력한다.

```
| datamodel Web_Access All_Web_Access
```

스플렁크에 의해 작성된 밑에 깔린 데이터 모델 오브젝트 검색을 볼 수 있다. 양이 매우 많다. 그러나 양이 많을지라도 복잡하지는 않다. 사실 rename과 eval이 많아 검색 대부분을 차지해 복잡해 보일 뿐이다.

이 오브젝트의 데이터를 검색하려면 다음과 같이 한다.

```
| datamodel Web_Access All_Web_Access search
```

어떻게 데이터가 보이는지 그리고 오브젝트 타입에 선언한 오브젝트 속성이 필드 사이드바에 나타나는지를 확인하자. 이러한 모든 필드는 오브젝트 이름으로 시작한다. All_Web_Access.fieldname은 의미가 없어서 다음 검색을 입력해 제거할 수 있다.

```
| datamodel Web_Access All_Web_Access search | rename All_Web_Access.*
AS *
```

이제 이 데이터를 어떤 스플렁크 검색에도 기본으로 사용할 수 있다. status_category별로 모든 에러 이벤트를 검색하려면 다음과 같이 입력해야 한다.

```
| datamodel Web_Access All_Web_Access search | rename All_Web_Access.*
AS * | search is_Error=1 | stats count by status_category
```

왜 데이터를 직접 검색하는 검색 접근법을 사용하지 않을까? 데이터 모델에 데이터 집합을 연관시키고 계산 필드를 추가하는 등의 일이 사실 좀 버거울 수 있다. 그래서 이런 접근법을 사용해 데이터를 검색할 수도 있을 것이다. 게다가 데이터 모델 가속이 활성화되어도 datamodel 명령어는 가속을 사용하지 않는다. 그렇지만 피봇 명령어(나중에 더 다룰 것이다.)는 가속을 사용한다.

 datamodel 명령어에 대한 더 많은 정보를 얻으려면 http://docs.splunk.com/Documentation/Splunk/latest/SearchReference/Datamodel의 검색 레퍼런스를 참조한다.

참고 사항

▶ 애플리케이션 로그 데이터 모델 만들기 예제
▶ 데이터 모델 가속화 예제

애플리케이션 로그 데이터 모델 만들기

이번 예제는 첫 예제와 유사하지만 애플리케이션 로그 데이터 모델을 만든다는 점이 다르다. 스플렁크 데이터 모델 편집기를 사용해 여러 오브젝트 타입을 선언하고 제약과 속성을 추가할 것이다. 페이지를 절약하려고 처음 예제보다 스크린샷을 덜 사용했다. 필요하다면 첫 예제를 참조하자.

준비

이번 예제를 따라가려면 1장 '시작: 데이터 입력'에서 적재한 예제 데이터를 가지고 있는 구동 중인 스플렁크 엔터프라이즈 서버가 필요하다. 이전에 나왔던 예제를 전부 수행해보는 것이 좋다. 이번 장의 첫 예제를 수행해야만 하고 스플렁크 사용자 인터페이스 간 이동에 익숙해야 한다.

Application 데이터 모델을 생성하려면 이번 예제의 다음 단계를 따른다.

1. 스플렁크 서버에 로그인한다.

2. Operational Intelligence 애플리케이션을 선택한다.

3. 화면의 오른쪽 위 모서리에 Settings 메뉴 아이템을 선택하고 Data Models를 선택한다.

4. 저번 예제에서 만든 Web Access 데이터 모델이 목록에 보일 것이다. 화면 오른쪽 위 모서리에 위치한 New Data Model 버튼을 클릭한다.

5. 팝업박스가 나올 것이다. Title 필드에 Application을 입력한다. 입력하자마자 ID가 자동으로 생성될 것이다. 선택한 앱이 Operational Intelligence인 것을 확인하고 Create 버튼을 누른다.

6. 이렇게 빈 데이터 모델이 생성되고 데이터 모델 편집기가 나타날 것이다. 다음으로 오브젝트 타입을 생성한다. Add Object 드롭다운을 선택하고 Root Event를 선택한다.

7. Add Event Object 페이지가 나타날 것이다. Object Name 필드에 All Application을 입력하고 Constraints 박스에 index=main sourcetype=log4j를 입력한다. 이런 값을 입력하고 Preview 버튼을 누르면 웹 접근 로그 이벤트가 미리 보기 영역에 나타날 것이다. 다음으로 Save를 클릭해 이벤트 오브젝트 타입을 저장한다.

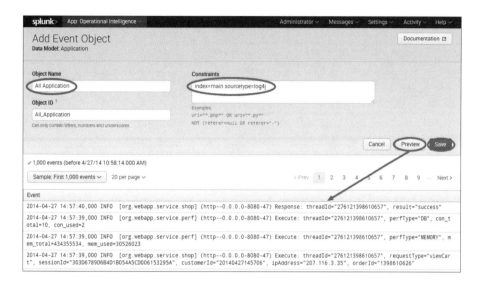

8. 오브젝트 타입을 저장한 다음 데이터 모델 편집기가 새롭게 만든 **All Application** 오브젝트와 함께 나타날 것이다. 상속받은 몇 개 속성이 오른쪽 편에 보일 것이다. 지금 몇 개 더 추가할 것이다. **Add Attribute** 드롭다운을 클릭하고 **Auto-Extracted**를 선택한다.

9. 스플렁크가 애플리케이션 로그로부터 추출한 모든 필드가 팝업박스에 나타날 것이다. 모델의 특정 필드를 선택할 수 있지만, 단순화하기 위해 **Field** 칼럼 앞의 최상단 체크박스를 체크해 모두 선택한다. 모든 필드가 체크된 것을 확인한다. 완료하면 **Save**를 클릭한다. 그러면 모든 필드가 데이터 모델 오브젝트의 속성이 될 것이다.

10. 이제 데이터 집합에서 **Service**라 부르는 새로운 필드를 추출하는 정규식 속성 regex, regular expression을 추가한다. regex는 perf, odbc, 상점shop 애플리케이션 이벤트 같은 여러 서비스와 관련된 이벤트에서 패턴과 일치하는 이벤트를 찾는다. **Add Attribute** 드롭다운을 다시 클릭한다. 이번엔 **Regular Expression**을 선택한다.

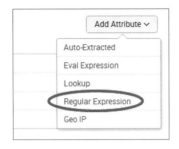

11. Add Attributes with a Regular Expression 화면이 보일 것이다. Regular Expression 박스에서 다음 문장을 입력한다.

```
(?<Service>\w+)(?=\])
```

12. Field Name 필드에 Service를 입력하고 나머지 필드는 자동으로 값이 채워지지 않더라도 기본값으로 둔다. 그리고 Preview 버튼을 누른다. 새로운 Service 필드 가 미리 보기 결과에 나온 것을 확인한다. Save를 클릭해 새로운 정규식 속성을 저장한다.

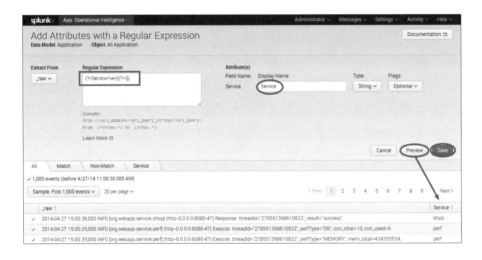

13. 애플리케이션 데이터 집합 안의 여러 이벤트 타입을 필터링하는 데 쓰는 다양한 오브젝트 타입을 만들 것이다. 다음 표는 All Application Data 루트 이벤트 오브젝 트 아래에 생성되어야 하는 모든 자식 오브젝트 목록을 보여준다.

Child object	Secondary child object	Tertiary child object	Constraints
Performance			`Service="perf"`
	Memory		`perfType="MEMORY"`
	DB		`perfType="DB"`
Database			`Service="odbc"`
Shop			`Service="shop"`
	Request		`requestType=*`
	Response		`NOT requestType=*`
		Success	`result="success"`
		Error	`NOT result="success"`

자식 오브젝트를 추가하려면 **Add Object** 드롭다운을 선택하고 **Child**를 선택해야 한다는 점을 기억하자. 추가로 데이터 미리 보기를 확인해 입력한 속성 이름이 정확하고 자식 오브젝트의 부모 오브젝트가 올바른지 확인한다.

14. 여기까지 완료하면 오브젝트 계층 구조는 다음 스크린샷과 유사할 것이다.

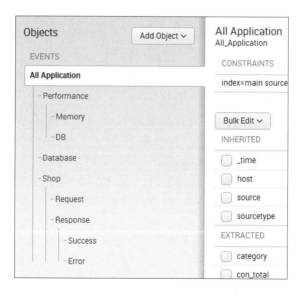

15. 마지막으로 요청 이벤트와 응답 이벤트를 묶기 위해 트랜잭션 오브젝트 타입을 추가할 것이다. Add Object 드롭다운을 선택하고 Root Transaction을 선택한다.

Add Transaction Object 화면이 보일 것이다. Object Name 필드에 Transactions를 입력한다. Group Object 아래에 방금 만든 Request와 Response 자식 오브젝트를 선택해 묶는다. threadid 오브젝트 속성을 Group by (optional) 필드에서 선택하고 최대 범위$^{Max Span}$를 1시간으로 입력한다.

16. Preview 버튼을 누르면 묶인 트랜잭션이 이벤트 결과 박스에 채워진 것을 볼 수 있다. Save 버튼을 눌러 새로운 오브젝트 타입을 저장한다.

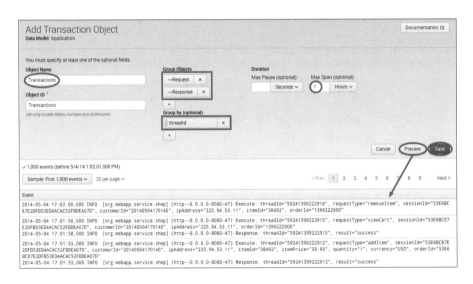

이제 Application 데이터 모델을 완성했다. 축하한다.

이번 예제에서는 이전 예제와 비슷한 방법으로 애플리케이션 데이터 집합의 새로운 데이터 모델을 만들면서 시작했다. 데이터 모델을 생성하고 오브젝트 계층 구조 최상단에 위치한 All Application이라 이름 붙여진 루트 레벨 이벤트 오브젝트 타입을 추가했다. 이벤트 오브젝트는 단순히 오브젝트를 애플리케이션 로그로 제약시키는 오브젝트 제약을 만들었다. 다음으로 스플렁크가 자동으로 인식하는 필드를 모두 추출해 속성으로 추가했고 정규식 속성$^{\text{expression attribute}}$을 사용해 이벤트 데이터 내의 여러 속성을 분류하기 위해 추가했다. 그리고 Application 데이터 모델의 오브젝트 계층을 구축하기 위해 새롭게 만든 Service 정규식 속성과 다른 Auto-Extracted 속성을 자식 오브젝트로 만들었다. 범용 threadid에 기반을 둬 연관된 애플리케이션 이벤트를 개별 트랜잭션으로 묶는 루트 레벨 트랜잭션 오브젝트 타입을 추가했다.

마지막으로 스플렁크 내부에서 모델이 된 데이터 집합으로 리포트를 만드는 검색을 생성했다. 제약은 궁극적으로 스플렁크가 어떤 데이터를 봐야 할지 알려주고 속성은 기본적으로 스플렁크가 검색할 데이터 내의 필드다. 자식 오브젝트 타입은 부모 오브젝트로부터 모든 제약과 속성을 상속받고 스플렁크가 앞으로 만들 백엔드 검색의 필터로 동작한다.

▶ 웹 접근 로그 데이터 모델 생성 예제
▶ 데이터 모델 가속화 예제

스플렁크는 요약 정보 인덱싱, 리포트 가속화, 데이터 모델 가속화 같은 검색 성능을 최적화하는 여러 옵션을 가지고 있다. 요약 정보 인덱싱과 리포트 가속화 둘 다 나중에 다룰 것이다. 데이터 모델 가속화는 데이터 모델에 정의한 오브젝트 속성을 리포팅하는 속도를 빠르게 한다. 또한 피봇 도구로 리포트를 만들 때 가속을 사용할 수 있다.

다음 예제에서 방금 만든 데이터 모델을 가속해봄으로써 처리 과정과 성능 향상에 익숙해지게 할 것이다. 아마 극단적으로 큰 데이터로 특정 기간 범위의 리포트를 만들 때만 데이터 모델 가속을 사용하게 될 것이다.

준비

이번 예제를 따라가려면 1장 '시작: 데이터 입력'에서 적재한 예제 데이터를 가지고 있는 구동 중인 스플렁크 엔터프라이즈 서버가 필요하다. 이전에 나왔던 예제는 전부 수행해보는 것이 좋다. 이번 장의 첫 예제를 수행해야만 하고 스플렁크 사용자 인터페이스 간 이동에 익숙해야 한다.

예제 구현

Application 데이터 모델과 Web Access 데이터 모델을 가속하려면 이번 예제의 다음 단계를 따른다.

1. 스플렁크 서버에 로그인한다.

2. Operational Intelligence 애플리케이션을 선택한다.

3. 화면의 오른쪽 위 모서리에 Settings 메뉴 아이템을 선택하고 Data Models를 선택한다.

4. 첫 두 예제에서 만든 두 개의 데이터 모델이 보일 것이다. Application 데이터 모델 다음의 Edit를 클릭하고 Edit Acceleration을 클릭한다.

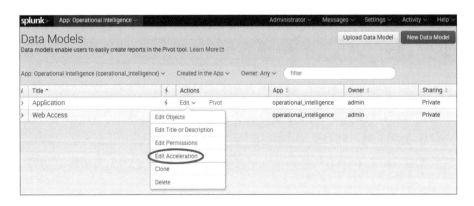

5. 프라이빗private 데이터 모델은 가속할 수 없다고 알려주는 Add Acceleration 팝업 박스가 나올 것이다. 녹색 Edit Permission 버튼을 클릭한다.

6. Display For permissions 버튼을 App으로 변경하고 Save를 클릭한다.

7. 4번 단계를 반복한다. 이번엔 Edit Acceleration 팝업이 보일 것이다. Accelerate 체크박스를 체크한다. Summary Range 필드에서 1 Month를 선택하고 Save를 클릭한다.

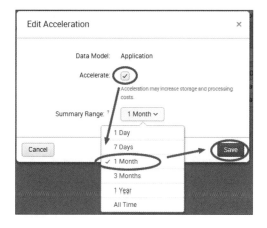

8. **Data Model** 목록에서 Application 데이터 모델에 가속이 활성화됐다는 것을 보여
   주는 작고 노란 번개 표시를 볼 수 있어야 한다.

9. 이전 단계를 반복해 Web Access 데이터 모델을 가속화한다. 완료하면 두 데이
   터 모델은 노란색 번개 표시를 보일 것이고 또한 **App** 단계의 공유 퍼미션을 가질
   것이다.

예제 분석

일단 데이터 모델을 가속화하면 내부에서 선택한 한 달 범위의 가속 요약 정보를 구
축하기 시작한다. 이 요약 정보는 각 데이터 모델에서 기술한 속성을 담고 있는 인덱
스에 만들어진다. 요약 정보는 TSIDX 파일에 인덱스의 데이터 버킷과 함께 유지된
다. 스플렁크는 이러한 요약 정보들이 매 5분마다 갱신되도록 내부 프로세스를 실행
시키고 매 30분마다 오래된 데이터를 치우는 유지보수 프로세스를 실행한다.

 이번 예제에서 두 데이터 모델을 가속화했다. 그러나 데이터 모델을 가속화하려면 추
가 디스크 공간이 필요하고 처리 부하가 발생한다. 그래서 리포팅 성능이 잘 나오지 않
는 큰 데이터 집합에 사용할 것을 권장한다. 스플렁크 데이터 모델 가속화에 대한 더 많
은 정보는 http://docs.splunk.com/Documentation/Splunk/latest/Knowledge/
Acceleratedatamodels를 참조해 얻을 수 있다.

부연 설명

데이터 모델 가속화는 장점이 있음에도 불구하고 몇 가지 주의사항이 있다. 주의사항
은 다음과 같다.

- 관리자만 데이터 모델을 가속화할 수 있고 프라이빗 데이터 모델은 가속화할 수 없다.
- 가속화를 하면 가속 요약 정보를 구축하고 관리하는 데 디스크 공간이 계속 필요하고 오버헤드가 발생한다. 따라서 피봇 기반의 리포팅 성능이 최적이 아닌 큰 데이터 집합에 사용하는 것이 최선이다.
- 가속을 적용하면 가속을 비활성화해야만 데이터 모델을 수정할 수 있다. 데이터 모델을 수정한 후 다시 가속을 활성화해 요약 정보를 다시 구축해야 한다.
- 루트 레벨 이벤트 오브젝트와 직속 자식 오브젝트만 가속할 수 있다. 방금 가속한 모델은 이 조건에 부합한다.
- 데이터 모델 가속을 최대한 효율적으로 쓰려면 인덱스는 오브젝트 제약과 요약 정보 범위 한계 내에서 가능한 작게 해야 한다. 요약 정보 범위가 넓을수록 디스크 공간과 처리가 많이 필요하다.

데이터 모델과 요약 정보 가속 정보 조회

스플렁크는 각 데이터 모델의 요약 정보(인터페이스에 바로 나타나지 않는)를 적절히 제공한다. 사용할 수 있는 데이터 모델 목록을 보여주는 데이터 모델 관리 화면에서 맨 오른쪽 작은 정보(i) 칼럼에 각 모델의 앞에 있는 기호()를 볼 수 있을 것이다. 이 기호를 클릭하면 데이터 모델이 가지고 있는 정보와 가속화 요약 정보가 구축 상태, 사용 디스크량과 함께 보일 것이다. 강제로 다시 구축하거나 가속화 요약 정보를 갱신할 수 있다.

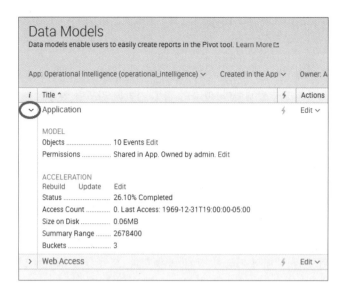

고급 데이터 모델 가속화 설정

이번 예제에서 사용자 인터페이스를 통해 가속화를 활성화했다. 그러나 내부에 더 큰 유연성을 가진 여러 설정 파일을 직접 수정할 수 있다.

가속 활성화, 가속 요약 정보 범위, 가속 업데이트 주기는 datamodels.conf 파일에서 설정 편집할 수 있다.

데이터 모델 TSIDX 요약 정보의 위치는 indexes.conf 파일의 tstatsHomePath 값을 수정해 변경할 수 있다.

참고 사항

▶ 웹 접근 로그 데이터 모델 생성 예제

▶ 애플리케이션 로그 데이터 모델 만들기 예제

총 판매 트랜잭션 피봇하기

데이터 모델 몇 개를 만들어봤다. 이제 스플렁크 검색 작성 없이도 검색하고 리포팅하는 피봇 도구를 사용할 수 있다.

이번 예제에서 피봇 인터페이스에 익숙해지기 시작할 것이고 피봇 인터페이스를 사용해 총 판매 트랜잭션 데이터를 계산할 것이다. 성공 체크아웃 트랜잭션을 식별하는데 중점을 둘 것이고 이는 판매가 발생하고 결제가 완료됐다는 척도이기 때문에 중요한 정보다. 이 데이터는 Product Monitoring 대시보드에 전달할 것이다. Application 데이터 모델에서 정의한 트랜잭션 데이터 모델 오브젝트를 사용할 것이다.

준비

이번 예제를 따라가려면 1장 '시작: 데이터 입력'에서 적재한 예제 데이터를 가지고있는 구동 중인 스플렁크 엔터프라이즈 서버가 필요하다. 이전에 나왔던 예제는 전부수행해보는 것이 좋다. 이번 장의 첫 예제를 수행해야만 하고 스플렁크 사용자 인터페이스 간 이동에 익숙해야 한다.

예제 구현

총 판매 트랜잭션을 피봇하려면 다음 단계를 따른다.

1. 스플렁크 서버에 로그인한다.

2. Operational Intelligence 애플리케이션을 선택한다.

3. Pivot 메뉴 아이템을 애플리케이션 메뉴에서 선택한다.

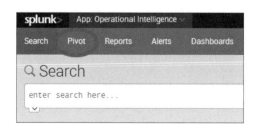

4. Application 데이터 모델을 선택하고 Transaction 오브젝트를 선택한다.

5. New Pivot 화면이 로드될 것이다. Filters 섹션 아래에 시간 범위를 Last 24 Hours 로 변경한다. 새로운 필터를 추가하기 위해 +를 선택하고 requestType을 속성 목 록으로부터 선택한다. requestType의 Match 항목에 checkout을 선택한다. 완료하 면 새로운 필터를 피봇에 추가하기 위해 Add to Table 버튼을 클릭한다.

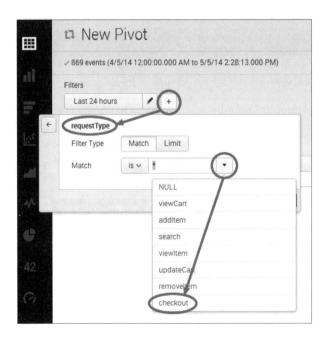

6. result가 success인 또 다른 필터를 추가한다.

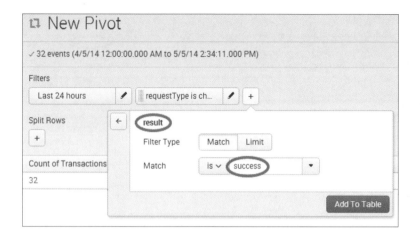

7. 총 트랜잭션 수가 나타난 것을 볼 수 있다. 이 수를 단일 값 시각화로 전환하려면
   화면 왼쪽의 Single Value Display 아이콘을 선택한다.

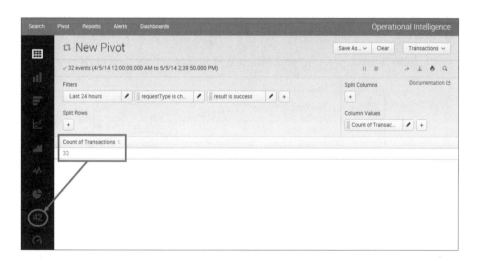

8. 왼쪽의 Under Label 텍스트박스를 찾아 Sales Transactions 값을 입력한다. 트
   랜잭션의 수 아래에 이 텍스트가 나타나야 한다. 그리고 Save As를 클릭하고
   Dashbord Panel을 선택한다.

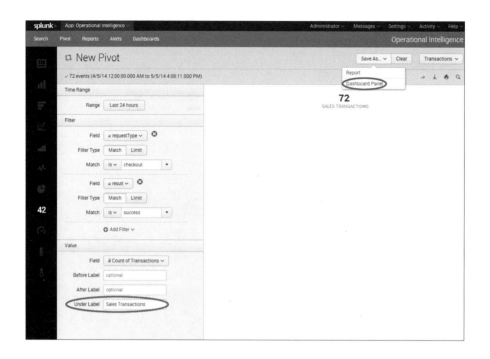

9. 대시보드 필드에서 Existing을 선택하고 Product Monitoring이 선택된 것을 확인한다. Sales Transactions을 Panel Title 필드에 입력하고 Save를 클릭한다.

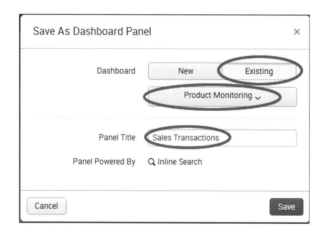

10. 단일 값이 대시보드에 추가되며 예제가 완성됐다.

피봇 도구는 데이터 모델로 정의한 데이터 집합을 검색어를 입력하지 않고도 검색할 수 있게 해준다. 이번 예제에서 모든 애플리케이션 요청과 관련 응답을 엮는 트랜잭션 데이터 모델 오브젝트(이전 예제에서 만든)를 이용한다. 데이터 집합에서 성공한 체크아웃 트랜잭션만 식별하기 위해 필터를 적용한다. 스플렁크는 선택한 시간 범위 내에 기술한 필터와 일치하는 트랜잭션의 수를 보여줬다. 그리고 이 값을 단일 값 시각화를 선택해 Product Monitoring 대시보드에 추가했다. 내부에서 스플렁크는 정의된 오브젝트와 오브젝트 속성을 Attribute 필터로 스플렁크 검색을 만드는 데 | stats count 형식의 검색과 크게 다르지 않게 만든다. 그리고 데이터를 검색으로 시각화하는 방식과 유사한 방식으로 데이터를 시각화할 수 있다. 기존 대시보드에 추가할 때 스플렁크는 연관된 인라인 검색을 피봇 검색으로 인식한다.

피봇 도구는 사용자에게 큰 장점을 가져다준다. 클릭만으로 스플렁크 검색 언어에 대한 이해 없이 데이터 리포팅과 시각화를 하는 방법을 제공해준다. 또한 스플렁크 검색 인터페이스를 사용해 피봇된 데이터를 볼 수도 있다.

피봇 명령어와 검색 인터페이스를 사용한 피봇 검색

스플렁크 피봇 명령은 스플렁크 검색 인터페이스에서 직접 데이터 모델에 의해 매핑된 데이터 집합을 피봇 기반으로 검색한다. 이 명령어는 가속된 데이터 모델에 의해 성능 이득을 얻을 수 있다는 점에서 이전 장에 살펴본 데이터 모델 명령어와 다르다. 반면에 데이터 모델 명령어는 성능 이득을 얻을 수 없다. 대신 데이터 모델 명령어는 보통 스플렁크 검색 문법을 명령어 다음에 쓸 수 있어 보통 스플렁크 명령과 약간 다른 특화된 피봇 검색문에 비해 더 확장성이 있다.

피봇 도구 인터페이스로 밑에 깔린 데이터 집합을 조작할 때 스플렁크는 내부에서 pivot 명령어를 사용하는 스플렁크 검색을 작성한다. 일단 리포트에 필요한 만큼 분할하고 필터링한 데이터가 있다면 Open in Search를 피봇 인터페이스 오른쪽 위의 작은 돋보기 아이콘을 클릭해 선택할 수 있다.

이번 예제에서 피봇 검색이 다음 검색 문장과 무언가 유사하다는 사실을 발견할 것이다.

```
| pivot Application Transactions count(Transactions) AS "Count of
Transactions" FILTER requestType is checkout FILTER result is
success ROWSUMMARY 0 COLSUMMARY 0 NUMCOLS 0 SHOWOTHER 1
```

보다시피 지금까지 다룬 보통 스플렁크 SPL 검색 문법과는 조금 다르다. 데이터 모델 명령어와 매우 유사하게 피봇 명령어도 검색의 첫 부분에 와야 하고 다음에 데이터 모델 이름(Application)이 오고 다음에 오브젝트 이름(Transactions)이 온다. 그다음은 count 같은 변형 함수가 와야 한다. 그러나 이런 특수한 문법에도 불구하고 피봇 도구로 내부의 피봇 검색을 생성하기 위한 데이터를 필터링하는 일이 직접 검색을 작성하는 것보다 쉽다.

 pivot 명령어에 대한 더 많은 정보가 필요하면 http://docs.splunk.com/Documentation/Splunk/latest/SearchReference/Pivot에 있는 검색 참조 자료를 검토하자.

참고 사항

- ▶ 가장 느린 웹 페이지 응답 피봇하기 예제
- ▶ 지정학적 위치로 구매 피봇하기 예제
- ▶ 상위 에러 코드 차트 피봇하기 예제

지정학적 위치로 구매 피봇하기

이전 예제에서 성공한 판매 트랜잭션의 수를 세는 단순 작업을 수행했다. 이번 예제에서 판매 요청이 오는 위치를 조회함으로써 판매에 대한 시야를 확장할 것이다. 이를 수행하기 위해 스플렁크에 내장된 지리 정보 기능을 사용할 것이다. 우선 Application 데이터 모델을 수정해 지리 오브젝트 속성을 가져오도록 한다. 그 후 이 데이터를 피봇해 구매 위치를 파악한다.

준비

이번 예제를 따라가려면 1장 '시작: 데이터 입력'에서 적재한 예제 데이터를 가지고 있는 구동 중인 스플렁크 엔터프라이즈 서버가 필요하다. 이전에 나왔던 예제는 전부 수행해보는 것이 좋다. 스플렁크 사용자 인터페이스 간 이동에도 익숙해야 한다.

예제 구현

구매를 지역에 따라 피봇하려면 다음 단계를 따른다.

1. 스플렁크 서버에 로그인한다.

2. Operational Intelligence 애플리케이션을 선택한다.

3. 화면의 오른쪽 위 모서리에 Settings 메뉴 아이템을 선택하고 Data Models를 선택한다.

4. 처음 두 개의 예제에서 만든 두 개의 데이터 모델이 나타날 것이다. Application 데이터 모델을 클릭하면 Application 데이터 모델 편집기가 나올 것이다.

5. 데이터 모델이 가속화됐다면 편집을 할 수 없다고 나오는 에러 메시지를 보게 될 것이다. Edit 버튼을 클릭하고 Edit Acceleration을 클릭한다. 나오는 팝업박스의 Accelerate 체크박스를 체크 해제하고 Save를 클릭한다.

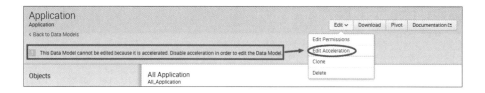

6. 왼쪽에 All Apllication 오브젝트가 선택된 것을 확인한다. Object Attributes 목록에
서 ipAddress를 찾아 Edit를 클릭한다.

7. Edit Attribute 화면이 나타나면 type을 IPV4로 변경하고 Save를 클릭한다.

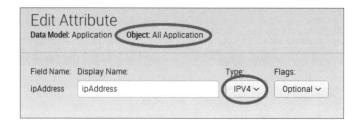

8. 메인 데이터 모델 편집 화면으로 돌아가 Add Attribute를 클릭하고 Geo IP를 드롭
다운에서 선택한다.

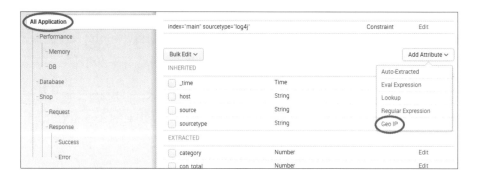

9. Add Geo Attributes with an IP Lookup 화면이 적재될 것이고, 데이터 모델이 추가
될 추가 속성 목록을 볼 수 있다. lon, lat, City, Region, Country에 해당하는 Display
Name 필드에 각각 lon, lat, city, region, country를 입력한다. 그리고 Preview를
클릭해 데이터를 미리 보기한다. 이제 모든 것이 정상이라면 Save를 누른다.

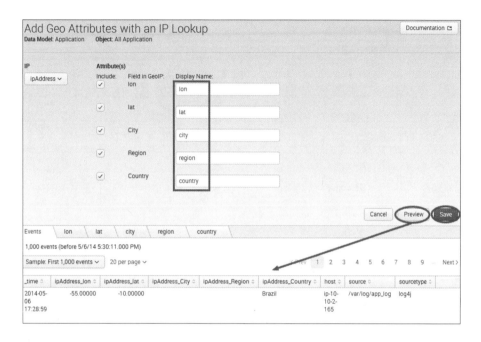

10. 메인 데이터 모델 편집기로 돌아가면 이런 새로운 속성이 CALCULATED 속성으
로 속성 목록 바닥에 나타날 것이다. 모두 Required라 표시된 것을 볼 수 있는데,
이는 불필요하다. 새로운 속성 체크박스를 모두 체크해 선택한다.

11. 속성 목록의 최상단에서 Bulk Edit를 클릭하고 Optional을 선택한다. 이를 완료하면 Required 단어가 속성 목록에서 사라질 것이다.

12. 이제 화면 오른쪽 위의 Pivot 버튼을 클릭한다.

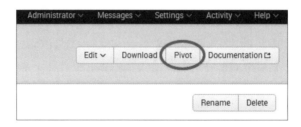

13. Request 오브젝트(Shop 오브젝트의 자식 오브젝트)를 화면에 나온 오브젝트 목록에서 선택한다.

14. 피봇의 시간 범위를 Last 24 Hours로 설정하고 requestType을 checkout으로 설정한다.

15. 다음으로 Country를 Split Rows에서 선택한다. 팝업박스가 나타날 것이다. Sort 필드에서 Descending을 선택하고 Add to Table을 클릭한다.

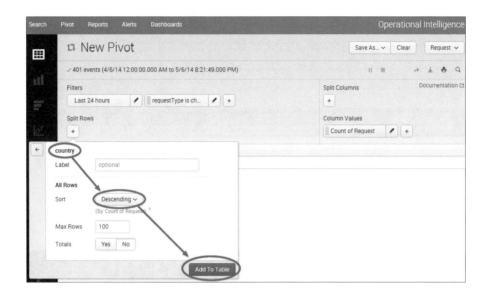

16. 체크아웃 요청 수가 계산되어 테이블에 나라^{country}별로 나타날 것이다. 이를 파이 차트로 시각화하려면 화면 오른쪽의 **Pie Chart** 아이콘을 선택한다. 이제 데이터를 여러 나라 조각을 가진 파이 차트로 보일 것이다.

17. 이전 예제에서 **Save As**를 클릭하고 **Dashboard Panel**을 선택한다.

18. 대시보드 필드에서 **Existing**을 선택하고 **Product Monitoring**이 선택된 것을 확인한다. **Panel Title** 필드 안에 Sales Countries를 입력한다. 그리고 **Save**를 클릭한다.

19. 파이 차트가 대시보드에 추가된다. 이제 예제가 끝났다.

예제 분석

스플렁크는 내장된 외부 IP 주소 참조 테이블을 가지고 있고 이번 예제에서 사용했다. 우선 어느 오브젝트 속성이 IP 주소인지 지정했다. 그다음에 longitude, latitude, city, region, country 같은 여러 Geo IP 오브젝트 속성을 설정했다. 내부에서 지정한 외부 IP 주소 속성을 내부 참조 데이터베이스로 전달해 추가한 Geo IP 오브젝트 속성에 전달한다. Application 데이터 모델의 모든 이벤트가 IP 주소 필드를 가지고 있지는 않아서 이런 속성들을 필수 속성으로 만들지 않았다(기본 값). 데이터 모델 계층의 루트 이벤트 오브젝트에서 이런 필드를 정의해서 속성은 계층 구조 내 자식 오브젝트에서 사용할 수 있다. 다음으로 IP 주소를 담고 있는 체크아웃 요청을 피봇하고 이러한 IP로 국가 정보와 매핑해 피봇 도구에서 리포트를 만든다.

참고 사항

▶ 가장 느린 웹 페이지 응답 피봇하기 예제

▶ 상위 에러 코드 차트 피봇하기 예제

▶ 총 판매 트랜잭션 피봇하기 예제

가장 느린 웹 페이지 응답 피봇하기

이전 예제에서 Application 데이터 모델을 가지고 작업했고 판매와 소비자 위치 관련 Product Monitoring 대시보드에 리포트를 몇 개 추가했다. 다음 예제에서 예제 환경의 정상 운용 상태에 대해 알아보고 Operational Monitoring 대시보드를 만들기 시작할 것이다.

웹 애플리케이션 응답시간은 전체 사용자 경험의 가장 중요한 척도이고 응답시간이 길면 느린 웹 페이지 로딩을 기다릴 수 없는 고객을 잃을 수 있다.

이번 예제에서 우리 웹 애플리케이션의 다양한 웹 페이지 응답시간을 피봇 도구를 사용해 테이블화할 것이다. 그리고 로딩 시간이 가장 긴 페이지를 찾아낼 것이다. 그리고 이 리포트를 새로운 Operational Monitoring 대시보드에 추가할 것이다.

준비

이번 예제를 따라가려면 1장 '시작: 데이터 입력'에서 적재한 예제 데이터를 가지고 있는 구동 중인 스플렁크 엔터프라이즈 서버가 필요하다. 이전에 나왔던 예제는 전부 수행해보는 것이 좋다. 스플렁크 사용자 인터페이스 간 이동에도 익숙해야 한다.

가장 늦게 응답하는 웹 페이지를 찾는 피봇 검색을 하려면 다음 단계를 따른다.

1. 스플렁크 서버에 로그인한다.

2. Operational Intelligence 애플리케이션을 선택한다.

3. 화면의 오른쪽 위 모서리에 Settings 메뉴 아이템을 선택하고 Data Models를 선택한다.

4. 처음 두 개 예제에서 만든 두 개의 데이터 모델이 나타날 것이다. Web Access 데이터 모델을 클릭하면 Web Access 데이터 모델 편집기가 나올 것이다.

5. 데이터 모델이 가속화됐다면 편집을 할 수 없다고 나오는 에러 메시지를 보게 될 것이다. Edit 버튼을 클릭하고 Edit Acceleration을 클릭한다. 나타나는 팝업박스의 Accelerate 체크박스를 체크 해제하고 Save를 클릭한다.

6. All Web Access 데이터 모델 오브젝트 속성 목록을 보다 보면 ResponseTime 속성을 볼 수 없을 것이다. 이 데이터는 데이터 집합에 있지만, 스플렁크가 자동 추출하지 않아 목록에 있지 않다. Add Attribute 버튼을 클릭해 Regular Expression을 선택한다.

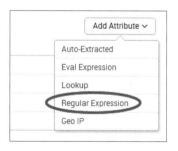

7. Add Attributes with a Regular Expression 화면이 나타날 것이다. Regular Expression 박스에 이벤트의 응답시간 관련 값을 식별하는 정규식 문법은 입력한다.

```
(?i)^(?:[^"]*"){8}\s+(?P<ResponseTime>.+)
```

8. Field Name 필드에 자동으로 값이 생성되지 않았다면 ResponseTime을 입력하고 Type을 Number로 변경한다. 그 후 Preview 버튼을 누른다. 미리 보기 결과에서 새로운 ResponseTime 필드에 값이 생긴 것을 보게 될 것이다. Save를 눌러 새로운 Regular Expression 속성을 저장한다.

9. 다음으로 화면 오른쪽 위의 Pivot 버튼을 클릭하고 선택할 수 있는 오브젝트 목록에서 All Web Access 오브젝트를 선택한다. 그러면 피봇 도구가 로드할 것이다.

10. 피봇 인터페이스를 사용해 Last 24 Hours 필터를 선택한다. 그다음엔 Split Rows 필드에서 uri_path를 선택한다. Sort 필드는 Descending, Max Rows의 값은 10으로 하고 Add To Table 버튼을 누른다.

11. 이제 스플렁크는 웹 애플리케이션 페이지당 레코드 수를 보여줄 것이다. Column Values 속성을 새롭게 추출한 ResponseTime 속성으로 바꾸고 선택할 수 있는 연산 값 목록 중 Average 값을 선택한다. 그리고 Update 버튼을 클릭한다.

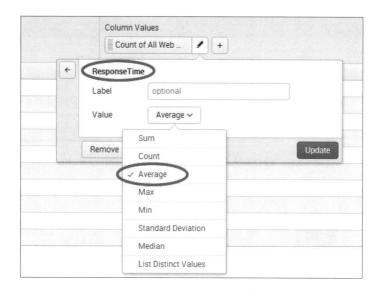

12. 웹 애플리케이션 페이지에 평균 응답시간이 내림차순으로 정렬되어 결과가 나타
    날 것이다.

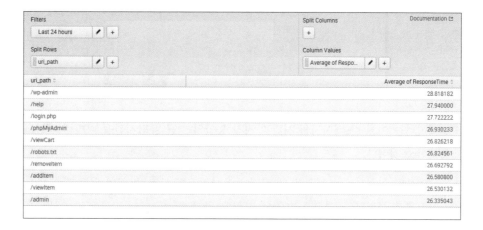

13. 어느 정도 유용한 시야를 제공하지만, 시간에 따른 변화는 보여주지 않는다. 시
    간에 의한 결과를 밝혀내려면 Split Rows 아래에 uri_path 박스를 드래그해서 Split
    Columns에 놓는다. 결과가 이제 뒤바뀌어 웹 페이지가 로우가 아닌 칼럼으로 보
    일 것이다.

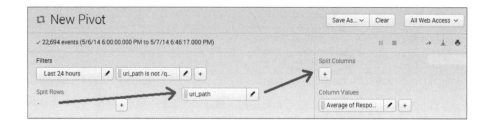

14. 다음으로 Split Rows 필드 안의 _time을 선택하고 Periods 드롭다운 목록에서 Hours (2011-01-31 23:00)을 선택한다. 그리고 Add To Table 버튼을 클릭한다.

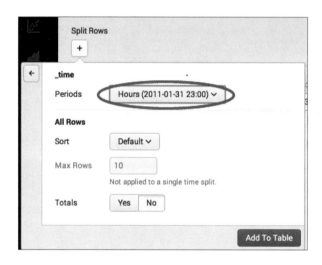

15. 데이터는 이제 각 페이지의 시간과 시간 동안의 평균 응답시간을 나타내는 열을 보여줄 것이다.

16. 테이블러 형식으로 보여줬을 때 크게 유용하지 않으므로, 화면의 왼쪽 칼럼 차트 아이콘을 클릭한다. 다음으로 Color 부분을 찾고 Stack Mode 필드에 '누적[Stacked]'을 선택한다. 다음으로 Save as 버튼을 클릭해 Dashboard Panel을 선택한다.

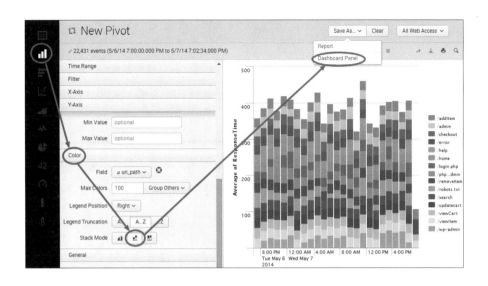

17. 팝업박스에서 Operational Monitoring이라 이름 붙여진 새로운 대시보드를 생성하고 Permmisions 필드가 Shared in App으로 설정된 것을 확인한다. 마지막으로 Page Response Times를 Panel Title 필드에 입력하고 Save 버튼을 누른다.

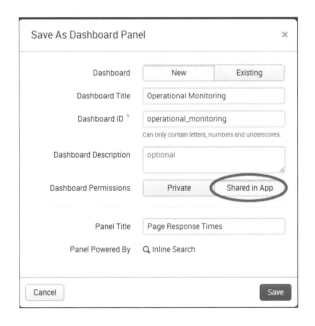

18. 새로운 대시보드에 시각화가 저장될 것이다. 예제가 끝났다.

이번 예제에서 스플렁크 피봇 도구의 추가 기능에 대해 탐험해봤다. 응답시간 관련 데이터를 피봇하려면 밑에 깔린 **Web Access** 데이터 모델 속성에 이를 추가해야 한다. 오브젝트 제약 안에 정의한 데이터로 데이터 집합을 필터링하도록 **All Web Access** 오브젝트를 선택한다. 웹 접근 이벤트 데이터의 경우 9번 단계에서 피봇을 설정할 때 uri_path에 의해 행이 나뉘고 10개의 행만 유지하며 내림차순으로 정렬하게 선택한다. 이는 | `top uri_path`를 필터링한 스플렁크 검색 끝에 붙여 상위 10개의 결과만 나오게 하는 것과 유사하다. **Column Value**를 평균 ResponseTime으로 변경할 때 스플렁크는 각 페이지별 모든 이벤트의 총 응답시간을 합하고 평균 응답시간을 계산한다. 이는 | `stats avg(ResponseTime) by uri_path` 검색을 필터링한 검색 끝에 하는 방식과 유사하다. 다음 단계에서 시간 단위로 각 페이지의 평균 응답시간 스냅샷을 만드는 추가 시간 요소를 데이터 집합에 추가했다. 이는 필터링한 검색 끝에 | `timechart span=1h avg(ResponseTime) by uri_path`를 수행하는 것과 비슷하다. 마지막으로 이 데이터를 적층된 바 차트로 시각화했다. 이런 방식은 차트에서 각 더미의 블럭이 주어진 웹 페이지의 평균 응답시간을 나타내기 때문에 이런 데이터를 시각화하기에 적합하다. 또한 주어진 시간 동안 모든 페이지를 동시에 쉽게 비교할 수 있다. 다른 페이지보다 로딩하는 시간이 더 걸린 페이지는 스택에서 더 큰 블럭으로 표시될 것이다.

▶ 상위 에러 코드 차트 피봇하기 예제

▶ 지정학적 위치로 구매 피봇하기 예제

▶ 총 판매 트랜잭션 피봇하기 예제

상위 에러 코드 차트 피봇하기

마지막 예제에선 피봇 도구를 시간에 따른 상위 에러 코드를 차트화하는 데 사용할 것이다. 웹 애플리케이션 로그는 일반적으로 크게 두 개의 주요 범주로 나뉘는데, 클라이언트 측 에러와 서버 측 에러다. 시간에 따른 에러 코드를 밝혀내는 일은 어느 에러가 발생하는지와 어느 타입의 에러가 언제 발생하는지를 확인하는 데 도움을 줄 것이다.

이전 예제보다 기술적 구현이 그다지 어렵지 않아 쉽게 이해할 수 있으므로 설명을 많이 하지 않을 것이다.

준비

이번 예제를 따라가려면 1장 '시작: 데이터 입력'에서 적재한 예제 데이터를 가지고 있는 구동 중인 스플렁크 엔터프라이즈 서버가 필요하다. 이전에 나왔던 예제는 전부 수행해보는 것이 좋다. 스플렁크 사용자 인터페이스 간 이동에도 익숙해야 한다.

예제 구현

상위 에러 코드 차트를 피봇하려면 다음 단계를 따른다.

1. 스플렁크 서버에 로그인한다.

2. Operational Intelligence 애플리케이션을 선택한다.

3. Pivot 메뉴 아이템을 애플리케이션 메뉴에서 선택한다.

4. Web Access 데이터 모델과 Error 오브젝트를 선택한다.

5. Filters를 Last 24 Hours, Split Rows를 _time, _time 아래 Periods를 Hours (2011-01-31 23:00), Split Columns를 status, Column Values를 Count of Error로 설정한다.

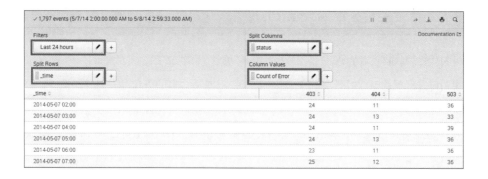

6. 1시간 동안의 상태 코드별 횟수를 볼 수 있을 것이다. 라인 차트로 데이터를 시각화하기 위해 라인 차트 아이콘을 선택한다. 각 에러 코드를 여러 색 선이 있는 차트로 나타낸다. 이 차트 제목을 WebError Codes로 해서 이전 예제에서 만든 **Operational Monitoring** 대시보드에 저장한다.

예제 분석

이번 예제는 피봇 인터페이스를 좀 더 익숙하게 해준다. 웹 접근 데이터 중 에러가 있는 데이터만 필터링하는 제약사항을 가진 Error 데이터 모델을 선택한다. 여기에 상태 코드를 주어진 1시간 간격으로 카운트하려고 피봇을 이용했다. 이는 | timechart span=1h count by status 검색을 필터링한 검색 끝에서 수행한 것과 유사하다. 데이터를 라인 차트로 시각화해 시간에 따른 다양한 상태 코드를 쉽게 식별할 수 있고 에러가 튀는 지점과 특정 기간의 에러 발생 증가를 명확하게 보여줄 수 있다.

참고 사항

▶ 가장 느린 웹 페이지 응답 피봇하기 예제

▶ 지정학적 위치로 구매 피봇하기 예제

▶ 총 판매 트랜잭션 피봇하기 예제

요약

이번 장에서 주로 알아야 할 내용은 다음과 같다.

▶ 데이터 모델은 피봇 도구를 통해 스플렁크 데이터 집합과 관련 지식을 매핑한다.

▶ 데이터 모델은 오브젝트의 여러 타입, 제약, 속성을 가지고 있다.

▶ 데이터 모델을 가속화해 피봇 검색(가속화한 데이터 모델에 의해 매핑되는 데이터 집합을 대상으로 하는 피봇 검색)을 빠르게 할 수 있다.

▶ 데이터 모델에 피봇 도구를 사용해 검색 작성 없이 동적 리포트와 시각화를 수행할 수 있다.

▶ 피봇 도구는 단순히 마우스로 클릭하거나 드래그해서 모델화한 데이터를 잘게 쪼개 탐색할 수 있다.

▶ 피봇은 기술에 익숙하지 않은 사용자에게 적합하지만, 스플렁크 SPL을 직접 이용함으로써 좀 더 강력한 고급 기능을 사용할 수 있다.

6

파고들기: 고급 검색

이번 장에서는 스플렁크에서 사용할 수 있는 더 진보된 검색 명령에 대해 다룰 것이다. 배우게 될 내용은 다음과 같다.

▶ 웹사이트의 평균 세션 시간 계산

▶ 다중 티어 웹 요청의 평균 실행시간 계산

▶ 최대 동시 체크아웃 나타내기

▶ 웹 요청 관계 분석

▶ 웹사이트 트래픽양 예측

▶ 크기가 정상이 아닌 웹 요청 찾기

▶ 잠재적 세션 위장 식별

소개

이전 장에서 스플렁크의 새로운 데이터 모델, 피봇 기능 그리고 더 나아가 이를 정보 리포팅에 어떻게 사용하는지 배웠다. 이번 장에서는 스플렁크 SPL로 돌아와 이벤트 데이터의 연관관계를 찾고 데이터에 대한 이해를 높여주는 강력한 검색 명령어를 사용해보면서 좀 더 깊이 파고들 것이다. 트랜잭션을 만드는 법, 서브 검색을 만드는 법, 동시성 이해, 필드 연관 등을 배울 것이다.

이벤트 카운트를 보고, 평균 계산에 통계를 적용하거나 시간에 따른 상위 값을 찾는 일은 데이터를 한쪽 각도에서만 보게 시야를 제한한다. 스플렁크 SPL은 여러 데이터 소스 간의 관계를 찾고 이벤트 간의 관계를 만들거나 이해하게 해주는 아주 강력한 검색 명령어를 가지고 있다. 데이터 집합 간의 관계를 구축하고 데이터를 여러 각도로 살펴봄으로써 하나의 이벤트가 다른 이벤트에 어떠한 영향을 미칠 수 있는지 더 잘 이해할 수 있게 해준다. 추가로 연속된 데이터를 리뷰하고 분석할 때 관련 값을 연관시킴으로써 좀 더 문맥에 맞는 값을 얻을 수 있다.

트랙잭션 식별과 그룹화

단일 이벤트는 쉽게 해석하고 이해할 수 있다. 그러나 보통 단일 이벤트는 일련의 이벤트 중 일부일 경우가 많다. 다시 말하면 이전 이벤트에 의해 현재 이벤트가 영향받거나 앞으로 올 이벤트에 영향을 주는 경우도 있다. 스플렁크의 그룹화 능력으로 이벤트를 필드 기반의 트랜잭션으로 연관 지어 데이터를 읽는 사람이 이벤트의 전체 문맥을 이해하고 이 시점에서 무엇을 준비해야 하는지 알 수 있게 해준다. 또한 트랜잭션을 만들면 시작과 끝 시간 범위의 특정 이벤트를 이해하거나 주어진 트랜잭션 안의 값을 계산하고 다른 트랜잭션 값들과 비교해야 할 경우 유용하다.

데이터 소스 집중화

문맥은 운영 인텔리전스를 구축할 때 필요한 모든 것이라 할 수 있다. 그리고 한 번에 단일 데이터 소스의 이벤트만 분석한다면 다른 데이터 소스가 제공하는 풍부한 문맥적 정보를 놓칠 수도 있을 것이다. 여러 데이터 소스를 집중화하는 스플렁크의 능력을 join 또는 append 검색 명령어로 사용하고 여러 데이터 소스를 단일 데이터 소스처럼 검색해 단일 데이터 소스를 쉽고 풍부하게 할 수 있고 동시 또는 인접 시간에 발생하는 다른 데이터 소스로부터의 이벤트를 이해할 수 있다.

예를 들어 웹사이트에서 타임아웃이 더 많이 발생한 사실을 알게 됐지만, 웹 접근 로그를 분석했을 때 모든 것이 정상처럼 보이는 경우가 있을 것이다. 그러나 애플리케이션 로그를 보면 수많은 데이터베이스 접근 실패가 발생한 것을 볼 수도 있다. 데이터 소스를 개별적으로 본다면 어디에 실제 이슈가 있는지 이해하기 힘들다. 스플렁크 SPL을 데이터 소스를 집중화하는 데 사용해 웹 접근과 애플리케이션 로그를 합쳐 하나의 뷰로 만들고 이를 통해 일련의 이벤트가 가져올 웹사이트 타임아웃 문제를 해결하고 이해의 폭을 넓힐 수 있다.

필드 간 관계 식별

운영 인텔리전스 세계에서 필드 간 관계를 식별하는 능력은 강력한 자산이 될 수 있다. 같은 이벤트 내에서 필드의 값과 다른 필드와의 관계를 이해해 다음 이벤트에 나올 값의 확률을 계산할 수 있다. 지속해서 시간에 따라 발생하는 이벤트를 샘플링해 발생할 이벤트의 예측 값을 점점 더 정확하게 할 수 있다. 적절히 사용한다면 이벤트 필드 값을 적극적으로 예측할 수 있게 함으로써, 이슈를 사전에 식별해 대응할 수 있게 해주는 엄청난 자산을 얻을 수 있다.

미래 값 예측

시스템, 애플리케이션, 사용자 행동을 이해하는 일은 지능화 프로그램을 구축하는 데 항상 큰 가치를 준다고 증명할 것이다. 그러나 미래의 값을 예측하는 능력은 단순한 모델링 활동보다 훨씬 더 어마어마한 가치를 제공한다. 예측 능력을 운영 인텔리전스 프로그램에 추가하면 이슈 식별, 시스템 행동 예상, 계획과 임계점 최적화를 좀 더 효과적으로 할 수 있게 해준다.

웹사이트의 세션양, 특정 제품의 구매량, 피크 기간 동안의 응답시간을 예측할 수 있거나 임계점 경고 값을 추측이 아닌 확증으로 정할 수 있게 해준다고 상상해보자. 이 모든 것은 예측 분석으로 이룰 수 있다. 지난 이벤트를 돌아보면서 미래에 나올 이벤트에 대해 더 잘 이해할 수 있다.

웹사이트의 평균 세션 시간 계산

이전 장에서 어떻게 소비자가 웹사이트와 상호작용하는지 보여주는 다양한 값들에 접근하는 방안을 만들었다. 그러나 이 값들은 소비자가 얼마나 웹사이트에서 시간을 보내는지를 보여주지 않는다. 스플렁크의 더 강력한 검색 명령을 사용해 웹사이트에서 소비자의 평균 세션 시간을 계산할 수 있으므로, 거래 성사 비율, 리소스 필요, 소비자 경험 같은 데이터를 명확히 하는 보조 정보로 활용할 수 있다.

이번 예제에서 주어진 시간 동안 웹사이트 세션의 평균 시간을 계산하는 스플렁크 검색을 작성할 것이다. 그리고 이 값을 대시보드에 단일 값 시각화를 통해 나타내본다.

준비

이번 예제를 따라가려면 1장 '시작: 데이터 입력'에서 적재한 예제 데이터를 가지고 있는 구동 중인 스플렁크 엔터프라이즈 서버가 필요하다. 스플렁크 사용자 인터페이스 간 이동에도 익숙해야 한다.

예제 구현

웹사이트에서 평균 세션 시간을 계산하려면 다음 단계를 따른다.

1. 스플렁크 서버에 로그인한다.

2. Operational Intelligence 애플리케이션을 선택한다.

3. 시간 범위 선택기에서 Last 24 hours를 선택하고 스플렁크 검색 바에서 다음 검색어를 입력한다. 확대경 아이콘을 클릭하거나 엔터를 입력한다.

```
index=main sourcetype=access_combined | transaction
JSESSIONID | stats avg(duration) AS Avg_Session_Time
```

4. 스플렁크 서버에 따라 실행하는 데 시간이 좀 걸릴 수 있다. 스플렁크는 웹사이트에서 세션 평균 시간을 초 단위로 나타내는 단일 값을 반환할 것이다.

5. Visualization 탭을 클릭한다.

6. 스플렁크에 여러 시각화가 있어서 단일 값 시각화는 Visualization 탭의 기본값이 아닐 것이다. 시각화 타입 목록이 나오는 드롭다운을 클릭해 Single Value를 선택한다.

7. 데이터가 이제 단일 값으로 시각화될 것이다.

8. 시각화에 문맥을 더 추가해보자. Format을 클릭하고 Avg Session Time:을 Before Label에, secs를 After Label 텍스트박스에 입력한다. Apply를 클릭해 이 레이블을 저장한다.

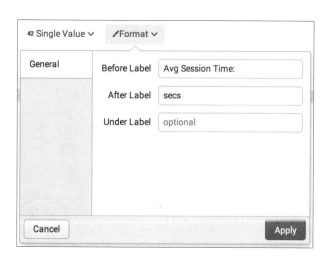

9. 이제 단일 값 시각화가 다음 예제와 유사하게 보일 것이다.

10. 검색을 리포트로 저장한다. **Save As**를 클릭하고 드롭다운 메뉴에서 **Report**를 선택한다.

11. **Save As Report** 윈도우가 나오면, cp06_average_session_time을 Title로 입력하고 **Save**를 클릭한다.

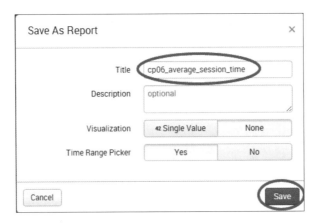

12. 리포트가 만들어졌다는 확인을 받을 것이다. 이제 이 리포트를 대시보드에 추가하자. 다음 윈도우에서 **Add to Dashboard**를 클릭한다.

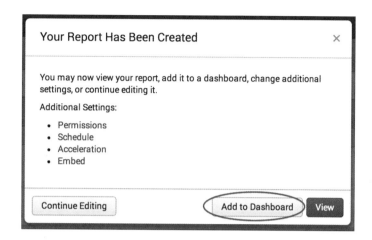

13. 이 리포트를 위한 새로운 대시보드를 만들 것이다. Save As Dashboard Panel 화면에서 New가 선택된 것을 확인하고 대시보드 Title에 Session Monitoring을 입력한다. 대시보드 퍼미션으로 Shared in App을 선택하고 Panel Powered By에서 Report를 선택한다. 마지막으로 Save를 클릭해 대시보드를 생성한다.

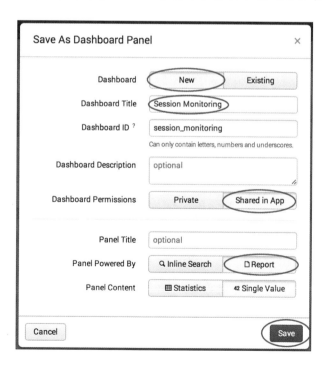

14. 리포트가 저장되고 새로운 Session Monitoring 대시보드가 생성됐다. 이제 View DashBoard를 클릭해 새롭게 생성한 대시보드를 평균 세션 시간 리포트와 함께 볼 수 있다.

예제 분석

검색을 하나하나 살펴보자.

검색 부분	설명
`index=main` `sourcetype=access_combined`	이전 장의 예제에서부터 이 검색에 익숙할 것이다. 웹사이트 접근 로그를 반환하는 데 사용한다.
`| transaction JSESSIONID`	transaction 명령을 사용해 이벤트의 JSESSIONID를 바탕으로 하나의 트랜잭션으로 묶는다. JSESSIONID 필드의 경우 웹사이트의 각 방문자는 임의의 세션 식별자로 부여받아 이 필드에 저장된다. transaction 명령어로 생성되는 필드 중 하나는 duration 필드다. duration 필드는 트랜잭션 내 시작과 끝 이벤트 사이 시간의 길이를 초 단위로 나타낸다.
`| stats avg(duration) AS` `Avg_Session_Time`	stats 명령을 사용해 duration 필드의 평균값을 계산한다. AS 연산자를 사용해 생성된 결과 필드의 이름을 더 읽기 쉽게 Avg_Session_Time으로 바꿨다.

부연 설명

`transaction` 명령은 트랜잭션이 묶이는 방식을 조종하는 많은 파라미터를 제공한다. `startswith`와 `endswith` 파라미터를 사용해 이벤트 안의 데이터에 기반해 트랜잭션의 시작과 끝을 지정하는 일을 조종할 수 있다. `maxspan`, `maxpause` 또는 `maxevents` 파라미터를 사용해 얼마나 트랜잭션이 지속하는지, 새로운 트랜잭션으로 나누기 전에 이벤트 간 얼마의 시간이 있는지 또는 트랜잭션 내 이벤트 총수 등의 제약으로 조종할 수 있다.

가능하다면 transaction 명령어에 파라미터를 사용하는 것을 강력히 권장한다. transaction 명령어를 파라미터 없이 사용하면 많은 처리 부하와 비효율을 발생시킬 수 있다.

웹사이트 방문으로 시작해 체크아웃으로 끝나기

트랜잭션의 시작과 끝을 지정하기 위해 transaction 명령에서 startswith와 endswith라 불리는 파라미터를 사용할 수 있다. 다음 예에서 예제 내의 검색이 startswith="GET /home"과 endswith="checkout" 파라미터를 가지도록 수정한다. 이런 제약을 통해 tranjaction 명령이 일반 웹사이트 요청 이벤트와 체크아웃을 요청하는 마지막 이벤트만 함께 묶도록 한다. 다른 이벤트 또는 이 조건에 부합하지 않는 트랜잭션은 버려지고 반환 결과에 포함되지 않을 것이다.

```
index=main sourcetype=access_combined | transaction JSESSIONID
startswith="GET /home" endswith="checkout" | stats avg(duration)
AS Avg_Session_Time
```

이 파라미터를 이용해 특정 그룹 데이터에서 무엇에 집중할지, 무엇을 트랜잭션으로 다룰지 좀 더 명확히 할 수 있다.

트랜잭션에서 최대 중지 범위, 최대 범위, 최대 이벤트 개수 정의

transaction 명령어와 함께 사용할 수 있는 좀 더 유용한 세 가지 파라미터로 maxpause, maxspan, maxevents가 있다. 이 파라미터는 트랜잭션의 범위, 크기에 더 많은 제약을 준다. 파라미터를 개별적으로 사용하거나 함께 사용해 범위를 좁힐 수 있다.

maxpause=30s 파라미터를 예제의 검색에 추가해 이벤트 사이에 30초 이상의 간격은 없다고 정함으로써 간격이 30초 이상이라면 그룹을 나누게 한다. 시간 제약이 없는 것이 기본값이다.

```
index=main sourcetype=access_combined | transaction JSESSIONID
maxpause=30s | stats avg(duration) AS Avg_Session_Time
```

maxspan=30m 파라미터를 예제의 검색에 추가해 trancation 명령이 트랜잭션을 만들 때 첫 이벤트와 마지막 이벤트 간 시간 간격이 30분을 넘을 수 없고, 넘는다면 그룹을 나눈다. 시간 제약이 없는 것이 기본값이다.

```
index=main sourcetype=access_combined | transaction JSESSIONID
maxspan=30m | stats avg(duration) AS Avg_Session_Time
```

maxevents=300 파라미터를 예제의 검색에 추가해 trancation 명령어가 트랜잭션을 만들 때 트랜잭션 안의 이벤트 수가 300을 넘지 않도록 하고, 넘는다면 그룹을 쪼갠다. 기본값은 1,000개다.

```
index=main sourcetype=access_combined | transaction JSESSIONID
maxevents=300 | stats avg(duration) AS Avg_Session_Time
```

전에 언급한 대로, 특정 사용 사례 트랜잭션에서 좀 더 제약사항을 주기 위해 모든 파라미터를 함께 사용할 수 있다. 홈페이지 요청으로 시작하고 체크아웃으로 끝나는 트랜잭션의 예이며, 트랜잭션 길이가 30분 이내이고 트랜잭션 내 이벤트 간격이 30초보다 작고 이벤트는 최대 300개를 넘지 않는다.

```
index=main sourcetype=access_combined | transaction JSESSIONID
startswith="GET /home" endswith="checkout" maxpause=30s
maxspan=30m maxevents=300 | stats avg(duration) AS
Avg_Session_Time
```

 transaction 명령어에 대한 더 많은 정보는 http://docs.splunk.com/Documentation/Splunk/latest/SearchReference/Transaction에 있다.

참고 사항

▶ 다중 티어 웹 요청의 평균 실행시간 계산 예제

▶ 최대 동시 체크아웃 나타내기 예제

다중 티어 웹 요청의 평균 실행시간 계산

요즘 웹 애플리케이션은 다양한 기능을 제공하는 컴포넌트가 여러 계층에 나뉘어 위치해 예전처럼 더는 직관적인 구조가 아니다. 단일 계층이 아닌 전체 애플리케이션 스택에서 웹 요청 실행시간을 알아내는 것은 요청이 전체 레이어에서 실행되는 데 걸리는 평균 시간을 명확히 밝히는 데 매우 유용할 수 있다.

이번 예제에서 웹사이트 접근 로그뿐만 아니라 애플리케이션 로그까지 아우르는 웹 요청의 평균 실행시간을 계산하는 스플렁크 검색을 작성해본다. 그리고 단일 값 시각화를 통해 이 값을 대시보드에 시각화해 보여줄 것이다.

준비

이번 예제를 따라가려면 1장 '시작: 데이터 입력'에서 적재한 예제 데이터를 가지고 있는 구동 중인 스플렁크 엔터프라이즈 서버가 필요하다. 이전에 나왔던 예제는 전부 수행해보는 것이 좋다. 이번 장의 첫 예제를 수행해야만 하고 스플렁크 사용자 인터페이스 간 이동에 익숙해야 한다.

예제 구현

다중 티어 웹 요청의 평균 실행시간을 계산하려면 이번 예제의 다음 단계를 따른다.

1. 스플렁크 서버에 로그인한다.

2. Operational Intelligence 애플리케이션을 선택한다.

3. 시간 범위 선택기에서 Last 24 hours를 선택하고 스플렁크 검색 바에서 다음 검색어를 입력한다. 확대경 아이콘을 클릭하거나 엔터를 입력한다.

```
index=main sourcetype=access_combined | join JSESSIONID
usetime=true earlier=false [ search index=main
sourcetype=log4j | transaction threadId maxspan=5m | eval
JSESSIONID=sessionId ] | stats avg(duration) AS
Avg_Request_Execution_Time
```

4. 잠시 후에 스플렁크는 웹사이트에서 전체 웹 요청의 평균 실행시간을 초 단위로 나타내는 단일 값을 반환할 것이다.

5. Visualization 탭을 클릭한다.

6. 스플렁크에 여러 시각화가 있어서 값 시각화는 Visualization 탭의 기본값이 아닐 것이다. 시각화 타입 목록이 나오는 드롭다운을 클릭해 Single Value를 선택한다.

7. 데이터가 이제 단일 값으로 시각화될 것이다.

8. 시각화에 문맥을 더 추가해보자. Format을 클릭하고 Avg Request Execution:을 Before Label에, secs를 After Label 텍스트박스에 입력한다. Apply를 클릭해 이 레이블을 저장한다.

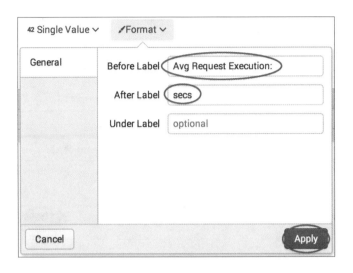

9. 이제 단일 값 시각화가 다음 예제와 유사하게 보일 것이다.

10. 이 검색을 리포트로 저장한다. Save As를 클릭하고 드롭다운 메뉴에서 Report를 선택한다.

11. Save As Report 윈도우가 나오면, cp06_average_request_execution_time을 Title 로 입력하고 Save를 클릭한다.

12. 리포트가 만들어졌다는 확인을 받을 것이다. 이제 이 리포트를 대시보드에 추가
하자. 다음 윈도우에서 Add to Dashboard를 클릭한다.

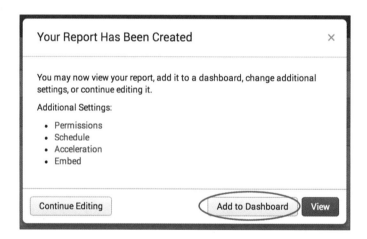

13. 이제 리포트를 이전 예제에서 만든 Session Monitoring 대시보드에 추가할 것이다.
Save As Dashboard Panel 윈도우에서 Dashboard 레이블 옆 Existing 버튼을 누른
다. 나타난 드롭다운 메뉴에서 Session Monitoring을 선택한다. Panel Powered By
에서 Report를 선택하고 마지막으로 Save를 클릭한다.

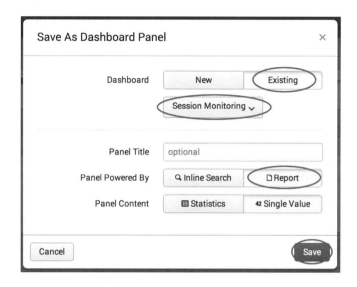

14. View Dashboard를 클릭해 Session Monitoring 대시보드에 패널이 추가한 것을 본다.

15. 이제 패널이 나란히 오도록 정렬하자. Edit를 클릭하고 Edit Panel을 드롭다운 메뉴에서 선택한다.

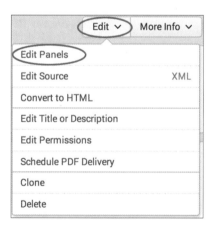

16. 이제 새롭게 추가된 패널을 드래그해서 단일 값 시각화가 다음 스크린샷처럼 보이도록 같은 라인에 오게 만든다. 마치면 Done을 클릭한다.

Edit: Session Monitoring   + Add Input ∨   + Add Panel   + Edit Source   (Done)

Untitled Panel   📷∨ 42 ∨ ✎∨   Untitled Panel   📷∨ 42 ∨ ✎∨

Avg Session Time: **20.699757** secs   Avg Request Execution: **2.471465** secs

예제 분석

검색을 하나하나 살펴보자.

검색 부분	설명
index=main sourcetype=access_combined	이전 장의 예제부터 이 검색이 익숙할 것이다. 웹사이트 접근 로그를 반환하는 데 사용한다.
| join JSESSIONID usetime=true earlier=false [search index=main sourcetype=log4j | transaction threadId maxspan=5m | eval JSESSIONID=sessionId]	join 명령어를 사용해 웹 애플리케이션 로그 이벤트와 일치하는 이벤트를 반환하는 서브 검색을 실행할 것이다. JSESSIONID 필드는 조인할 이벤트의 유일 값으로 사용한다. 서브 검색에서 모든 애플리케이션 이벤트를 각 함수 실행의 유일 값인 threadID를 기준으로 묶는 데 transaction 명령을 사용했다. 트랜잭션에서 애플리케이션 이벤트는 보통 5분 범위 내에 일어난다는 가정으로 maxspan 파라미터를 사용한다. 그리고 웹 애플리케이션 이벤트에 JSESSIONID가 없고 대신에 이름이 sessionID인 필드가 있어서 eval 명령을 사용해 JSESSIONID를 만들었다. 이 필드가 만들어져 join 명령이 정상 동작할 수 있다. usetime과 earlier 파라미터를 join 명령어로 전달해 웹 접근 이벤트가 발생한 이후의 이벤트만 찾도록 제한한다. 이를 통해 웹 접근 이벤트 다음에 오는 웹 애플리케이션 로그만 반환할 것이다. 애플리케이션이 어떤 기능을 실행하려면 먼저 웹사이트와 사용자 상호작용이 있어야 하기 때문이다.
| stats avg(duration) AS Avg_ Request_Execution_Time	stats 명령을 사용해 duration 필드의 평균값을 계산한다. 이 필드는 서브 검색의 transaction 명령어를 통해 만들어낸 필드다. AS 연산자를 사용해 생성된 결과 필드의 이름을 더 읽기 쉽도록 Avg_Request_Execution_Time으로 변형했다.

이번 예제에서 내부의 서브 검색과 밖의 메인 검색을 조인하는 데 join 명령어를 사용했다. 이 명령어는 SQL 데이터베이스의 join과 유사하다. join 명령어와 유사한 또 다른 명령어로는 append가 있다. append 명령어는 두 개의 다른 검색을 함께 묶는데, 두 번째 검색 결과를 첫 번째 검색 결과 뒤에 붙이는 방식이다. 만약 두 검색에 같은 필드가 있으면 여기서 최댓값을 구할 수 있다. eval 명령을 사용하거나 CIM^{Common} $^{Information\ Model}$을 구현해서 할 수 있다.

 join 명령에 대한 더 많은 정보는 http://docs.splunk.com/Documentation/Splunk/latest/SearchReference/Join에 있다.

append 명령에 대한 더 많은 정보를 원한다면 http://docs.splunk.com/Documentation/Splunk/latest/SearchReference/Append를 참고하자.

join과 append 명령어 모두 유용하지만 둘 다 가장 효과적인 명령은 아니다. 두 명령어가 하나의 검색을 실행하는 대신에 여러 검색을 실행하기 때문이다. stats 또는 transaction 명령어를 창의적으로 이용해 join 또는 append 사용을 피할 수 있다면 검색 성능을 향상시킬 수 있다.

join 사용 없이 평균 실행시간 계산

종종 다양한 방법으로 같은 또는 유사한 시야를 제공하는 검색을 작성할 수 있다. 이번 예제에서 사용한 검색에 문제가 없지만 join 명령어를 사용하지 않도록 검색을 수정할 수 있다. 작성한 검색은 다음과 같을 것이다.

```
index=main sourcetype=access_combined OR sourcetype=log4j
| eval action=substr(uri_path,2) | eval
action=lower(if(isnull(action),requestType,action))
| eval JSESSIONID=if(isnull(JSESSIONID),sessionId,JSESSIONID)
| transaction threadId, JSESSIONID, action maxspan=1m
| stats avg(duration) AS Avg_Request_Execution_Time
```

여기서 같은 검색 안에 웹 접근과 애플리케이션 로그 둘 다를 검색한다. action이라 불리는 새로운 필드를 웹 접근 로그(uri_path)와 애플리케이션 로그(requestType) 안에 있는 유사한 필드 값을 사용해 구했다. 예를 들면, 체크아웃 웹 요청은 체크아웃 애플리케이션 요청을 만든다. transaction 명령을 사용해 sessionID와 threadID 또는 새로운 action 필드를 공유하는 두 소스 타입의 모든 이벤트로 트랜잭션을 만든다. 또한 요청이 실행되는 데 1분 이상 걸리지 않는다고 가정한다. 따라서 maxspan을 1분으로 설정한다. 이렇게 엄격한 조건을 설정하면 transaction 명령이 더 효과적으로 동작할 것이다. 스플렁크는 이제 모든 웹 요청과 웹 요청에 따른 애플리케이션 이벤트를 트랜잭션으로 그룹화하고 각 트랜잭션의 길이를 구할 것이다. 평균 요청시간을 구하려고 stats 명령을 사용한다. 웹 접근 로그의 타임스탬프를 트랜잭션 길이를 구하는 데 사용해 더 정확한 실행시간을 구할 것이다.

참고 사항

▶ 웹사이트의 평균 세션 시간 계산 예제

▶ 최대 동시 체크아웃 나타내기 예제

▶ 웹 요청 관계 분석 예제

최대 동시 체크아웃 나타내기

일반적으로 웹 요청을 분석할 때 여러 사용자는 요청을 동시에 던지기 때문에 이벤트가 겹치게 된다. 이렇게 겹치는 요청을 식별해 동시 이벤트에 대해 이해함으로써 자원 요구사항과 소비자 요구에 대한 명확한 그림을 얻을 수 있다.

이번 예제에서는 주어진 시간 동안 동시 체크아웃 수를 알아내는 검색을 작성할 것이다. 라인 차트 시각화를 사용해 이 값을 대시보드에 시각적으로 보여줄 것이다.

준비

이번 예제를 따라가려면 1장 '시작: 데이터 입력'에서 적재한 예제 데이터를 가지고 있는 구동 중인 스플렁크 엔터프라이즈 서버가 필요하다. 이전에 나왔던 예제는 전부 수행해보는 것이 좋다. 이번 장의 첫 예제를 수행해야만 하고 스플렁크 사용자 인터페이스 간 이동에 익숙해야 한다.

예제 구현

주어진 시간 동안 동시 체크아웃 수를 식별하려면 이번 예제의 다음 단계를 따른다.

1. 스플렁크 서버에 로그인한다.

2. **Operational Intelligence** 애플리케이션을 선택한다.

3. 시간 범위 선택기에서 **Last 24 hours**를 선택하고 스플렁크 검색 바에서 다음 검색어를 입력한다. 확대경 아이콘을 클릭하거나 엔터를 입력한다.

```
index=main sourcetype=access_combined | transaction
 JSESSIONID startswith="GET /home" endswith="checkout"
| concurrency duration=duration | timechart max(concurrency) AS
"Concurrent Checkouts"
```

4. 잠시 후에 스플렁크는 최대 동시 체크아웃 관련 값을 30분 단위로 분할해서 반환할 것이다.

5. **Visualization** 탭을 클릭한다.

6. 스플렁크에 여러 시각화가 있어서 라인 차트 시각화는 **Visualization** 탭의 기본값이 아닐 것이다. 시각화 타입 목록이 나오는 드롭다운을 클릭해 **Line**를 선택한다.

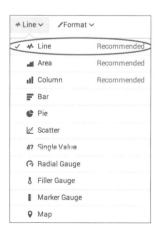

7. 데이터가 이제 라인 차트로 시각화될 것이다.

8. 시각화에 문맥을 좀 더 추가하고 몇 개의 값을 고쳐보자. Format을 클릭하고 Y-Axis 탭을 클릭한다. 드롭다운 Title 메뉴를 클릭해 Custom을 선택한다. Count 를 Title에 입력하고 변경사항을 적용하기 위해 Apply를 클릭한다.

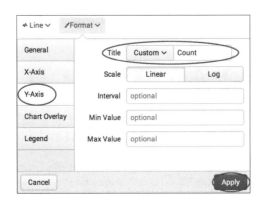

이제 다음 예제와 유사하게 라인 차트 시각화가 보일 것이다.

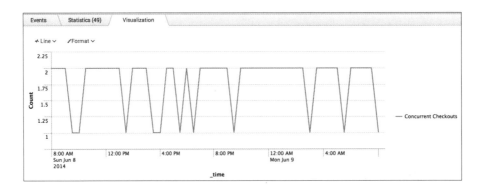

9. 이 검색을 리포트로 저장하자. Save As를 클릭하고 드롭다운 메뉴에서 Report를 선택한다.

10. 팝업박스가 나오면, cp06_concurrent_checkouts를 **Title**로 입력하고 **Save**를 클릭한다.

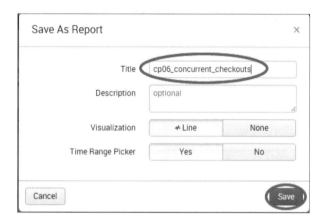

11. 리포트가 만들어졌다는 확인을 받을 것이다. 이제 리포트를 대시보드에 추가하자. 다음 윈도우에서 **Add to Dashboard**를 클릭한다.

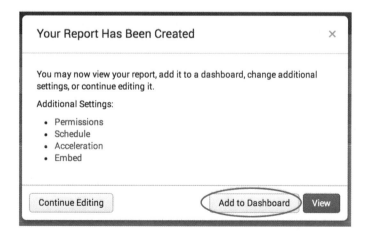

12. 이제 리포트를 이전 예제에서 만든 Session Monitoring 대시보드에 추가할 것이다.
    Save As Dashboard Panel 팝업박스에서 Dashboard 레이블 옆 Existing 버튼을 누
    른다. 나타난 드롭다운 메뉴에서 Session Monitoring을 선택한다. Panel Title 필드
    에 Maximum Concurrent Checkouts를 입력하고 Panel Powered By에서 Report
    를 선택하고 마지막으로 Save를 클릭한다.

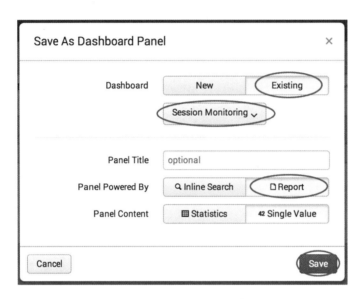

13. View Dashboard를 클릭해 Session Monitoring 대시보드에 패널을 추가한 것을 볼
    수 있다.

예제 분석

검색을 하나하나 살펴보자.

검색 부분	설명
index=main sourcetype=access_combined	이전 장의 예제부터 이 검색이 익숙할 것이다. 웹사이트 접근 로그를 반환하는 데 사용한다.

(이어짐)

260

검색 부분	설명

`| transaction JSESSIONID`
`startswith="GET /home"`
`endswith="checkout"`
	transaction 명령어를 사용해 주어진 JSESSIONID를 기반으로 이벤트를 그룹핑해 하나의 트랜잭션으로 만들고 트랜잭션 파라미터를 적용해 트랜잭션의 이벤트가 메인 페이지의 GET 요청으로 시작하고 checkout으로 끝나게 한다.

`| concurrency` `duration=duration`	concurrency 명령을 사용해 주어진 시간 범위 안에 발생한 이벤트 수를 알아낸다. duration 필드는 transaction 명령이 생성한 값을 사용한다. concurrency라 이름 붙여진 필드는 concurrency 명령이 만들며 동시 이벤트 개수를 저장할 것이다.

`| timechart`
`max(concurrency) AS`
`"Concurrent Checkouts"`
	timechart 명령은 주어진 시간 동안 concurrency 필드의 최댓값을 알아내는 데 사용한다. AS 연산자를 사용해 필드의 이름을 더 읽기 쉽도록 Concurrent Checkouts로 변경했다.

concurrency 명령은 많은 로직 사용 없이 동시 이벤트를 계산하는 유용한 방법이다. 이번 예제에서 이 명령을 사용해 하루 동안 최대 동시 체크아웃양을 알아낼 수 있었다.

 concurrency 명령에 대한 더 많은 정보는 http://docs.splunk.com/Documen tation/Splunk/latest/SearchReference/Concurrency에 있다.

참고 사항

▶ 다중 티어 웹 요청의 평균 실행시간 계산 예제

▶ 웹 요청 관계 분석 예제

▶ 웹사이트 트래픽양 예측 예제

웹 요청 관계 분석

웹 애플리케이션 환경에서 일어나는 이벤트를 더 잘 이해하려면 이벤트 안의 데이터 조각 사이의 관계에 대해 파악할 필요가 있다. 이런 관계를 파악함으로써 주의가 필요한 이벤트에 좀 더 신경 쓸 수 있고 이슈를 미리 파악해 대응할 수 있다. 어느 시점에 특정 페이지가 요청될 때 상태가 404일지, 특정 제품이 어느 시점에 카트에 추가될 때 서비스가 응답할 수 없을지에 대해 확신하고 말할 수 있다고 상상해보자. 운영 인텔리전스 애플리케이션에 이러한 종류의 관계를 파악하는 능력을 더한다면 다양하게 이벤트 분석을 수행할 수 있을 것이다.

이번 예제에서 주어진 시간 동안 요청의 상태와 요청이 발생하는 페이지 간의 관계를 분석하는 스플렁크 검색을 작성해본다. 이 테이블을 패널로 대시보드에 추가할 것이다.

준비

이번 예제를 따라가려면 1장 '시작: 데이터 입력'에서 적재한 예제 데이터를 가지고 있는 구동 중인 스플렁크 엔터프라이즈 서버가 필요하다. 이전에 나왔던 예제는 전부 수행해보는 것이 좋다. 이번 장의 첫 예제를 수행해야만 하고 스플렁크 사용자 인터 페이스 간 이동에 익숙해야 한다.

예제 구현

시간의 경과에 따른 웹 페이지 요청 관계를 분석하려면 이번 예제의 다음 단계를 따른다.

1. 스플렁크 서버에 로그인한다.

2. Operational Intelligence 애플리케이션을 선택한다.

3. 시간 범위 선택기에서 Last 24 hours를 선택하고 스플렁크 검색 바에서 다음 검색어를 입력한다. 확대경 아이콘을 클릭하거나 엔터를 입력한다.

   ```
   index=main sourcetype=access_combined NOT status=200 |
   associate uri status supcnt=50 | table Description
   ```

```
Reference_Key Reference_Value Target_Key
Top_Conditional_Value
```

4. 스플렁크는 다음 예와 유사한 테이블러 형식의 결과를 반환할 것이다.

Description ≑	Reference_Key ≑	Reference_Value ≑	Target_Key ≑	Top_Conditional_Value ≑
When 'status' has the value '403', the entropy of 'uri' decreases from 5.420 to 0.000.	status	403	uri	/admin (15.28% -> 100.00%)
When 'status' has the value '404', the entropy of 'uri' decreases from 5.420 to 2.574.	status	404	uri	/q9384f98qhvv (1.48% -> 19.26%)
When 'status' has the value '503', the entropy of 'uri' decreases from 5.420 to 0.000.	status	503	uri	/addItem (23.18% -> 100.00%)
When 'uri' has the value '/addItem', the entropy of 'status' decreases from 1.668 to 0.000.	uri	/addItem	status	503 (23.18% -> 100.00%)

5. 이 검색을 리포트로 저장하자. **Save As**를 클릭하고 드롭다운 메뉴에서 **Report**를 선택한다.

6. 팝업박스가 나오면, cp06_status_uri_relationships를 Title로 입력하고 **Save**를 클릭한다.

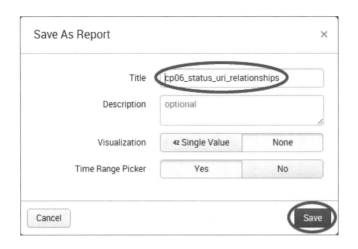

7. 리포트가 만들어졌다는 확인을 받을 것이다. 이제 이 리포트를 이번 장의 앞에서 만든 Session Monitoring 대시보드에 추가하자. 다음 윈도우에서 Add to Dashboard를 클릭한다.

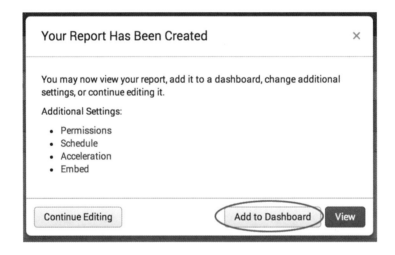

8. Save As Dashboard Panel 팝업박스에서 Dashboard 레이블 옆 Existing 버튼을 누른다. 나타난 드롭다운 메뉴에서 Session Monitoring을 선택한다. Panel Title 필드에 URI Relationships를 입력하고 Panel Powered By에서 Report를 선택하고 마지막으로 Save를 클릭한다.

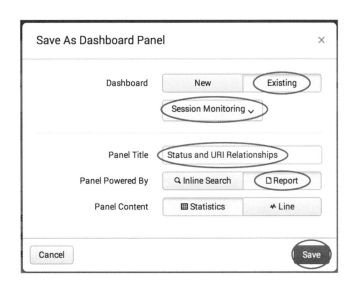

9. View Dashboard를 클릭해 Session Monitoring 대시보드에 패널이 추가된 것을 볼 수 있다.

예제 분석

이번 예제에서 associate 명령을 사용해 웹 접근 이벤트의 status와 uri 필드 간의 관계를 알아냈다. associate 명령은 필드 쌍 값 사이의 엔트로피 값 변화를 계산해 동작한다. 한 필드 값을 바탕으로 다른 필드 값을 예상할 수 있다.

검색을 하나하나 살펴보자.

검색 부분	설명

`index=main`
`sourcetype=access_combined`
`NOT status="200"`
	이전 장의 예제부터 이 검색이 익숙할 것이다. 그러나 상태 필드가 200(success)인 필드는 반환하지 않도록 조건을 추가했다.

(이어짐)

검색 부분	설명
`| associate uri status` `supcnt=50`	associate 명령어는 uri와 status 필드 사이의 관계를 식별하는 데 사용한다. associate 명령은 여러 필드를 새로 생성한다. Reference_Key, Reference_Value, Target_Key 필드는 분석할 필드를 가리키는 데 사용한다. supcnt 파라미터는 'reference key=reference value' 조합이 나타나야 하는 최소 횟수를 지정하는 데 사용했다. Unconditional_Entropy, Conditional_Entropy, Entropy_Improvement 필드는 필드 값의 각 쌍을 위해 계산된 엔트로피를 담고 있다. Description 필드는 좀 더 읽기 쉽게 결과를 요약해 보여준다.

`| table Description`
`Reference_Key`
`Reference_Value Target_Key`
`Top_Conditional_Value`
	table 명령은 마지막에 출력 결과를 포맷하는 데 쓰였다. 여기서 associate 명령이 생성하는 필드 중 몇 개의 필드만 보이도록 선택했다.

테이블러화된 결과를 좀 더 상세히 보면 Description, Reference_Key, Reference_Value, Target_Key, Top_Conditional_Value 필드만 보이도록 선택했다. Description 필드는 다음 형식처럼 글로 설명한다.

"When the 'Reference_Key' has the value 'Reference_Value', the entropy of 'Target_Key' decreases from Unconditional_Entropy to Conditional_Entropy."

결과 테이블에서 로우 중 하나를 보면 Reference_Key 필드가 Reference_Value 필드와 같을 때 Target_Key 필드는 Top_Conditional_Value 필드일 것이다. 예를 들면 status 코드가 X이면 아마도 uri 값은 Y를 가질 것이다.

associate 명령어의 개념과 명령어 자체가 꽤나 복잡하기 때문에 문서를 검토할 것을 강력히 권장한다. 해당 문서는 http://docs.splunk.com/Documentation/Splunk/latest/Searchreference/Associate에서 볼 수 있다.

associate 명령어는 명시적으로 필드 이름을 전달할 필요가 없어서 이벤트 데이터에 적용해볼 때 파라미터 없이 그냥 명령을 호출하고 반환된 결과를 살펴보는 방식이 최선이다. 가끔은 이런 방식이 전에 생각하지도 못한 관계를 알아내는 데 유용할 수도 있다.

DB 액션과 메모리 사용 관계 분석

associate 명령어는 시스템 자원 이용 관련 이벤트를 분석하는 데 유용하다. 현재 메모리 사용과 웹 애플리케이션에 의해 실행되는 DB 액션 타입 간의 어떠한 관계라도 있다면 이를 이용해 밝혀낼 수 있다. 다음 검색은 threadId에 기반을 둬 이벤트를 트랜잭션으로 그룹화하고 dbAction과 mem_used 필드 간의 관계를 associate 명령을 사용해 해석한다.

```
index=main sourcetype=log4j | transaction threadId | associate
supcnt=50 dbAction mem_used
```

함수 호출이 자원 사용에 어떠한 영향을 미치는지 값 간의 관계를 직접 이끌어내 밝혀야 할 때 매우 유용할 수 있다.

▶ 최대 동시 체크아웃 나타내기 예제
▶ 웹사이트 트래픽양 예측 예제
▶ 크기가 정상이 아닌 웹 요청 찾기 예제

어떠한 환경이든지 이벤트 예측 능력은 엄청난 가치가 있다. 많은 경우 예측 분석은 과거의 이벤트를 보고 어느 정도의 확신으로 미래에 무엇이 일어날지 예측한다. 운영 인텔리전스에 적용해 올바르게 사용한다면 예측 분석은 관련 팀이 다른 운영 인텔리전스 프로그램보다 더 많이 의존할 수 있는 주요 자산이 될 수 있다. 예를 들어 주요 담당자에게 임박한 이슈에 대해 알려야 하는 적절한 임계점을 알 수 있거나, 문제가 발생하기 전에 알 수 있고 단순히 소비자가 구매할 것을 예상해 아이템을 미리 확보할 수 있는 등의 일이 가능하다고 상상해보자. 이러한 일은 단지 예측 분석 사용 예의 일부에 지나지 않는다.

이번 예제에서 주어진 시간 동안 웹사이트 트래픽양을 예측하는 스플렁크 검색을 작성할 것이다. 그리고 라인 차트를 사용해 대시보드에 값을 시각화해 나타내본다.

준비

이번 예제를 따라가려면 1장 '시작: 데이터 입력'에서 적재한 예제 데이터를 가지고 있는 구동 중인 스플렁크 엔터프라이즈 서버가 필요하다. 이번 장의 첫 예제를 수행해야만 하고 스플렁크 사용자 인터페이스 간 이동에 익숙해야 한다.

예제 구현

주어진 시간 동안 웹사이트 트래픽양을 예측하려면 이번 예제의 다음 단계를 따른다.

1. 스플렁크 서버에 로그인한다.

2. **Operational Intelligence** 애플리케이션을 선택한다.

3. 시간 범위 선택기에서 **Last 24 hours**를 선택하고 스플렁크 검색 바에서 다음 검색어를 입력한다. 확대경 아이콘을 클릭하거나 엔터를 입력한다.

   ```
   index=main sourcetype=access_combined | timechart span=1h
   count | predict count
   ```

4. 스플렁크는 한 시간 간격의 테이블러 포맷으로 계산한 결과를 반환할 것이다.

5. **Visualization** 탭을 클릭한다.

6. 스플렁크에 여러 시각화가 있어서 라인 차트 시각화는 **Visualization** 탭의 기본값이 아닐 것이다. 시각화 타입 목록이 나오는 드롭다운을 클릭해 **Line**을 선택한다.

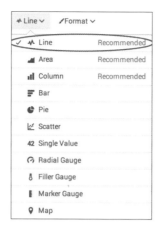

7. 다음 예제와 유사하게 값이 라인 차트 시각화로 나타난 것을 볼 수 있다.

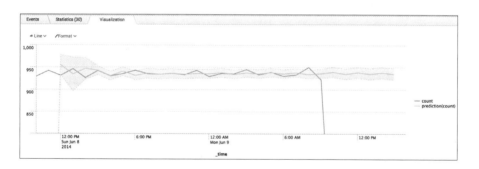

8. 이 검색을 리포트로 저장하자. Save As를 클릭하고 드롭다운 메뉴에서 Report를
   선택한다.

9. Save As Report 팝업박스가 나오면, cp06_website_traffic_prediction을 Title로
   입력하고 Save를 클릭한다.

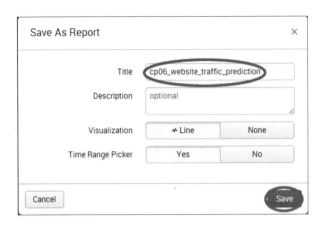

10. 리포트가 만들어졌다는 확인을 받을 것이다. 이제 이 리포트를 대시보드에 추가
    하자. 다음 윈도우에서 Add to Dashboard를 클릭한다.

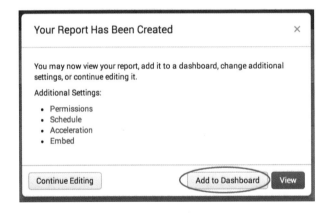

11. 이 리포트를 위한 새로운 대시보드를 만들 것이다. Save As Dashboard Panel 화
    면에서 New가 선택된 것을 확인하고 대시보드 Title에 Predictive Analytics를 입
    력한다. 대시보드 퍼미션으로 Shared in App을 선택한다. Panel Title에 Website
    Traffic Volumn Prediction을 입력하고 Panel Powered By에서 Report를 선택한다.
    마지막으로 Save를 클릭해 대시보드를 생성한다.

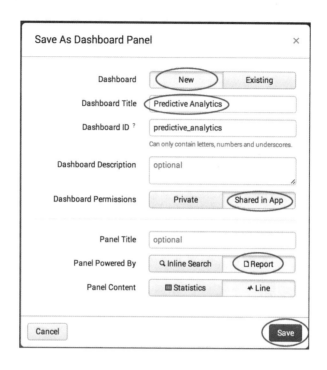

12. 이제 View DashBoard를 클릭해 새롭게 생성한 Predictive Analytics 대시보드를 볼
    수 있다.

예제 분석

검색을 하나하나 살펴보자.

검색 부분	설명
index=main sourcetype=access_combined	이전 장의 예제부터 이 검색이 익숙할 것이다. 웹사이트 접근 로그로부터 이벤트를 반환하는 데 사용한다.
| timechart span=1h count	timechart 명령어는 단순히 1시간 간격으로 이벤트 카운트를 한다. 테이블러 형식으로 총 카운드를 만든다.

(이어짐)

검색 부분	설명
`| predict count`	predict 명령어는 주어진 데이터 집합을 돌아보고 세 개의 새로운 필드를 생성한다. prediction 필드는 주어진 데이터 지점에서의 미래 예측 값이다. upper95는 상위 신뢰구간이고 lower95는 하위 신뢰구간이다. 신뢰구간은 예측이 맞아떨어질 것으로 기대하는 퍼센트로 기술한다. 기본값은 95%이지만 필요에 따라 조정할 수 있다.

부연 설명

예측 분석은 운영 인텔리전스의 여러 방면에 적용할 수 있다. 다음은 스플렁크의 `predict` 명령을 다른 방식으로 이용해 운영 통찰을 얻을 수 있는 짧은 예다.

아이템 총 구매 수 예측

`predict` 명령은 웹사이트로 구매한 아이템의 수를 분석하는 데 사용할 수 있어 적당량의 제품 재고를 보유할 수 있게 해준다. 스플렁크 검색은 다음과 같이 작성될 것이다.

```
index=main sourcetype=log4j requestType=checkout | timechart
span=1h sum(numberOfItems) as count | predict count
```

여기서 웹 애플리케이션 로그의 모든 체크아웃 이벤트를 찾아 1시간 간격으로 아이템 구매 횟수 합 시간 차트를 만든다. 그리고 결과를 파이프를 사용해 `predict` 명령어로 보낸다.

함수 호출의 평균 응답시간 예측

함수 호출의 평균 응답시간을 예측해 함수 호출을 받아들일 수 있는 범위에 대한 경고 임계점을 더 정확하게 설정할 수 있다. 이를 통해 이슈의 우선순위를 정하고 이슈가 발생하거나 심지어 발생하기 전에 경고할 수 있게 해준다. 스플렁크 검색은 다음과 같이 작성한다.

```
index=main sourcetype=log4j | transaction threadId | timechart
span=1h avg(duration) as avg_duration | predict upper98=high
lower98=low avg_duration
```

여기서 우선 transaction 명령어로 이벤트를 threadId로 묶어서 함수 호출 지속 기간을 계산해야 한다. 다음으로 timechart 명령어로 1시간 간격의 평균 지속 기간을 구할 것이다. 그리고 필드 이름을 avg_duration으로 바꾼다. 그리고 결과를 파이프로 predict 명령어(상위와 하위 98% 신뢰구간을 지정한)에 전달한다.

 predict 명령에 대한 더 많은 정보는 http://docs.splunk.com/Documentation/Splunk/latest/SearchReference/Predict에 있다.

참고 사항

▶ 웹 요청 관계 분석 예제
▶ 크기가 정상이 아닌 웹 요청 찾기 예제
▶ 잠재 세션 위장 식별 예제

크기가 정상이 아닌 웹 요청 찾기

비정상 이벤트 식별이 유용한 경우는 많다. 리소스 이슈를 식별하거나 대량의 이벤트에 숨겨진 악의적 활동을 밝혀내거나 단순히 애플리케이션을 디자인한 의도대로 사용하지 않는 사용자의 시도를 탐지할 수 있다. 웹사이트의 운영 인텔리전스 애플리케이션을 구축할 때 비정상 활동 탐지는 최우선 사항이어야 한다. 이슈를 식별하고, 조치하고, 검토하다 보면 시스템이나 애플리케이션에서 발생하는 비정상 원인을 조기식별할 수 있다는 점을 알게 될 것이다. 이런 비정상 요인 포착을 강화해 대응 우선순위를 적절히 정할 수 있다.

이번 예제에서 주어진 시간 동안 비정상 웹 요청을 요청 크기에 기반을 둬 밝혀내는 검색을 작성할 것이다. 그리고 찾아낸 비정상 요청을 테이블러 포맷으로 모두 나타내 본다.

이번 예제를 따라가려면 1장 '시작: 데이터 입력'에서 적재한 예제 데이터를 가지고 있는 구동 중인 스플렁크 엔터프라이즈 서버가 필요하다. 이전에 나왔던 예제는 전부 수행해보는 것이 좋다. 이번 장의 첫 예제를 수행해야만 하고 스플렁크 사용자 인터 페이스 간 이동에 익숙해야 한다.

예제 구현

비정상 크기 웹 요청을 식별하려면 이번 예제의 다음 단계를 따른다.

1. 스플렁크 서버에 로그인한다.

2. **Operational Intelligence** 애플리케이션을 선택한다.

3. 시간 범위 선택기에서 **Last 24 hours**를 선택하고 스플렁크 검색 바에서 다음 검 색어를 입력한다. 확대경 아이콘을 클릭하거나 엔터를 입력한다.

```
index=main sourcetype=access_combined | eventstats
mean(bytes) AS mean_bytes, stdev(bytes) AS stdev_bytes |
eval Z_score=round(((bytes-mean_bytes)/stdev_bytes),2) |
where Z_score>1.5 OR Z_score<-1.5 | table _time, clientip,
uri, bytes, mean_bytes, Z_score
```

4. 스플렁크는 다음 예와 유사한 테이블러 형식의 결과를 반환할 것이다.

Events	Statistics (2,883)	Visualization				
20 Per Page ⌄	Format ⌄	Preview ⌄	‹ Prev 1 2 3 4 5 6 7 8 9 … Next ›			
_time ⇕	clientip ⇕	uri ⇕	bytes ⇕	mean_bytes ⇕	Z_score ⇕
2014-06-09 12:06:21	220.86.20.99	/updatecart?orderId=1402315548&item=1000015&qty=2	3448	2000.294712	1.67
2014-06-09 12:05:23	126.175.137.157	/viewItem?item=4728475	585	2000.294712	-1.63
2014-06-09 12:04:40	83.15.197.56	/home	566	2000.294712	-1.65
2014-06-09 12:04:40	118.216.156.33	/checkout?orderId=1402315442&paymentId=264751402315442	3494	2000.294712	1.72
2014-06-09 12:04:37	118.216.156.33	/viewCart	521	2000.294712	-1.70
2014-06-09 12:04:22	118.216.156.33	/addItem?item=1000016&qty=1	672	2000.294712	-1.53
2014-06-09 12:04:17	118.216.156.33	/addItem?item=1000014&qty=1	3395	2000.294712	1.61

5. 이 검색을 리포트로 저장하자. **Save As**를 클릭하고 드롭다운 메뉴에서 **Report**를 선택한다.

6. Save As Report 팝업박스가 나오면, cp06_abnormal_web_request_size를 Title로 입력하고 Save를 클릭한다.

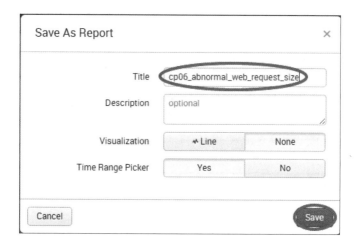

7. 리포트가 만들어졌다는 확인을 받을 것이다. 이제 이 리포트를 이번 장의 앞에서 만든 Session Monitoring 대시보드에 추가하자. 다음 윈도우에서 Add to Dashboard를 클릭한다.

8. Save As Dashboard Panel 팝업박스에서 Dashboard 레이블 옆 Existing 버튼을 누른다. 나타난 드롭다운 메뉴에서 Session Monitoring을 선택한다. Panel Title 필드에 Abnormal Web Requests by Size를 입력하고 Panel Powered By에 Report를 선택하고 마지막으로 Save를 클릭한다.

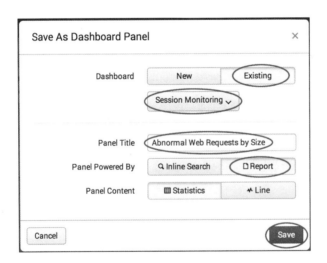

9. View Dashboard를 클릭해 Session Monitoring 대시보드에 패널이 추가한 것을 볼수 있다.

검색을 하나하나 살펴보자.

검색 부분	설명
`index=main` `sourcetype=access_combined`	이전 장의 예제부터 이 검색이 익숙할 것이다. 웹사이트 접근 로그로부터 이벤트를 반환하는 데 사용한다.

`| eventstats mean(bytes) AS`
`mean_bytes, stdev(bytes) AS`
`stdev_bytes`
	eventstats 명령어로 주어진 시간 동안 평균값과 바이트의 표준편차를 구하는 데 사용한다. 결과 값은 새로운 필드로 각 이벤트에 추가한다.

`| eval`
`Z_score=round(((bytes-`
`mean_bytes)/stdev_bytes),2)`
	eval 명령어로 각 이벤트의 Z-score라 불리는 새로운 필드를 계산하고 소수 두 번째 자리로 올림한다. 각 이벤트와 연관된 Z-score 필드는 정상을 기준으로 변화의 방향과 양을 알게 해준다.

`| where Z_score>1.5 OR` `Z_score<-1.5`	where 명령어로 Z-score가 정상에서 많이 벗어난 이벤트를 필터링한다. 데이터와 이벤트에 대해 더 잘 이해한다면 숫자로 된 임계값을 튜닝할 수 있다. 표준 모범 사례로 1.5를 사용했다. 값이 클수록 더 심하게 비정상인 경우다.

`| table _time, clientip,`
`uri, bytes, mean_bytes,`
`Z_score`
	table 명령어를 사용해 검색 출력을 더 쉽게 이해할 수 있는 형식으로 만들었다.

 predict 명령을 사용해 이전 이벤트를 바탕으로 Z-score로 필터링하는 데 사용하는 더 정확한 임계점 값을 찾을 수 있다.

이번 예제에서 eventstats 명령어를 일반 통계에 적용해 정상이라 여기는 범위에서 많이 벗어난 이벤트를 격리하는 데 사용한 예를 살펴봤다. 스플렁크에 이와 유사한 일을 수행하는 데 사용하는 미리 만들어진 명령어가 몇 개 있다. 다음 절에서 이 명령어들에 대해 다룰 것이다.

anomalies 명령

anomalies 명령어는 필드 값에 기반을 둬 예외 값을 가진 이벤트를 찾는 데 사용한다. anomalies 명령어가 구동 중이면 의외성 점수를 각 이벤트에 할당하고 의외성 점수가 정의한 임계점을 넘으면 예외 이벤트로 여긴다. 다음 예제에서 anomalies 명령어는 웹 접근 로그의 바이트 필드에 접근하고 의외성 임계치를 0.03으로 정의했다. table과 sort 명령어는 데이터를 더 잘 표현하려고 사용했다.

```
index=main sourcetype=access_combined | anomalies field=bytes
threshold=0.03 | table unexpectedness, _raw | sort -unexpectedness
```

반환된 결과는 anomalies 명령이 예외 이벤트라 여기는 이벤트일 것이다. 이벤트에 점수를 매기는 알고리즘은 스플렁크 특허다. 스플렁크 사이트의 anomalies 명령 문서에 짧게 설명되어 있다.

> anomalies 명령에 대한 더 많은 정보는 http://docs.splunk.com/Documentation/Splunk/latest/SearchReference/Anomalies를 방문해 얻을 수 있다.

anomalousvalues 명령

anomalousvalues 명령어는 불규칙적이거나 일반적이지 않은 검색 결과를 찾는 또다른 수단을 제공한다. 주어진 시간 동안 모든 이벤트 집합을 찾아 값의 분포를 고려함으로써 어느 값이 변칙적인지 결정한다. 다음 예에서 anomalousvalues 명령을 웹사이트 접근 로그에 사용하고 확률 임계치를 0.03으로 설정했다.

```
index=main sourcetype=access_combined | anomalousvalue
pthresh=0.03
```

반환될 결과는 anomalousvalues 명령어가 변칙으로 여기는 이벤트다.

> anomalousvalues 명령에 대한 더 많은 정보는 http://docs.splunk.com/Documentation/Splunk/latest/SearchReference/Anomalousvalue를 방문해 얻을 수 있다.

cluster 명령

cluster 명령은 유사한 이벤트끼리 묶어 이상치를 찾기 쉽게 해준다. 이상치는 작은 클러스터를 이루거나 따로 존재하는 이벤트다. 다른 모든 이벤트는 큰 무리에 속해 있다. 다음 예제에서 cluster 명령을 웹 접근 로그에 사용해 잠재적 이상치를 식별하는 데 사용한다. showercount 파라미터는 각 클러스터 크기를 보일지 정하는 데 사용한다. table과 sort 명령은 단순히 데이터를 더 잘 나타내도록 수정하는 데 쓴다.

```
index=main sourcetype=access_combined | cluster showcount=t |
table cluster_count _raw | sort +cluster_count
```

가장 작은 클러스터가 먼저 나오도록 정렬되어 결과로 반환될 것이다. NOT status=200 같은 추가 필터링을 통해 긍정 오류$^{false-positive}$ 결과를 필터링함으로써 적절한 우선순위로 이벤트를 조사할 수 있다.

 cluster 명령에 대한 더 많은 정보는 http://docs.splunk.com/Documentation/Splunk/latest/SearchReference/Cluster를 방문해 얻을 수 있다.

참고 사항

▶ 웹사이트 트래픽양 예측 예제
▶ 잠재 세션 위장 식별 예제

잠재 세션 위장 식별

악의적 사용자에 의한 웹사이트 조작이나 악의적 활동을 다루는 일은 가장 일반적인 웹사이트 운영 이슈다. 가장 단순하고 평범한 악의적 활동 중 하나는 세션을 가로챌 수 있게 정상 사용자의 세션 식별자로 위장하는 일이다. 웹 애플리케이션은 적절히 세션을 다루도록 구축됐지만, 실수가 있을 수 있고 최고의 웹 애플리케이션도 단순한 세션 위장이나 가로채기의 피해자가 될 수 있다. 웹사이트 운영에 발생할 수 있는 이런 활동의 영향을 이해한다면 이번 장에서 사용해왔던 일반 명령어를 사용해 잠재적으로 악의적인 활동을 식별하고 조사할 수 있다.

이번 예제에서 주어진 시간 동안 잠재적 세션 위장 판별을 돕는 스플렁크 검색을 작성할 것이다. 결과는 테이블러 형식으로 나타내고 대시보드에 추가해본다.

준비

이번 예제를 따라가려면 1장 '시작: 데이터 입력'에서 적재한 예제 데이터를 가지고 있는 구동 중인 스플렁크 엔터프라이즈 서버가 필요하다. 이전에 나왔던 예제는 전부 수행해보는 것이 좋다. 이번 장의 첫 예제를 수행해야만 하고 스플렁크 사용자 인터페이스 간 이동에 익숙해야 한다.

예제 구현

잠재적 세션 위장 활동을 식별하려면 이번 예제의 다음 단계를 따른다.

1. 스플렁크 서버에 로그인한다.

2. **Operational Intelligence** 애플리케이션을 선택한다.

3. 시간 범위 선택기에서 **Last 24 hours**를 선택하고 스플렁크 검색 바에서 다음 검색어를 입력한다. 확대경 아이콘을 클릭하거나 엔터를 입력한다.

```
index=main sourcetype=access_combined | transaction
JSESSIONID | eval count_of_clientips=mvcount(clientip) |
where count_of_clientips > 1 | table _time,
count_of_clientips, clientip, JSESSIONID | sort
count_of_clientips
```

4. 스플렁크는 테이블러 형식의 결과를 반환할 것이다.

5. 이 검색을 리포트로 저장하자. **Save As**를 클릭하고 드롭다운 메뉴에서 **Report**를 선택한다.

6. Save As Report 팝업박스가 나오면, cp06_potential_session_spoofing을 Title로 입력하고 Save를 클릭한다.

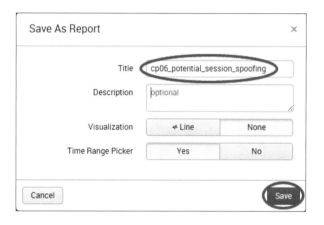

7. 리포트가 만들어졌다는 확인을 받을 것이다. 이제 이 리포트를 이번 장의 앞에서 만든 Session Monitoring 대시보드에 추가하자. 다음 윈도우에서 Add to Dashboard를 클릭한다.

8. Save As Dashboard Panel 팝업박스에서 Dashboard 레이블 옆 Existing 버튼을 누른다. 나타난 드롭다운 메뉴에서 Session Monitoring을 선택한다. Panel Title 필드에 Potential Session Spoofing을 입력하고 Panel Powered By에서 Report를 선택하고 마지막으로 Save를 클릭한다.

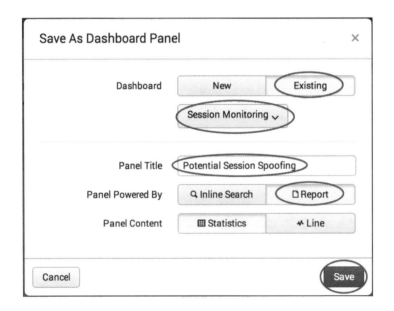

9. View Dashboard를 클릭해 대시보드에 새로운 패널이 추가된 것을 볼 수 있다.

이런 종류의 검색을 얼럿(alerts)으로 등록해 보안 사건이 발생할 때 자동으로 알려주게 하는 형태가 권장되는 사용 방식이다. 이 방식은 악의적 활동으로 인한 잠재 후유증을 줄여줄 것이다.

예제 분석

이번 예제에서는 위장 세션을 탐지하는 검색을 작성했다. 24시간 범위의 주어진 시간에서 하나의 세션 식별자(JSESSIONID)가 여러 클라이언트 IP 주소와 엮인 이벤트를 찾는 검색이다. 당연히 대부분의 세션 식별자는 하나의 클라이언트 IP 주소를 가질 것이다. 그래서 여러 IP를 가진 세션이 있다면 잡아낼 것이다. 특정 세션이 하나 이상의 클라이언트 IP와 연관된 이벤트만 결과를 보여줄 것이다.

검색을 하나하나 살펴보자.

검색 부분	설명
index=main sourcetype=access_combined	이전 장의 예제부터 이 검색이 익숙할 것이다. 웹사이트 접근 로그로부터 이벤트를 반환하는 데 사용한다.
| transaction JSESSIONID	transaction 명령을 사용해 JSESSIONID를 바탕으로 이벤트를 묶어 하나의 트랜잭션으로 만든다.
| eval count_of_clientips=mvcount (clientip)	eval 명령으로 count_of_clientips라 불리는 새로운 필드를 만들고 mvcount 함수의 결과를 집어넣는다. mvcount 함수는 여러 값이 들어있는 필드 값의 수를 센다.
| where count_of_clientips >1	where 명령을 사용해 스플렁크가 count_of_clientips 필드의 값이 1보다 큰 이벤트만 반환하도록 한다.
| table _time, count_of_clientips, clientip, JSESSIONID	table 명령으로 검색 출력 결과를 좀 더 쉽게 이해하도록 수정한다.
| sort count_of_clientips	sort 명령으로 count_of_clientips라 붙여진 필드의 값을 기준으로 결과를 정렬한다.

주어진 세션 식별자에 연관된 클라이언트 IP의 수에 기반을 둬 정렬한 데이터를 보여 주는 것뿐만 아니라, 특정한 조건에 맞는 이벤트의 경우 다른 것에 비해 목록의 윗쪽에 오도록 논리를 만들 수 있다.

긴급 로직 생성

모든 세션 위장이 같지 않기 때문에 이벤트의 긴급성에 따라 다른 방식으로 다뤄야 한다. 예를 들어 구매와 관련된 세션이 아니라면 웹사이트나 사용자에 금전적 손실을 입힐 확률은 매우 작다. 그러나 1,000달러 이상 구매에 관련된 세션이 위장됐다면 상당한 금전적 손실을 입을 수 있다.

주어진 값에 따라 이벤트와 관련된 긴급성을 변경하는 로직을 만들어 검색에 추가할 수 있다. 다음 예에서는 웹사이트 접근과 웹 애플리케이션 로그를 함께 가져와 이벤트에 저장된 값에 기반을 둬 긴급성을 변경하는 특정 조건을 설정한다.

```
index=main sourcetype=access_combined
| join JSESSIONID usetime=true earlier=false [ search index=main
sourcetype=log4j | transaction threadId | eval
JSESSIONID=sessionId ]
| transaction JSESSIONID
| eval count_of_clientips=mvcount(clientip) | where
count_of_clientips > 1
| eval cost_urgency=if(itemPrice>=1000,"2","1")
| eval frequency_urgency=case(count_of_clientips=="2","1",
count_of_clientips=="3","2",1=1,"3")
| eval urgency=cost_urgency + frequency_urgency
| table _time, count_of_clientips, clientip, JSESSIONID
| sort urgency
```

이번 예에서 웹 애플리케이션 로그와 웹사이트 접근 로그의 필드 값을 조인하고 웹 접근 로그에서 세션 식별자로 트랜잭션을 만들었다. 다음으로 각 유일한 세션 식별자 당 clientip 값의 수를 카운트했고 하나 이상의 clientip을 가진 이벤트만 반환하도록 했다. 만약 itemPrice 필드 값이 1,000달러가 넘거나 같으면 cost_urgency 필드 값을 2 증가시키고, 그렇지 않다면 1로 남아있도록 로직을 추가했다. 다음 논리 조각은 유일한 세션 식별자와 연관된 clientip 필드 수를 찾아서 frequency_urgency에 어떤 값을 할당한다. cost_urgency와 frequency_urgency 값을 합쳐 전체 urgency 값을 만든다. 테이블러 값은 전체 긴급성 값에 기반을 두고 정렬함으로써 가장 중요한 사건이 무엇인지 명확히 보여줄 수 있다.

참고 사항

▶ 웹사이트 트래픽양 예측 예제
▶ 크기가 정상이 아닌 웹 요청 찾기 예제

요약

이번 장에서 다룬 주요 내용은 다음과 같다.

▶ 이벤트를 개별적으로 보는 법 말고도 데이터를 분석하는 다양한 방법이 있다.
▶ 데이터 소스를 집중화해 이벤트에 문맥을 추가하면 엄청난 가치를 얻을 수 있다.
▶ 트랜잭션을 만들어 사용자, 시스템, 애플리케이션 행동에 대해 더 잘 이해할 수 있다.
▶ 비정상 이벤트에 통계를 사용해 접근하면 좀 더 적극적으로 이슈 식별을 할 수 있다.
▶ 예측 분석을 통해 자원 계획이나 임계점 튜닝을 좀 더 객관적인 증거를 바탕으로 수행할 수 있다.

7

데이터 확장: 참조와 워크플로우

이번 장에서는 스플렁크로 데이터 가치를 확장하는 법을 배울 것이다. 다루는 내용은 다음과 같다.

- ▶ 제품 코드 설명 참조
- ▶ 수상한 IP 주소 표시
- ▶ 세션 상태 테이블 생성
- ▶ IP 주소로 호스트 이름 추가
- ▶ 주어진 IP 주소에 대한 ARIN 검색
- ▶ 주어진 에러에 대한 구글 검색
- ▶ 애플리케이션 에러 티켓 생성
- ▶ 외부 데이터베이스로부터 인벤토리 찾기

소개

이전 장에서 스플렁크 검색을 확장하고 로그에 담겨 있는 데이터로 운영 인텔리전스를 달성하는 일을 돕는, 더 깊이 있는 분석 명령을 사용하는 진보한 검색을 작성해 분석 기술을 계속 향상시켰다. 이번 장에서는 스플렁크의 참조 기능으로 로그 밖에서 찾은 데이터로 분석 결과를 확장할 것이다. 또한 찾아낸 데이터에 단순 액션을 수행하는 스플렁크의 워크플로우 기능을 사용해볼 것이다.

참조

참조^{Lookup}는 로그 이벤트 자체에서 얻을 수 없는 추가 데이터로 로그 데이터를 확장하는 데 사용한다. 참조는 이벤트 데이터의 하나 또는 하나 이상의 필드를 바탕으로 데이터에 필드를 추가한다. 이러한 추가 필드는 보통 CSV 기반 정적 참조 테이블의 특정 필드를 참조하고 추가할 필드의 관련 값을 가져와 만든다. 그러나 참조는 파이썬 스크립트나 외부 데이터베이스 테이블 필드에서 직접 참조하는 방식으로 훨씬 동적으로 사용할 수 있다. 참조 테이블에 시간 필드를 담아 주어진 시간에 대한 시간 기반 참조를 할 수 있다.

파이썬 스크립트를 사용한 외부 참조는 본래 동적이지만 CSV 기반의 참조는 정적이어서 결코 변화가 없는 HTTP 상태 코드(지금까지 아마도 한 번 정도 변경)에만 유용할 것으로 생각할 수 있다. 그러나 스플렁크는 검색의 출력을 참조 테이블로 저장해 CSV 참조를 만들 수 있어서 유효기간이 있는 다양한 리포트를 생성하는 추세를 식별하는 작업 등에 다양하게 사용할 수 있다. 이번 장에서는 다양한 참조를 만들어 데이터를 채울 것이다. 그리고 동적 스크립 참조를 사용해볼 것이다.

워크플로우

스플렁크에 의해 반환되는 이벤트를 작업할 때 더 자세히 데이터를 얻기 위해 추가 작업이 필요할 때가 자주 있다. 때때로 추가 작업을 위해 또 다른 검색을 하는 것이 충분할 수도 있지만, 데이터를 외부 시스템에 보내 나중에 처리해야 할 경우도 있다.

스플렁크는 검색 결과에서 필드가 무엇을 나타내는지에 따라 다양한 옵션을 제공하도록 설정할 수 있는 워크플로우 액션이라 불리는 기능을 제공한다. 현재 두 가지 종류의 워크플로우 액션을 사용할 수 있다. 링크 액션으로 웹 기반의 자원 링크를 열어 추가 검색을 스플렁크에서 실행하는 방식이다. 링크 액션은 유명 검색엔진에서 데이터를 찾는 데 사용하거나 핼프데스크 도구와 연결하거나 관리시스템을 변경하는 데 사용한다. 검색 액션은 드릴다운 테이블이나 차트에서 얻을 수 있는 것보다 더 복잡한 검색을 실행하는 데 사용한다. 이번 장에서는 링크와 웹 기반의 워크플로우 액션을 만들 것이다.

DB 연결

스플렁크 DB 연결^{DB Connect}은 스플렁크 엔터프라이즈의 지원 애플리케이션으로 외부 데이터베이스 데이터를 사용해 로그 데이터와 합치거나 더 유용하게 해준다. DB 연결을 사용해 스플렁크에서 SQL로 외부 데이터베이스에 직접 질의하거나 스플렁크로 결과를 받을 수 있다. 이러한 결과는 다른 로그 데이터와 합쳐 로컬 참조나 스플렁크 인덱스로 변환할 수 있다. DB 연결은 또한 외부 데이터베이스 참조를 할 수 있어 검색하는 동안 로그 데이터를 추가 정보로 유용하게 한다. 이번 장 마지막에 DB 연결을 설치하고 외부 데이터베이스에서 인벤토리 데이터를 끌어올 것이다. 이제 논의는 끝났다. 그럼 본격적인 내용을 시작해보자.

제품 코드 설명 참조

로그 데이터는 이해할 수 없는 식별 값, 짧은 코드, 에러 값, 또는 쉽게 읽거나 이해할 수 없는 값으로 이뤄질 수 있다.

이번 예제에서는 이벤트의 제품 코드 필드가 있으면, 설명 필드를 자동으로 추가하고 제품에 대한 전체 설명을 넣도록 운영 인텔리전스 애플리케이션에 참조 테이블^{lookup table}을 추가하는 법을 보여줄 것이다.

준비

이번 예제를 따라가려면 1장 '시작: 데이터 입력'에서 적재한 예제 데이터를 가지고 있는 구동 중인 스플렁크 엔터프라이즈 서버가 필요하다. 스플렁크 사용자 인터페이스 간 이동에도 익숙해야 한다.

자동 제품 코드 참조를 만들려면 이번 예제의 다음 단계를 따른다.

1. 로컬 컴퓨터에서 편한 텍스트 편집기를 사용해 새로운 productdescriptions.csv
   파일을 만들고 다음 라인을 추가한다. 콤마(,)를 정확히 입력하도록 주의해야
   한다.

```
itemId,itemName,itemDescription
4728475,Rolux Navigator,Stylish mens watch with metal band
38492,Rolux Sportsman,Mens sport watch with timer
1000014,Ripple BookPro 13,13 inch laptop - 5PB HDD/200GB RAM
1000015,Ripple Jukebox 500,Portable music player - 984 hour battery
life
1000016,Poku Castbox,Video streaming device - HDMI compatible
1000017,Ripple Jukebox 300,Music streaming device 300GB storage
capacity
1000020,Ripple MyPhone 8,The latest phone from Ripple - 8 inch with
8TB of storage capacity
```

2. 책에서 제공한 productdescriptions.csv 파일을 대신 사용할 수도 있다.

3. 웹 브라우저에서 쉽게 사용할 수 있는 위치에 파일을 저장한다.

4. 스플렁크 서버에 로그인한다.

5. Operational Intelligence 애플리케이션을 선택한다.

6. Settings 메뉴를 클릭하고 Lookups 메뉴 아이템을 선택한다.

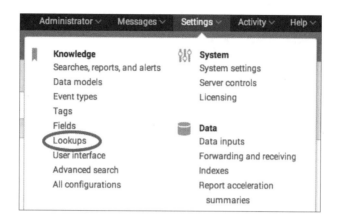

7. Lookup table files를 클릭한다.

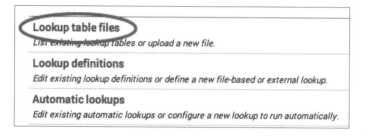

8. New를 클릭한다.

9. 대시보드 앱으로 operational_intelligence를 선택한다.

10. **Choose File** 버튼(브라우저나 운영체제에 따라 다를 것이다.)을 클릭하고 productdescriptions.csv 파일을 선택한다.

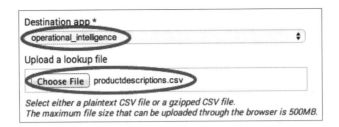

파일이 500MB를 한참 밑돌기 때문에 GUI를 통해 문제없이 올릴 수 있다.

 대형 파일일 경우 뒷단 파일시스템의 $SPLUNK_HOME/etc/apps/operational_
intelligence/lookups에 올릴 수 있다.

11. Destination filename 필드에 productdescriptions.csv를 입력하고 **Save**를 클릭
한다.

12. 이제 스플렁크에 참조를 정의할 필요가 있다.

13. Lookups를 클릭한다.

14. Lookup definitions를 클릭한다.

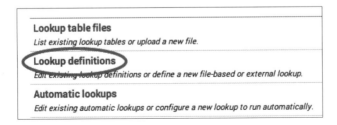

15. New를 클릭한다.

16. New 필드에 Product_Descriptions를 입력하고 **Type** 필드에 File-based, **Lookup** file 필드에 productdescriptions.csv를 선택한다. 그리고 **Save**를 클릭한다.

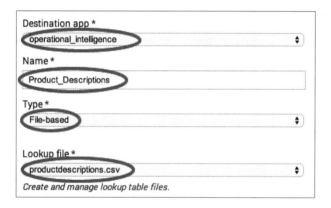

17. 마지막으로 자동 참조를 설정할 것이다. log4j 소스 타입을 검색할 때 자동으로 참조가 수행된다. **Lookups**를 다시 클릭한다.

18. 이번엔 Automatic lookups를 클릭한다.

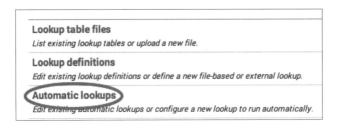

19. New를 클릭한다.

20. operational_intelligence를 Destination app 필드에서 선택하고 Product_Descriptions를 Name 필드에 입력한다.

21. Lookup table 드롭다운에서 Product_Descriptions를 선택한다.

22. sourcetype을 Apply to 필드에서 선택하고 log4j를 named 필드에 입력한다.

23. Lookup input fields에 둘 다 itemId를 입력한다.

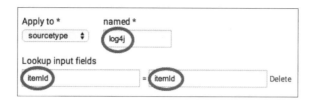

24. **Lookup output fields**에 itemDescription은 ProductDescription, 그리고 itemName은 ProductName으로 입력한다.

25. Save를 클릭한다.

26. App을 클릭하고 Operational Intelligence 앱을 선택한다.

27. 검색 바에서 Last 24 hours 범위로 다음 검색을 입력한다.

```
index=main sourcetype="log4j" itemId=* | table itemId
ProductDescription, ProductName
```

28. ProductDescription과 ProductName 목록이 각 필드에 나타나야 한다.

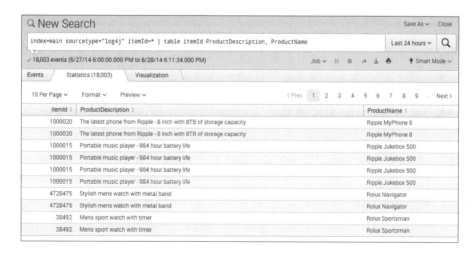

스플렁크 검색을 할 때 스플렁크는 설정을 보고 참조가 정의되어 있는지 살펴본다.
만약 검색에서 반환한 이벤트의 호스트, 소스, 소스 타입과 일치하는 참조가 있다면
정의한 입력 필드를 가지고 참조 파일의 데이터와 이벤트의 필드 간 일치 여부를 찾
는다. 만약 필드 값이 일치하면 참조에 설정한 필드 이름으로 참조 테이블의 출력을
이벤트에 새로운 필드로 추가한다.

참조 테이블에 다양한 설정을 할 수 있다. 예를 들어 하나 이상의 필드와 입력 필드
간 일치 여부를 찾거나, 이미 존재하는 필드에 검색 결과로 덮쓸 수 있다.

이번 예제에선 자동 참조 구현 방식을 선택했다. 자동 참조는 명시적으로 lookup 명
령을 사용할 필요가 없다. 그러나 성능에 부담을 준다. 예를 들어 모든 log4j 소스 타
입 검색에서 이 제품 참조를 자동으로 수행하면 참조에서 반환하는 필드와 관련 값이
필요하든 필요하지 않든 참조를 수행하게 된다.

 자동 참조는 사용할 정당한 이유가 있는 곳에만 써야 하고 해당 소스 타입, 소스, 호스
트를 찾을 모든 검색에 자동 참조가 필요한 경우에만 사용할 것을 권장한다.

대부분 스플렁크 설정이 그렇듯 어떤 일을 하는 데 한 가지 이상의 방법이 있다. 제품
참조는 인터페이스를 통해 설정할 수 있지만 수동으로도 할 수 있다.

수동으로 스플렁크에 참조 추가

웹 인터페이스를 통해서만 참조를 추가할 필요는 없다. 참조 파일은 스플렁크 서버에
자동으로 올릴 수 있고 참조 설정에 설정을 수동으로 추가할 수 있다.

1. productdescriptions.csv 파일을 $SPLUNK_HOME/etc/apps/operational_
   intelligence/lookups에 올린다(필요하다면 lookups 디렉터리를 생성한다.).

2. 다음 절을 $SPLUNK_HOME/etc/apps/operational_intelligence/local/

transforms.conf(필요하다면 transforms.conf 파일을 만든다.)에 추가한다.

```
[Product_Descriptions]
filename = productdescriptions.csv
```

3. 다음 절을 $SPLUNK_HOME/etc/apps/operational_intelligence/local/props.
conf(필요하다면 props.conf 파일을 만든다.)에 추가한다.

```
[log4j]
LOOKUP-Product_Descriptions = Product_Descriptions itemId
AS itemId OUTPUTNEW itemDescription AS ProductDescription,
itemName AS ProductName
```

참고 사항

▸ 수상한 IP 주소 표시 예제

▸ 세션 상태 테이블 생성 예제

▸ 외부 데이터베이스로부터 인벤토리 찾기 예제

수상한 IP 주소 표시

클라이언트로부터 요청을 받는 서버는 항상 누군가의 공격 대상이 되어 악용될 수 있는 잠재적인 위험을 가진다. 공격은 다양한 형태로 다가올 수 있기 때문에 시간이 지날수록 공격 발생 원점에 대한 기록을 유지하는 것이 중요해진다. 이를 통해 악의적 행위와 패턴을 좀 더 자세히 관찰할 수 있고 필요하다면 접근을 막는 데이터로 사용할 수 있다.

다음 예제에서는 요청 행동을 바탕으로 의심스런 IP를 표시하고 소스 IP 주소를 저장하는 법을 배울 것이다.

준비

이번 예제를 따라가려면 1장 '시작: 데이터 입력'에서 적재한 예제 데이터를 가지고 있는 구동 중인 스플렁크 엔터프라이즈 서버가 필요하다. 스플렁크 사용자 인터페이스 간 이동에도 익숙해야 한다.

예제 구현

악의적 IP 주소 참조 테이블을 만들려면 다음 단계를 따른다.

1. 스플렁크 서버에 로그인한다.

2. Operational Intelligence 애플리케이션을 선택한다.

3. 시간 범위 선택기에서 Last 7 days를 선택하고 스플렁크 검색 바에서 다음 검색
   어를 입력한다. 확대경 아이콘을 클릭하거나 엔터를 입력한다.

   ```
   index=main sourcetype="access_combined" status=403 | stats
   count by clientip | eval suspect="1" | outputlookup
   createinapp=true suspect_ips.csv
   ```

4. clientip, count, suspect 칼럼을 가진 테이블러화된 IP 목록이 나타날 것이다. Save
   as 링크를 클릭하고 Report를 선택한다.

5. Title 필드에 cp07_suspect_ips를 입력한다.

6. Visualization 필드에 None을 선택하고 Time Range Picker 필드에 No를 선택한다.
   그리고 Save를 클릭한다.

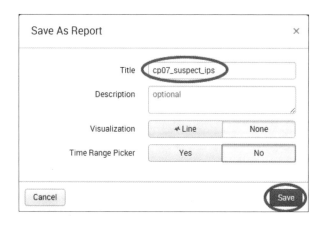

7. Schedule 링크를 클릭한다.

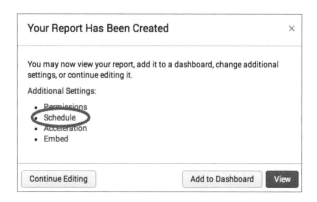

8. Schedule Report 박스를 체크한다.

9. Schedule 드롭다운에서 Run every hour를 선택한다.

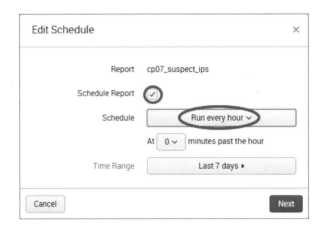

10. Next를 클릭하고 Save를 클릭한다.

11. 이제 새로운 suspect_ips.csv를 의심스러운 IP 주소로부터의 웹 접근을 식별하는데 사용하자. **Operation Intelligence** 애플리케이션 검색 바에서 다음 검색을 **Last 24 hours** 범위로 입력한다.

```
index=main sourcetype=access_combined | lookup
suspect_ips.csv clientip AS clientip OUTPUTNEW suspect AS
suspect | where suspect=1
```

12. 이제 clientip 주소가 suspect_ips.csv 참조 파일에 있는 웹 접근 이벤트만 보일 것이다.

예제 분석

이번 예제에서는 지난 7일 동안 상태 코드가 403인 웹 요청과 관련된 클라이언트를 찾아 IP 주소 참조 파일을 만들었다. 상태 코드 403은 요청한 clientip 주소에서 무언가 금지된 접근을 시도했다는 의미다. 참조 파일을 쓸 때 suspect라 불리는 새로운 필드를 평가했고 모든 입력에 1 값을 줬다. suspect 필드는 나중에 데이터를 필터링하는 데 쓸 것이다.

초기 검색이 수행될 때 outputlookup 명령어는 데이터를 검색에 기술한 참조 파일(여기선 suspect_ips.csv 파일)에 쓴다. outputlookup 명령어는 여러 인자를 취한다. 인자는 다음 표와 같다.

인자	값
〈filename〉 또는 〈tablename〉	어디에 참조 데이터를 삽입할지 스플렁크에 말해준다. 만약 transforms.conf 설정의 참조 절에 존재하는 이름이면 해당 위치를 사용하고 그렇지 않으면 새로운 파일을 기술한 대로 생성한다. 이 값은 필수값이다.
append	테이블 데이터를 파일의 끝에 추가하도록 한다. 그렇지 않으면 새로운 파일로 덮어쓰기할 것이다.
max	스플렁크가 참조 테이블에 넣을 데이터 열의 수를 제한한다.
create_empty	true(기본값)나 false가 올 수 있다. true일 경우 출력할 데이터가 없더라도 크기가 0바이트인 파일을 만든다. 만약 false이고 출력할 데이터가 없다면 스플렁크가 파일을 만들지 않을 것이다. 그리고 만일 파일이 있다면 삭제한다.
createinapp	참조 파일 검색을 실행하는 앱 문맥에 생성한다. 만약 기술되어 있지 않다면 참조 테이블은 시스템 위치에 생성한다.

인라인 outputlookup 명령어는 참조 테이블을 생성하거나 검색 실행에 따른 참조 파일 생성 이후 참조 테이블 관리를 편리하게 해준다. 검색을 저장해 1시간마다 주기적으로 실행했는데, 이렇게 함으로써 검색이 시간마다 실행되며 시간마다의 최신 참조 파일로 갱신할 수 있다. 결과적으로 수상한 IP 목록은 항시 최신의 상태로 유지될 것이다.

일단 이 작업을 완료한 다음에 방금 생성한 참조 파일을 사용하는 새로운 검색을 작성했고 access_combined 이벤트이면서 suspect=1 필드 값을 가진 이벤트만 필터링했다. 검색은 lookup 명령으로 데이터의 clientip과 suspect_ips.csv 참조 파일의 clientip이 일치하는 경우를 찾는 데 사용한다. 참조 파일로 데이터에 suspect=1 필드 값 쌍을 clientip이 일치할 때 추가함으로써 데이터 유용성을 높인다.

이번 예제에서는 참조를 어떻게 강력하게 쓸 수 있는지 살펴봤다. 또한 소스의 데이터 자체가 아닌 참조를 유용성을 향상시킨 데이터를 사용해 필터링하는 데 사용했다.

이번 예제에서 7일 전 데이터를 검색하고 시간마다 주기적으로 실행되는 검색을 작성
했다. 예제 데이터로는 문제가 없었지만 비효율적이다. 리포트 가속화 또는 요약 인덱
싱을 사용해 효율성을 도모할 수 있다. 9장 '인텔리전스 속도 향상: 데이터 요약화'를
참조해 더 많은 정보를 얻자.

부연 설명

대부분 스플렁크 설정이 그렇듯 어떤 일을 하는 데에는 한 가지 이상의 방법이 있다.
제품 정보 참조는 웹 인터페이스를 통해 설정할 수 있지만 수동으로 할 수도 있다.

기존에 저장한 검색을 수정해 참조 테이블 채움

설정 파일을 수정해 기존에 저장한 검색으로 참조 테이블을 채울 수 있다. 다음 코드
를 savedsearches.conf 파일의 검색 절에 추가한다.

```
action.populate_lookup = 1
action.populate_lookup.dest = <string>
```

<string> 값은 *.cvs 파일 경로나 transforms.conf 파일에 정의한 기존 참조 테이블
의 이름일 수 있다.

다른 방법으로 스플렁크 GUI를 통해 저장한 검색이 outputlookup 명령어와 파라미
터를 갖도록 수정하는 법이 있다.

참고 사항

▶ 제품 코드 설명 참조 예제
▶ 세션 상태 테이블 생성 예제
▶ 외부 데이터베이스로부터 인벤토리 찾기 예제

세션 상태 테이블 생성

이번 예제에서는 참조를 사용해 세션이 나타난 처음부터 계속 정보를 갱신해 세션 상태 정보 테이블을 유지하는 법을 배울 것이다. 이 정보를 통해 세션이 유효기간 만료로 버려지는지 또는 누군가 오래된 세션을 가로채려는지 판단할 수 있다.

준비

이번 예제를 따라가려면 1장 '시작: 데이터 입력'에서 적재한 예제 데이터를 가지고 있는 구동 중인 스플렁크 엔터프라이즈 서버가 필요하다. 스플렁크 사용자 인터페이스 간 이동에도 익숙해야 한다.

예제 구현

세션 상태 테이블을 만들려면 이번 예제의 다음 단계를 따른다.

1. 스플렁크 서버에 로그인한다.

2. Operational Intelligence 애플리케이션을 선택한다.

3. 시간 범위 선택기에서 **Last 15 minutes**를 선택하고 스플렁크 검색 바에서 다음 검색어를 입력한다. 확대경 아이콘을 클릭하거나 엔터를 입력한다.

```
index=main sourcetype="access_combined" | eval
firsttime=_time | eval lasttime=_time | stats
last(firsttime) as firsttime, first(lasttime) as lasttime
by JSESSIONID | outputlookup createinapp=true
session_state.csv
```

4. 테이블러화된 **firsttime**과 **lasttime** 칼럼 목록을 세션 ID별로 볼 수 있다. 스플렁크는 검색의 결과로 session.csv 참조를 만들 것이다.

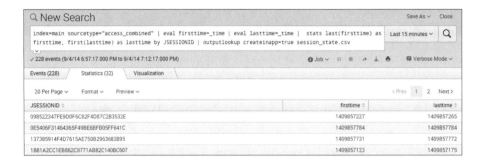

5. 질의를 다음과 같이 조금 바꾸고 Last 15 minutes로 다시 검색을 수행한다.

```
index=main sourcetype="access_combined" | eval firsttime=_time
| eval lasttime=_time | fields JSESSIONID firsttime lasttime |
inputlookup session_state.csv append=true | stats last(firsttime) as
firsttime, first(lasttime) as lasttime by JSESSIONID | outputlookup
createinapp=true session_state.csv
```

6. 매우 비슷한(같지 않다면) 시간과 세션 ID 목록을 볼 것이다. 이제 검색을 리포트로 저장한다. Save As 링크를 클릭하고 Report를 선택한다.

7. cp07_session_state를 제목으로 하고 Save를 클릭한다.

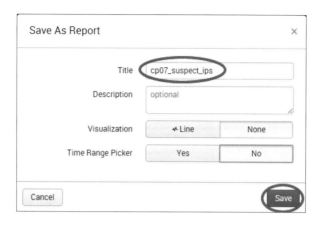

8. Schedule 링크를 클릭한다.

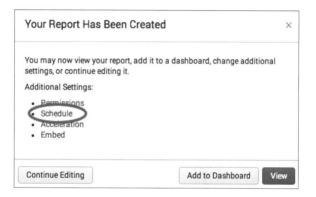

9. Schedule Report 박스를 체크한다.

10. Schedule 드롭다운에서 Run on Cron Schedule을 선택하고 */15 * * * *를 Cron Expression 필드에 입력한다. 이 크론 스케줄Cron Schedule은 저장한 리포트가 15분 마다 실행되게 한다. Next를 클릭하고 Save를 클릭한다.

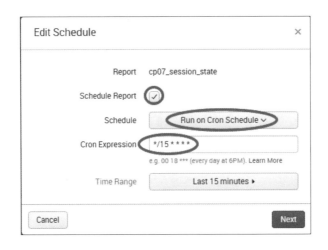

11. 상태 테이블을 만들어 15분마다 갱신할 것이다. 이제 테이블을 보자. 다음 검색을 Operational Intelligence 애플리케이션 검색 바에 입력한다.

```
|inputlookup session_state.csv
| eval firsttime_daysago=round((now()-firsttime)/60/60/24)
| eval lasttime_daysago=round((now()-lasttime)/60/60/24)
| convert ctime(firsttime), ctime(lasttime)
| table JSESSIONID firsttime, firsttime_daysago, lasttime,
lasttime_daysago
```

12. 처음 세션이 출현한 시간과 출현한 지 얼마나 됐는지, 그리고 마지막으로 출현한 시간과 그 이후로 시간이 얼마나 흘렀는지를 세션 테이블로 보여준다.

예제 분석

이번 예제에서는 모니터링 대상 애플리케이션이 사용하는 세션의 상태를 유지하도록 디자인했다. 세션 ID가 처음과 마지막으로 나타난 시간 데이터를 잡아낸다. 참조 테이블에 세션의 최신 상태를 유지함으로써, 세션의 최신 상태를 조회할 때 전체 세션을 다시 검색하는 방식보다 빠를 수 있다.

이번 예제에서 처음엔 두 개의 검색으로 시작했다. 첫 번째 검색은 처음에 없던 참조 파일을 만드는 데 사용했고, 두 번째 검색은 저장해 일정으로 만들어 수행하는 검색이다. 두 번째 검색은 첫 번째에서 만든 참조 테이블을 사용했다.

첫 번째와 두 번째 검색이 유사하므로 두 번째 검색을 통해 설명할 것이다.

검색 조각	설명
`index=main sourcetype="access_combined"`	스플렁크가 메인 인덱스에서 모든 웹 서버 로그를 찾도록 한다.
`| eval firsttime=_time | eval lasttime=_time`	eval 명령어로 firsttime과 lasttime을 계산한다. 이 경우에 두 이벤트의 _time 필드를 이용하는데 이 필드는 이벤트의 타임스탬프다.
`| fields JSESSIONID firsttime lasttime`	다음으로 JSESSIONID와 firsttime 그리고 lasttime 필드만 사용한다고 선언한다.
`| inputlookup session_state.csv append=true`	inputlookup 명령어로 기존 session_state.csv 참조 파일을 가져온다(첫 검색에서 한 번 만들었다.). 결과는 기존 검색 결과 뒤에 붙여진다.
`| stats last(firsttime) as firsttime, first(lasttime) as lasttime by JSESSIONID`	stats 명령어의 last()와 first() 함수로 가장 오래된 firsttime 날짜(last를 사용)와 가장 최근의 lasttime 날짜(first를 사용)를 찾고 JSESSIONID를 사용해 두 개의 필드를 나열한다. 이를 통해 처음 세션이 보인 이후로 가장 오래된 날짜와 마지막 세션이 보인 이후로 가장 최근 날짜를 유지한다.
`| outputlookup createinapp=true session_state.csv`	마지막으로 sesssion_state.csv 참조를 output lookup 명령을 이용해 다시 쓴다. 예전 파일을 새로운 결과를 가진 새로운 파일로 대체한다.

15분마다 동작하도록 일정을 만들었고 15분 이전을 되돌아본다. 시간 범위에 해당하는 큰 세션 ID 테이블을 만들 것이고 추적 용도로 유용할 수 있다.

 참조 데이터를 채우는 검색을 firsttime 날짜가 특정 수의 날짜가 넘어간 세션을 드롭해 참조 테이블이 계속 늘어나지 않게 수정하고 싶을 것이다.

참조를 저장하고 일정을 만들고 예제의 마지막 부분에서 검색으로 참조 파일에서 데이터를 보기 위해 inputlookup을 이용한다. 현재 시간(now()를 사용)과 두 firsttime, lasttime 필드의 에포크^{epoch} 값 차이를 계산해 새로운 필드를 평가한다. convert 명령과 ctime 함수는 firsttime과 lasttime 필드를 에포크 초가 아닌 타임스탬프 포맷으로 바꿔 읽을 수 있는 형식으로 만든다.

- ▶ 수상한 IP 주소 표시 예제
- ▶ IP 주소로 호스트 이름 추가 예제
- ▶ 주어진 IP 주소에 대한 ARIN 검색 예제

IP 주소로 호스트 이름 추가

이번 예제에서 외부 참조를 사용해 로그 데이터의 IP 주소에 호스트 이름을 어떻게 추가하는지 배울 것이다. 호스트 이름 값은 IP 주소보다 유용하고, 어떤 클라이언트가 애플리케이션에 접속하는지 알아내기 쉽다. 많은 ISP 기반 접속은 호스트 이름 포맷으로 명확하게 식별할 수 있어 잠재적 악의가 있는 활동을 식별하는 데 유용하다.

준비

이번 예제를 따라가려면 1장 '시작: 데이터 입력'에서 적재한 예제 데이터를 가지고 있는 구동 중인 스플렁크 엔터프라이즈 서버가 필요하다. 스플렁크 사용자 인터페이스 간 이동에도 익숙해야 한다.

예제 구현

주어진 IP에 대한 호스트 이름을 참조하려면 다음 예제를 따른다.

1. 스플렁크 서버의 $SPLUNK_HOME/etc/apps/operational_intelligence/local/transforms.conf에 새로운 transforms.conf를 만든다. 만약 기존에 파일이 있으면 수정할 수 있다.

2. 다음 텍스트를 파일에 추가하고 저장한다.

   ```
   [dnsLookup]
   ```

```
external_cmd = external_lookup.py host ip
fields_list = host, ip
```

3. 스플렁크 웹 인터페이스로 돌아가 Operational Intelligence 애플리케이션을 선택한다.

4. 검색 바에서 다음 검색을 입력한다.

```
index=main sourcetype="access_combined" | lookup dnslookup
clientip
```

5. 엔터를 입력하면 검색이 시작된다. 결과가 나오기를 기다리자.

6. clienthost 필드를 데이터에서 볼 수 있을 것이다.

예제 분석

이번 예제에 쓰인 외부 참조는 스플렁크에 포함되어 있다. 검색 시간에 스크립트가 호출되면 참조 테이블의 내용을 반환하기 위해 마치 CSV 파일을 서버에서 읽은 것처럼 메모리에 생성한다. 테이블에 다중 칼럼이 있어서 참조 테이블의 적절한 필드/값으로 데이터를 매핑할 수 있다. 이번 경우 clientip을 스크립트에 전달해 DNS로 IP를 찾아 clienthost를 반환한다.

외부 참조 명령어는 실시간으로 데이터를 참조하는 기능을 제공한다. 로컬 참조 데이터 테이블이 너무 크거나 데이터가 너무 빠르게 변할 때 유용하다. 외부 참조는 단지 스크립트이기 때문에 연동을 위해 사용자 애플리케이션이나 서비스를 단순히 호출하는 일도 할 수 있다. 외부 참조의 다른 예로 특정 제품 코드나 주문 정보 데이터를 참조하는 경우도 있다.

외부 스크립트는 써드파티 시스템을 사용해 검색 결과를 반환할 때 지연이 있을 수 있고 써드파티 시스템에 추가 부담을 줄 수도 있다.

 현재 스플렁크는 외부 참조로 파이썬 스크립트만 지원한다.

부연 설명

이번 예제에서 DNS 참조로 IP 주소를 호스트 이름으로 바꿨다. 참조를 검색에서 lookup 명령어로 직접 호출했다. 그러나 IP/호스트 변환이 지정한 소스 타입, 호스트, 소스로 자동으로 이뤄지길 원할 수 있다.

자동 외부 필드 참조 활성화

웹 서버 로그에 자동으로 DNS 참조를 활성화하려면 다음 코드를 $SPLUNK_HOME/etc/apps/operational_intelligence/local/props.conf 파일에 추가한다. props.conf 파일이 없다면 하나 생성할 필요가 있다.

```
[access_combined]
LOOKUP-dns = dnslookup clientip OUTPUTNEW clienthost AS resolved_hostname
```

참고 사항

▶ 수상한 IP 주소 표시 예제
▶ 세션 상태 테이블 생성 예제
▶ 주어진 IP 주소에 대한 ARIN 검색 예제

주어진 IP 주소에 대한 ARIN 검색

IP 주소 자체로는 어디서 왔는지 무엇을 위한 것인지에 대한 아주 작은 정보만 얻을 수 있다. IP 주소가 사설 범위에서 나왔다면 어떤 회사 자산에 속해 있는지 또는 잘 알려진 서버로부터의 IP 주소인지 알아낼 수 있겠지만 대부분의 경우 IP에서 알아낼 수 있는 정보는 많지 않다.

이번 예제에서는 스플렁크의 워크플로우 기능을 사용해 이벤트의 IP 주소를 ARIN^American Registry for Internet Numbers 데이터베이스에서 검색함으로써, 누구에게 할당받은 IP인지 찾아내는 일 같이 IP에 대해 더 유용한 정보를 찾는 법을 배울 것이다.

준비

이번 예제를 따라가려면 1장 '시작: 데이터 입력'에서 적재한 예제 데이터를 가지고 있는 구동 중인 스플렁크 엔터프라이즈 서버가 필요하다. 스플렁크 사용자 인터페이스 간 이동도 익숙해야 한다.

예제 구현

주어진 IP 주소에 대해 ARIN 검색을 하는 워크플로우를 생성하려면 이번 예제의 다음 단계를 따른다.

1. 스플렁크 서버에 로그인한다.

2. Operational Intelligence 애플리케이션을 선택한다.

3. Settings 메뉴를 클릭한다.

4. Fields 메뉴 옵션을 클릭한다.

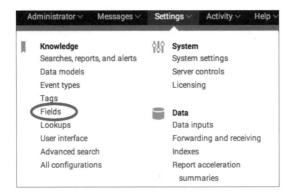

5. Workflow actions 링크를 클릭한다.

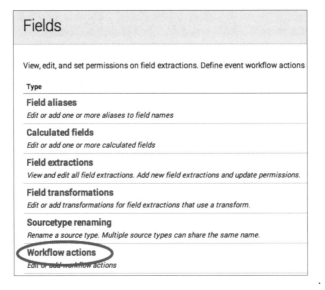

6. New를 클릭한다.

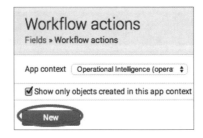

7. 목표 앱이 operational_intelligence 앱인 것을 확인한다.

8. Name 필드에 ARIN_Lookup을 입력한다. 이름에 공백이나 특수문자가 있으면 안 된다. 액션의 내부 이름으로 사용할 것이며 보여주는 텍스트로 사용하지 않을 것이다.

9. Label 필드에 Lookup $clientip$ in ARIN을 입력한다. 레이블은 워크플로우 드롭다운에 보일 텍스트다. 달러($) 기호로 감싼 필드 이름이 올 수 있으며 이벤트의 필드 값으로 치환할 것이다.

10. clientip을 Apply to the following fields 박스에 입력한다.

11. Show action in 드롭박스에서 Both를 선택하고 Action Type 드롭다운에서 link를 선택한다.

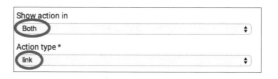

12. Link configuration 아래의 URI 필드에 http://whois.arin.net/rest/ip/$clientip$를 입력하고 Link method 필드를 get으로 설정한다.

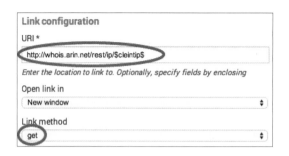

Link configuration

URI *

http://whois.arin.net/rest/ip/$cleintip$

Enter the location to link to. Optionally, specify fields by enclosing

Open link in

New window

Link method

get

13. Save를 클릭하고 워크플로우 액션을 종료한다.

14. 워크플로우 액션을 테스트하고 어떻게 되는지 확인하자. 새로운 Operational Intelligence 앱의 검색 바에서 다음 검색을 Last 15 minutes 범위로 입력한다.

```
index=main sourcetype=access_combined
```

15. 결과가 나타나면 이벤트 다음의 작은 화살표를 클릭하고 Event Actions 버튼을 클릭한다. 드롭다운에서 ARIN 검색을 `clientip` 주소로 수행하는 옵션을 볼 수 있다.

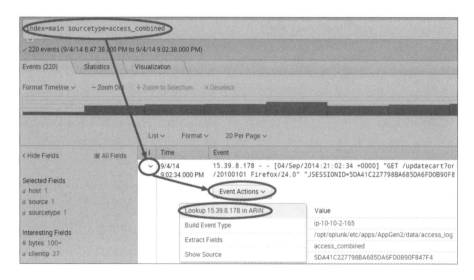

16. 드롭다운에서 이 옵션을 클릭해 브라우저의 새로운 탭을 연다. 이 탭은 IP 주소를 arin.net에 전달해 whois 참조를 수행한다. arin.net으로부터 온 결과가 나타날 것이다.

이벤트 목록에 검색 결과가 만들어질 때, 스플렁크는 반환된 필드와 설정한 워크플로우 액션의 이벤트 타입 및 일치 여부를 판단해 필요한 드롭다운 워크플로우 액션을 보여준다. `clientip` 필드는 생성한 ARIN 워크플로우 액션과 일치한다.

이번 예제에서 사용자 클릭으로 기본 GET 링크 메소드에 변수 값을 URI로 삽입할 것이다. `$clientip$` 필드 변수에 IP 주소를 넣어 ARIN 질의를 만든다. 클릭했을 때 URI에 IP가 전달된다. 다른 링크 메소드도 사용할 수 있으며 이번 장의 다른 예제에서 다룰 것이다.

워크플로우 액션은 Event Action 드롭다운 메뉴와 워크플로우 액션을 수행할 이벤트 내 특정 필드의 로우에 있는 Action 칼럼에서 보이게 할 수 있다.

레이블과 URI에서 필드 이름 변수를 사용해 동적으로 워크플로우 액션을 만들어 사용자가 내부나 외부 자원을 연결할 수 있다.

워크플로우 액션은 특정 필드의 출현에 기반을 둬 외부 자원을 편리하게 연결할 수 있으나 조작이 좀 더 필요하다.

워크플로우 액션을 이벤트 타입으로 제한

이번 예제에서 만든 워크플로우 액션을 수정해 Apply only to the following event types 박스에서 워크플로우 액션이 제한할 이벤트 타입 이름 목록을 콤마로 나눠 추가할 수 있다.

 이벤트 타입에 대한 더 많은 정보는 http://docs.splunk.com/Documentation/ Splunk/latest/Knowledge/Abouteventtypes에 있는 스플렁크 문서에서 볼 수 있다.

▶ 애플리케이션 에러 티켓 생성 예제

▶ 주어진 에러에 대한 구글 검색 예제

▶ IP 주소로 호스트 이름 추가 예제

주어진 에러에 대한 구글 검색

전체를 다 이해하지 못하는 데이터를 다뤄야 하는 경우가 많다. 예를 들어 로그 데이터에서 알아보기 힘든 에러 코드를 담고 있는 경우다. 필요하다면 참조 테이블을 사용해 좀 더 의미 있게 변환할 수 있다. 자주 찾을 필요가 없는 코드라면 인터넷 검색을 하는 워크플로우 액션을 만들 수도 있다. 웹 커뮤니티를 잘 활용해 관리자의 시간을 절약하게 해줄 수 있다.

이번 예제에서는 스플렁크 검색으로 나온 상태 코드로 구글 검색을 실행하는 워크플로우 액션을 어떻게 만드는지 보여줄 것이다.

준비

이번 예제를 따라가려면 1장 '시작: 데이터 입력'에서 적재한 예제 데이터를 가지고 있는 구동 중인 스플렁크 엔터프라이즈 서버가 필요하다. 스플렁크 사용자 인터페이스 간 이동에도 익숙해야 한다.

예제 구현

이벤트의 에러 코드로 구글 검색을 발생시키는 워크플로우 액션을 만들려면 이번 예제의 다음 단계를 따른다.

1. 스플렁크 서버에 로그인한다.

2. Operational Intelligence 애플리케이션을 선택한다.

3. Settings 메뉴를 클릭한다.

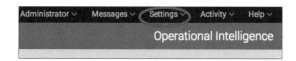

4. Fields 메뉴 옵션을 클릭한다.

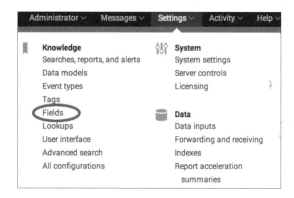

5. Workflow actions 링크를 클릭한다.

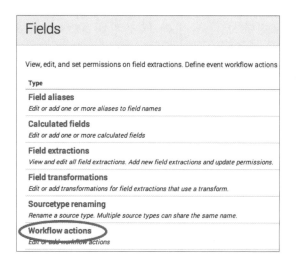

6. New를 클릭한다.

7. 목표 앱이 operational_intelligence 앱인 것을 확인한다.

8. Name 필드에 Google_Search를 입력한다. 이 이름은 어떠한 공백이나 특수문자가 있으면 안 된다. 액션의 내부 이름으로 쓰이고 보이지 않을 것이다.

9. Label 필드에 Google HTTP Status $status$를 입력한다. 레이블은 워크플로우 드롭다운에 보일 텍스트다. 달러($) 기호로 감싼 필드 이름이 올 수 있으며 이벤트의 필드 값으로 치환될 것이다.

10. status를 Apply only to the following fields 박스에 입력한다.

11. Show action in 드롭박스에서 Both를 선택하고 Action type 드롭다운에서 link를 선택한다.

12. Link configuration 아래의 URI 필드에 http://google.com/search?q=http%20 status%20$status$를 입력하고 Link method 필드를 get으로 설정한다.

13. Save를 클릭하고 워크플로우 액션 생성을 종료한다.

14. 워크플로우 액션을 테스트하고 어떻게 되는지 살펴보자. 새로운 Operational Intelligence 앱의 검색 바에서 다음 검색을 Last 15 minutes 범위로 입력한다.

```
index=main sourcetype=access_combined
```

15. 이전 예제에서와 같이 결과가 나타나면 이벤트 다음의 작은 화살표를 클릭하고 Event Actions 버튼을 클릭한다. 드롭다운에 이벤트 상태 코드로 구글 검색하는 옵션을 보게 될 것이다.

16. 드롭다운에서 이 옵션을 클릭해 브라우저의 새로운 탭을 연다. 이 탭은 상태 코드를 google.com으로 전달해 상태 코드에 대한 구글 검색을 수행할 것이다.

예제 분석

이번 예제는 이전 예제와 유사하다. 이벤트 목록에서 검색 결과가 만들어지면 스플렁 크는 반환된 필드와 설정한 워크플로우의 이벤트 타입과 비교해 일치할 경우 필요한 워크플로우 액션 드롭다운에 나타낸다. 이번 경우 status 필드는 만들었던 구글 워크 플로우 액션과 일치한다.

이번 예제에 쓰인 기본 GET 링크 메소드는 사용자가 클릭하는 URI에 변수 값을 삽 입할 것이다. $status$ 필드 값은 HTTP 상태 코드를 구글 검색 질의 URI에 삽입한 다. 클릭할 때 URI로 전달한다.

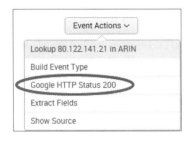

레이블에서 이름 치환을 사용해 워크플로우 이름을 동적으로 만들고, URI에서 필드 이름을 치환해 사용자가 내부 또는 외부 자원을 연결하는 워크플로우 액션을 만들 수 있다.

워크플로우 액션이 이벤트의 특정 필드 출현에 바탕을 두고 외부 자원에 연결하는 방식이지만, 다른 방식으로 외부 자원에 연결할 수 있다.

차트 드릴다운 옵션으로 구글 검색

이벤트 기반의 뷰에서 워크플로우 액션을 사용하지만, 때때로 데이터를 시각화해서 볼 때 구글 검색을 수행하길 원할 수도 있다. 차트 요소의 SimpleXML을 조금 수정해 차트를 구글로 연결하게 할 수 있다.

```
<drilldown>
<link target="_blank">
http://google.com/search?q=$row.sourcetype$
</link>
</drilldown>
```

$row.sourcetype$를 구글 검색에 전달할 정확한 차트 변수 값으로 대치할 수 있다.

▶ 애플리케이션 에러 티켓 생성 예제
▶ 주어진 IP 주소에 대한 ARIN 검색 예제

▶ IP 주소로 호스트 이름 추가 예제

애플리케이션 에러 티켓 생성

애플리케이션 이벤트에서 에러나 다른 주목할 만한 이벤트가 탐지됐을 때 어떤 추가 조사나 대응 조치를 취하고 싶을 것이다. 이것은 흔히 시스템에서 티켓을 생성해 할 당하고 진행 상황을 추적하는 일과 관련 있다.

이번 예제는 스플렁크 검색의 결과 데이터로부터 에러 코드를 취하고 스플렁크 워크 플로우 액션을 사용해 헬프데스크 시스템의 티켓을 오픈하는 법을 보여줄 것이다. 엄 청나게 다양한 티켓팅 시스템이 있으므로 모두 맞출 수는 없다. 이번 예제의 원칙은 변함이 없지만 사용 중인 다른 티켓팅 시스템에 적용하려면 조금 다르게 설정해야 한다.

준비

이번 예제를 따라가려면 1장 '시작: 데이터 입력'에서 적재한 예제 데이터를 가지고 있는 구동 중인 스플렁크 엔터프라이즈 서버가 필요하다. 스플렁크 사용자 인터페이 스 간 이동에도 익숙해야 한다.

예제 구현

에러가 탐지됐을 때 티켓을 만드는 워크플로우 액션을 설정하려면 이번 예제의 다음 단계를 따른다.

1. 스플렁크 서버에 로그인한다.

2. Operational Intelligence 애플리케이션을 선택한다.

3. Settings 메뉴를 클릭하고 Fields 메뉴 옵션을 클릭한다.

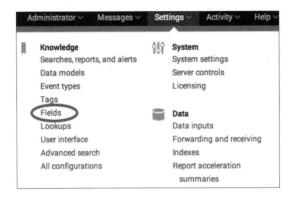

4. Workflow actions 링크를 클릭한다.

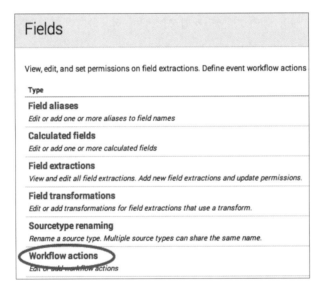

5. New를 클릭한다.

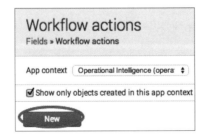

6. 목표 앱이 operational_intelligence 앱인 것을 확인한다.

7. Name 필드에 Open_JIRA_Issue를 입력한다. 이 이름은 어떠한 공백이나 특수문자를 가져서는 안 된다. 액션의 내부 이름으로 쓰이고 보이지 않을 것이다.

8. Label 필드에 Open JIRA Issue for $errorCode$를 입력한다. 레이블은 워크플로우 드롭다운에 보일 텍스트다. 달러($) 기호로 감싼 필드 이름이 올 수 있으며 이벤트의 필드 값으로 치환될 것이다.

9. *를 Apply to the following fields 박스에 입력한다.

10. Show action in 드롭박스에서 Both를 선택하고 Action type 드롭다운에서 link를 선택한다.

11. Link configuration 아래의 URI 필드에 http://127.0.0.1:8000/jira/issue/create를 입력한다.

12. Link method 필드를 Post로 설정한다.

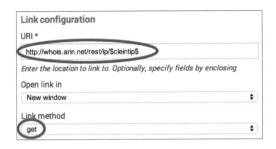

13. Post arguments의 첫 번째 필드에 error를 입력하고 두 번째 필드에 $error Code$를 입력한다.

14. Save를 클릭한다.

 다른 사용자와 공유하고 싶은 워크플로우 액션을 만들려면 퍼미션을 확인하자. 퍼미션에 대한 더 많은 정보는 http://docs.splunk.com/Documentation/Splunk/latest/Knowledge/Manageknowledgeobjectpermissions에서 볼 수 있다.

예제 분석

첫 번째로 데이터 집합에 errorCode 필드가 없다는 점과 두 번째로 워크플로우 액션 설정을 적용할 티켓팅 시스템을 가리키고 있을 필요가 있다는 점에서 이번 예제는 다소 이론적인 예제이며 실제 동작하지 않을 것이다. 그러나 외부 자원과 연동하는 워크플로우 액션을 사용해 이번 장의 다른 예제와 매우 유사한 방식으로 동작할 것이다. 다른 점은 HTTP POST 메소드를 외부 시스템으로 데이터를 제출하는 데 사용했다는 점이다. POST 요청을 설정할 때 요청 바디의 필드 이름과 값을 기술해야 한다. 모든 것이 질의 문자열에 있는 단순 GET 메소드와 다르다. POST 요청은 많은 수의 필드나 대량의 데이터를 보낼 때 유용하다. 일부 브라우저나 웹 서버는 그렇게 많은 데이터를 GET 요청으로 보낼 수 없다. 이 경우에는 여러 필드를 POST 방식으로 타깃팅 시스템에 보내야 할 것이다.

이번 예제는 워크플로우 액션으로 티켓을 어떻게 만드는지 보여준다. 그러나 보통 필요한 정보를 담은 이메일로 티켓을 생성할 수 있다. 스플렁크의 자체 얼럿 기능을 사용해 얼럿이 발생했을 때 자동으로 이를 수행하도록 할 수 있다. 추가로 스플렁크 앱 사이트의 sendresults 명령도 유용할 것이다.

부연 설명

워크플로우 액션은 스플렁크 GUI에서 설정하는 대신, 백앤드에서도 설정할 수 있다. 이렇게 하려면 애플리케이션 로컬 디렉터리의 workflow_actions.conf 파일을 생성/수정해야 할 것이다.

워크플로우 액션을 스플렁크에 수동으로 추가

설정 파일을 직접 올려 워크플로우 액션을 스플렁크에 수동으로 추가할 수 있다. 애플리케이션 오류에 대한 티켓을 여는 액션을 추가하려면 다음 코드를 $SPLUNK_HOME/etc/apps/operational_intelligence/local/workflow_actions.conf에 추가한다.

```
[Open_JIRA_Issue]
display_location = both
fields = *
label = Open JIRA issue for $errorCode$
link.method = post
link.postargs.1.key = error
link.postargs.1.value = $errorCode$
link.target = blank
link.uri = http://127.0.0.1:8000/jira/issue/create
type = link
```

참고 사항

▶ 주어진 에러에 대한 구글 검색 예제
▶ 주어진 IP 주소에 대한 ARIN 검색 예제

외부 데이터베이스로부터 인벤토리 찾기

이번 예제에서는 외부 데이터베이스에 있는 제품 인벤토리 테이블을 검색하기 위해 DB 접속을 설치해 이용해본다. 이 데이터를 하루에 한 번 다시 스플렁크로 가져와 로컬 참조로 변환할 것이다. 제품 인벤터리 테이블은 다음 장에서도 사용된다.

 DB 접속 전용 메뉴얼은 http://docs.splunk.com/Documentation/DBX/latest/ DeployDBX에서 찾을 수 있다.

준비

이번 예제를 따라가려면 1장 '시작: 데이터 입력'에서 적재한 예제 데이터를 가지고 있는 구동 중인 스플렁크 엔터프라이즈 서버가 필요하다. 스플렁크 사용자 인터페이스 간 이동에도 익숙해야 한다.

추가로 다음 중 하나를 지원하는 데이터베이스를 설치할 것을 권장한다.

▶ DB2

▶ MS SQL

▶ MySQL

▶ Oracle

▶ Sybase

▶ HyperSQL

▶ PostgreSQL

▶ H2

▶ SQLite

▶ 어댑티브 서버 엔터프라이즈 v15.7 개발 버전

다른 종류의 데이터베이스와 애플리케이션에서 ODBC를 사용하는 범용 데이터 스토 어와 함께 DB 접속이 동작할 것이다. 그러나 동작을 완벽히 보장하지는 않는다.

외부 데이터베이스와 DB 접속으로 데이터를 사용하는 스플렁크 로컬 참조를 생성하려면 예제를 따른다.

1. 데이터베이스 애플리케이션에서 productdb라 불리는 새로운 데이터베이스를 생성하고 productInventory라 불리는 새로운 테이블을 만든다. productInventory.csv 파일에 있는 내용을 새로운 데이터베이스 테이블에 삽입한다. 새로운 데이터베이스 테이블은 다음 스크린샷과 유사할 것이다.

```
mysql> use productdb
Reading table information for completion of table and column names
You can turn off this feature to get a quicker startup with -A

Database changed
mysql> select * from productInventory;
+---------+-----------------+------------------------------------------------+---------------+
| itemId  | itemName        | itemDescription                                | itemInventory |
+---------+-----------------+------------------------------------------------+---------------+
| 4728475 | Rolux Navigator | Stylish mens watch with metal band             |           400 |
|   38492 | Rolux Sportsman | Mens sport watch with timer                    |           600 |
| 1000014 | Ripple BookPro 13 | 13 inch laptop - 5PB HDD/200GB RAM           |          1000 |
| 1000015 | Ripple Jukebox 500 | Portable music player - 984 hour battery life |          405 |
| 1000016 | Poku Castbox    | Video streaming device - HDMI compatible       |           605 |
| 1000017 | Ripple Jukebox 300 | Music streaming device 300GB storage capacity |        350 |
| 1000020 | Ripple MyPhone 8 | The latest phone from Ripple - 8 inch with 8TB of |       500 |
+---------+-----------------+------------------------------------------------+---------------+
7 rows in set (0.00 sec)
```

2. 데이터베이스 테이블이 만들어지면 DB 접속을 할 수 있도록 DB 접속 애플리케이션을 설치할 필요가 있다. 드롭다운 애플리케이션 메뉴에서 Find More App을 선택한다.

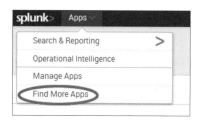

3. 스플렁크 DB 접속 애플리케이션을 검색하고 설치를 선택한다. Install free 버튼을 누른 후 Splunk.com 계정을 입력해야 할 것이다.

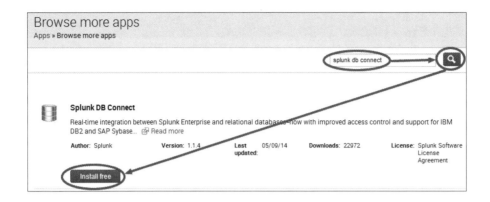

 인터넷 접속을 할 수 없는 환경이라면 DB 접속 애플리케이션을 스플렁크 앱스토어 (http://apps.splunk.com/app/958)에서 다운로드할 수 있다. 다운로드하면 2번 단계의 Manage App을 선택해 스플렁크 환경에 애플리케이션을 올리고 설치할 수 있다.

4. 재시작을 묻는 화면이 나오면 스플렁크 재시작을 선택한다. DB 접속 설치가 진행될 것이다.

5. 다시 로그인한 다음 Install successful 메시지를 보게 될 것이다. Set up now 버튼을 누른다.

6. 다음 화면에서 원래 있던 기본 설정으로 둘 것이다. 대량의 데이터에 접속하려면 힙 크기를 늘려야 할 필요도 있다. 이렇게 함으로써 더 많은 메모리를 할당해 결과가 더 빨리 나올 수 있다.

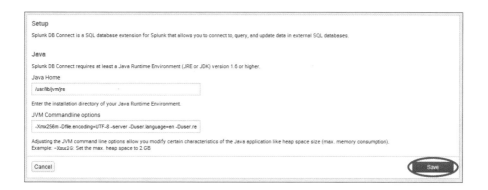

7. 오른쪽 위 모서리 메뉴에서 Settings 메뉴를 클릭한 후 External Databases라 불리는 새로운 옵션을 클릭할 것이다.

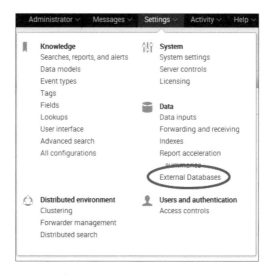

8. New 버튼을 클릭하면 설정 화면이 나타난다. Name으로 productdb를 입력하고 기술한 productdb 데이터베이스에 대한 상세 정보를 데이터베이스 사용자 이름과 패스워드를 포함해 설정 화면에 모두 입력한다.

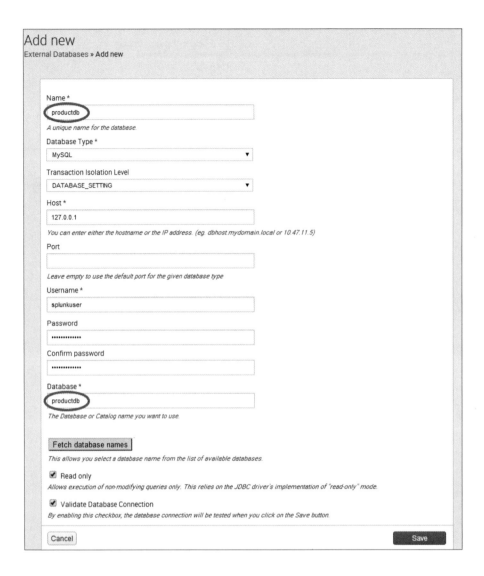

 드라이버가 없다는 에러 메시지를 받았다면 사용하는 JDBC 데이터베이스 드라이버를
설치할 필요가 있을 것이다. 예를 들어 MySQL JDBC 드라이버는 기본으로 설치되어
있지 않다. 드라이버 설치법은 간단하고 http://docs.splunk.com/Documentation/
DBX/latest/DeployDBX/Installdrivers에 잘 문서화되어 있다. 드라이버가 설치되면
스플렁크를 재시작하고 이 설정 화면으로 돌아간다.

9. 저장 후에 새로운 데이터베이스 접속이 생성되고 나타날 것이다.

Name ⇕	Database Type ⇕	Transaction Isolation Level ⇕	Host ⇕	Port ⇕	Database ⇕	Additional JDBC Parameters	Sharing ⇕	Status ⇕	Actions
productdb	mysql	DATABASE_SETTING	127.0.0.1		productdb		App | Permissions	Enabled | Disable	Clone | Delete

10. 애플리케이션 드롭다운으로 Operational Intelligence 애플리케이션으로 돌아와서 다음 검색을 검색 바에 입력한다.

    ```
    | dbquery productdb limit=1000 "select * from
    productInventory;"
    ```

11. 이제 productdb 테이블 내용이 스플렁크 내부에 나타날 것이다.

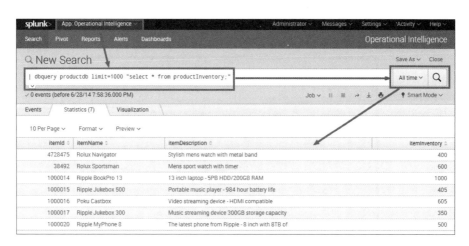

12. 검색을 다음과 같이 수정해 데이터베이스 데이터를 스플렁크 로컬 참조로 저장한다.

    ```
    | dbquery productdb limit=1000 "select * from
    productInventory;" | outputlookup productInventory.csv
    ```

13. 참조를 만드는 새로운 검색을 실행한다. 그리고 리포트로 저장하고 generate_productInventory_dblookup이라 이름 짓는다.

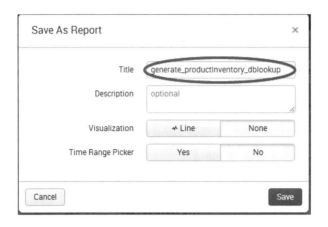

14. Save 버튼을 클릭한다. 다음 화면에서 Schedule 링크를 선택하고 Schedule을 Run every day로 설정한다.

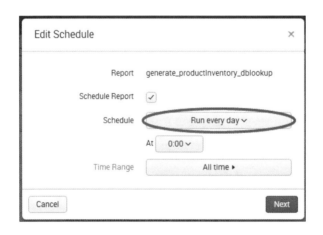

15. Next 버튼을 클릭하고 다음 화면에서 Save 버튼을 눌러 리포트를 저장한다. 이 검색은 제품 데이터베이스로부터 인벤토리 데이터를 하루에 한 번 가져와 스플 렁크에서 사용할 로컬 참조로 변환한다.

예제 분석

DB 접속은 스플렁크와 전통적인 관계형 데이터베이스를 실시간으로 연동하게 해준다. 이번 예제에서 DB 접속 애플리케이션을 설치하고 외부 productdb 데이터베이스의 제품 인벤토리 테이블과 통신하도록 설정했다. DB 접속은 설치될 때 끊임없이 백그라운드에서 돌아가는 자바 가상 머신^{JVM, Java Virtual Machine}인 자바 브릿지 서버^{Java Bridge Server}라 불리는 무언가를 설정한다. 자바 브릿지 서버는 데이터베이스 테이블과 관련된 대량의 메타데이터를 메모리 할당과 더불어 캐시에 저장해서 외부 데이터베이스 접속 속도를 향상시킨다. productdb 데이터베이스를 DB 접속을 통해 설정하면 스플렁크 검색 안에서 표준 SQL을 실행할 수 있고 스플렁크로 productInventory 테이블 내용을 반환할 수 있다. 일단 스플렁크에 데이터가 들어오면 스플렁크 내의 다른 데이터처럼 다뤄지고 outputlookup 명령어를 사용해 로컬 참조로 쉽게 변환할 수 있었다.

부연 설명

이번 예제에서는 데이터를 데이터베이스로부터 가져와 스플렁크에 로컬 참조를 생성한다. 사용자가 끊임없이 데이터베이스로부터 데이터를 직접 가져오길 원하지 않기 때문에 바람직한 사용 사례다. 그러나 로컬 참조 테이블을 만드는 대신 DB 접속이 직접 데이터베이스를 참조하도록 만들 수 있다. 게다가 DB 접속은 외부 데이터베이스 테이블을 모니터링할 수 있고 테이블로 작성됐기 때문에 스플렁크로 내용을 인덱싱할 수 있다.

외부 DB 참조에 직접 DB 접속 사용

이번 예제에서 한 것처럼 스플렁크 안에 참조를 만드는 대신, 스플렁크 DB 접속은 외부 데이터베이스 테이블을 소스로 사용하는 참조 테이블을 생성할 수 있다. Lookups 화면(Settings ➤ Lookups)으로 이동하면 Database lookups라 불리는 아이템이 추가된 것을 보게 될 것이다. 이 아이템은 DB 접속이 설치될 때 추가됐다.

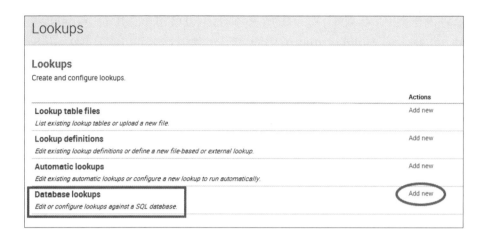

Add new를 클릭해 새로운 참조를 추가한다. 이번 경우 참조 이름을 product Inventory_dblookup으로 한다. **productdb**를 데이터베이스로 선택하고 productInventory를 입력한다. 몇 초 후 Fill all columns 버튼이 활성화될 것이다. 이 버튼을 클릭하면 테이블의 모든 필드 값이 참조 필드로 들어간다.

Save를 클릭하고 **Operational Intelligence** 검색 바로 돌아와 다음 검색을 실행한다.

```
index=main sourcetype=log4j itemId=*
| lookup local=1 productInventory_dblookup itemId AS itemId
OUTPUT itemInventory AS itemInventory
```

이 검색에서 itemId를 포함한 이벤트를 찾고 이벤트의 itemId로 itemInventory를 찾아 반환하는 직접 데이터베이스 참조를 사용한다. itemInventory는 이벤트의 새로운 필드로 만든 것을 확인하자. 또한 local=1을 검색에서 사용한 점도 확인하자. 이는 DB 접속 데이터베이스 참조를 DB 접속이 설치된 검색 헤드^{search head}에서만 하도록 제한한다.

이런 접근법은 데이터베이스에서 직접 데이터를 가져오기 때문에 장점을 가지지만, 단점도 있다. 데이터를 주기적으로 가져와 로컬 참조를 만드는 이전 예제 방식이 참조가 더 빠르게 동작하고 운용 데이터베이스 환경에 미치는 영향이 덜할 것이다.

Add new

Lookups » Database Lookups » **Add new**

Database lookups allow you to fetch data from an external SQL database but still leveraging the splunk lookup command.

Lookup Name *

productInventory_dblookup

A unique name for the database lookup. A corresponding lookup definition will be automatically added.

Database *

productdb ▾

Database Table

productInventory

Enter the database table name (double click for suggestions).

Fill all columns

Fill all columns for the given table

Lookup Fields
Please specify the fields/columns that are supported by this lookup

itemId	Delete
itemName	Delete
itemDescription	Delete
itemInventory	Delete

Add another field

☐ Configure advanced Database lookup settings
Advanced settings allow you to specify a SQL query that is executed.

Cancel   Save

 DB 접속은 범용 ODBC 드라이버를 가지고 있다. DB 접속은 이 드라이버를 사용해 하둡에 접속함으로써 하이브나 하둡 데이터, 클라우데라 임팔라 같은 제품의 하둡 벤더 데이터에 직접 질의할 수 있다.

▶ 제품 코드 설명 참조 예제

요약

이번 장에서 다룬 주요 내용들은 다음과 같다.

▶ 사용자에 친숙한 데이터 검색 결과를 얻기 위해 참조 테이블을 사용한다.

▶ 장기간의 데이터를 추적할 수 있는 상태 테이블 생성

▶ 참조 테이블에 추가할 수 없는 외부 자원에 연결 가능한 워크플로우 생성

▶ 스플렁크에서 추출한 데이터를 사용해 헬프데스크 티켓을 여는 작업과 유사한 작업을 자동화

▶ DB 접속 애플리케이션으로 외부 데이터베이스 또는 ODBC/JDBC 데이터 스토어를 스플렁크와 연동하는 강력한 기능을 지원한다.

8

사전 대응 준비: 경고 생성

이번 장에서는 스플렁크 경고 기능에 대해 배울 것이다. 다루는 내용은 다음과 같다.

▶ 비정상적인 웹 페이지 응답시간 경고

▶ 체크아웃 중 에러를 실시간으로 경고

▶ 비정상 사용자 행동 경고

▶ 실패를 경고하고 스크립트 대응 발생

▶ 예상 판매가 재고를 초과할 때 경고

소개

책의 이전 장에서는 과거의 일정 시간 범위에서 검색하는 과거 검색과 실시간 검색에 대해 많은 내용을 다뤘다. 이번 장에서는 경고에 대해 배울 것이다. 경고는 스플렁크의 가장 강력한 기능 중 하나로 꼽을 수 있다.

완벽한 운영 인텔리전스를 완성하려면 사후 대응이 아닌 사전 대응성을 가져야 한다. 주기적으로 또는 임의로 어떤 조건에 맞는 데이터를 검색함으로써 운영 통찰을 얻을 수 있겠지만, 지속해서 데이터를 관찰하면서 어떤 조건에 맞았을 때 즉시 알게 하려면 다른 접근 방법이 있어야 한다. 예를 들어 네트워크가 끊긴 다음에 대응하는 것보다는 네트워크 단절을 일으킬 수 있는 요소를 사전에 보고 있다가 발생하기 전에 막는 것이 우선일 수 있다. 이런 사전 대응 접근법이 스플렁크 경고 기능이 하는 일이다.

이번 장에서는 운영 인텔리전스 애플리케이션을 계속 구축해 경고를 사용함으로써 다양한 시나리오를 다룰 것이다. 몇 가지 타입의 경고를 구현하고 이용하는 법을 살펴본다.

스플렁크 경고에 대해

스플렁크의 다른 기능과 마찬가지로 경고는 스플렁크 검색 능력을 바탕으로 한다. 바탕이 되는 검색은 기록으로 인덱싱한 데이터를 주기적으로 검색하는 경우거나 스플렁크로 흐르는 데이터를 실시간으로 검색하는 경우다. 경고는 어떤 검색이 실행될 때마다 발생시키거나 검색 결과가 특정 조건을 만족할 때 발생시킬 수 있다.

추가로 모든 스플렁크 경고는 유사 조건이 반복적으로 만족해서 계속 경고가 발생하는 일을 조절할 수 있다. 이에 대해서는 이번 장의 후반에 다룰 것이다.

 스플렁크 경고에 대한 전용 메뉴얼은 http://docs.splunk.com/Documen tation/ Splunk/latest/Alert/Aboutalerts에서 찾을 수 있다.

경고의 종류

다음 표에서 상세히 설명한 것처럼 경고에는 세 가지 종류가 있다.

경고	설명	발생 조건	예
일정 경고 (Scheduled alert)	설정한 일정에 따라 주기적으로 과거 검색을 바탕으로 발생하는 경고	경고에서 정의한 특정 조건이 과거 검색 결과와 일치할 때 경고 발생. 다른 경고보다 자원이 덜 필요하며 즉각적인 대응이 필요 없을 때 사용한다.	일정 경고의 예로 서버의 에러 수가 30분 이내에 200을 넘을 때 경고를 발생시키는 경우를 들 수 있다.

(이어짐)

경고	설명	발생 조건	예
퍼 리절트 경고 (Per-result alert)	All time 범위에서 검색하는 실시간 바탕의 경고	항상 검색 결과를 바탕으로 경고를 발생시킨다. 일치하는 결과가 탐지됐을 때 즉시 알고 싶은 경우 유용하다.	웹 서버 에러가 특정 호스트에 발생할 때마다 경고를 발생시키는 경우다. 경고가 너무 많이 발생하는 상황을 피할 수 있게 10분당 한 번 이상은 발생하지 않도록 하는 방식처럼 경고를 조절할 수 있다.
롤링 윈도우 경고 (Rolling- window alert)	사용자가 정의한 롤링 타임 윈도우에서 검색하도록 한 실시간 기반의 경고	롤링 윈도우를 지나는 이벤트가 경고에 정의된 특정 조건에 만족할 때 경고가 발생한다.	롤링 윈도우 경고의 예는 특정 ID 세션에 같은 타입의 에러가 10분 이내에 다섯 번 일어날 때마다 경고를 발생시키는 경우다. 30분이라는 시간 범위 내에 세션 ID당 한 번의 경고만 발생하도록 하는 방식처럼 경고 발생 빈도를 조절할 수 있다.

이번 장에서는 세 가지 타입의 경고 모두를 만들어보고 실제 운영 인텔리전스 예제에 적용해볼 것이다.

발생 조건

경고는 검색의 결과가 특정 조건에 부합할 때 발생한다. 예를 들어 카운트 결과가 X 보다 클 때 경고가 발생하도록 조건을 만들 수 있다. 발생 조건은 경고를 설정할 때 정한다. 다음 표 목록은 조건으로 사용할 수 있는 목록이다.

타입	설명
퍼 리절트(Per-result)	검색이 결과를 반환할 때 발생한다. 실시간 경고에서만 사용할 수 있고 퍼 리절트 경고 타입에서만 이용할 수 있다.
결과 개수	검색 결과 개수에 바탕을 둔다. 큰, 작은, 같은, 다른과 같은 옵션이 있다.
호스트 개수	나타나는 호스트 수에 바탕을 둔다. 큰, 작은, 같은, 다른과 같은 옵션이 있다.
소스 개수	나타나는 소스의 수에 기반을 둔다. 큰, 작은, 같은, 다른과 같은 옵션이 있다.

(이어짐)

타입	설명
사용자	사용자 검색 조건에 기반을 둔다. 기본 검색 끝에 사용자 검색을 붙인다고 생각하자. 예를 들어 search count 〉 20

경고 액션

스플렁크에서 경고가 발생하면 어떤 일이 일어날까? 이는 사용자에게 달려 있다. 스플렁크는 몇 가지 액션을 내장하고 있다. 다음 테이블에 상세히 설명한다.

액션	설명
이메일 통지	한 명 이상의 사람에게 경고가 발생한 상세 내용을 보낸다. 버전 6부터 상당히 많은 부분을 사용자화할 수 있다. 아마 가장 많이 쓰는 액션일 것이다.
스크립트 실행	사용자 스크립트를 경고가 발생했을 때 실행한다. 매우 강력한 기능을 제공해준다. 예를 들어 경고가 발생했을 때 써드파티 티켓팅 시스템에 티켓을 열도록 하는 스크립트가 있을 수 있다.
RSS 통지	특정 검색으로 발생한 모든 경고에 대한 RSS 피드를 만든다. 사용자는 이 피드를 구독할 수 있다.
요약 인덱싱	경고로부터의 데이터를 요약 인덱스에 쓴다. 통계 명령에 이용하기가 좋다.
경고 관리자에 표시	스플렁크는 경고 관리자에 나타내도록 선택한 모든 발생 경고 목록을 보여주는 경고 관리자 콘솔을 내장하고 있다.

하나의 경고에 여러 경고 액션을 선택할 수 있다. 예를 들어 특정 경고가 발생했을 때 이메일을 보내고 스크립트를 실행하도록 할 수 있다.

 스플렁크에는 검색 자체에서 검색하고 이메일을 바로 보내주는 명령어가 있다. 이 명령을 포함한 검색을 일정을 만들어 실행하면 경고와 유사하게 동작한다. 이 명령어 중 하나는 sendemail이고 스플렁크에 내장되어 있으며 검색 결과를 특정 이메일 주소로 보낸다. 다른 명령어는 sendresults이고 디스커버드 인텔리전스(Discovered Intelligence)에서 개발했으며 스플렁크 앱스토어에서 무료로 사용할 수 있다. sendresults 명령은 검색 결과 자체에 따라 어디로 메일을 보낼지 결정할 수 있다.

비정상적인 웹 페이지 응답시간 경고

웹 애플리케이션이 사용자 응답성을 유지하는 일은 매우 중요하다. 응답 지연이 자주 발생하면 사용자가 사이트를 떠나 다른 곳에 가버리거나 매출을 잃을 수 있다. 2장 '데이터 파고들기: 검색과 리포트'에서 주어진 시간 동안 평균 응답시간 분석 예제를 완성했다. 이번 예제에서 비정상적인(정상 범위에 있지 않은) 응답시간을 식별하는 일정이 있는 경고를 만들 것이다.

준비

이번 예제를 따라가려면 1장 '시작: 데이터 입력'에서 적재한 예제 데이터를 가지고 있는 구동 중인 스플렁크 엔터프라이즈 서버가 필요하다. 이전에 나왔던 예제는 전부 수행해보는 것이 좋다. 이번 장의 첫 예제를 수행하고 스플렁크 사용자 인터페이스 간 이동에 익숙해야 한다. 스플렁크에서 이메일 경고를 전달할 수 있게 이메일 설정을 해야 한다.

 이 책의 의도대로 데스크톱 PC에 스플렁크 서버를 실행하고 있다면 이메일 설정을 어떻게 해야 하는지 궁금할 것이다. 스플렁크 블로그(http://blogs.splunk.com/tag/gmail/)에는 스플렁크와 지메일(Gmail), 야후(Yahoo) 메일을 연동하는 법을 설명하는 내용이 포스팅되어 있다.

예제 구현

비정상 응답시간을 식별하는 경고를 만들려면 이번 예제의 다음 단계를 따른다.

1. 스플렁크 서버에 로그인한다.

2. Operational Intelligence 애플리케이션을 선택한다.

3. 시간 범위 선택기에서 Last 60 Minutes를 선택하고 스플렁크 검색 바에서 다음 검색어를 입력한다. 확대경 아이콘을 클릭하거나 엔터를 입력한다.

```
sourcetype=access_combined index=main | stats max(response)
```

```
AS MAX by uri_path | join uri_path [search earliest=-25h
latest=-24h sourcetype=access_combined index=main | stats
avg(response) AS AVG by uri_path] | eval MAG=round(MAX/AVG)
```

 이 검색은 스플렁크 서버에 25시간 전에 인덱싱된 데이터를 사용한다. 데이터가 나오지 않는다면 서브 검색의 earliest와 latest 시간을 적절히 조절한다.

4. 검색을 완료하면 테이블러 형식의 데이터를 보게 될 것이다. Save As 드롭다운에서 Alert을 선택한다.

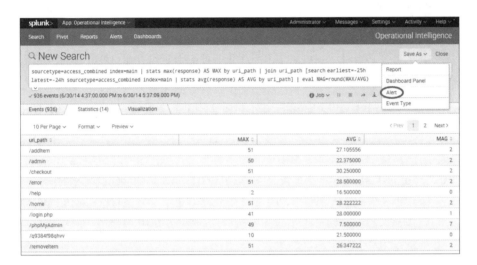

5. 팝업박스가 나타날 것이다. 경고 제목을 cp08_abnormal_webpage_response로한다. 경고 타입을 Scheduled로 하고 Time Range 필드에 Run every hour를 선택한다. 발생 조건을 Custom으로 선택하고 search MAG>5를 Custom Condition 필드에 입력한다. 그리고 Next를 클릭한다.

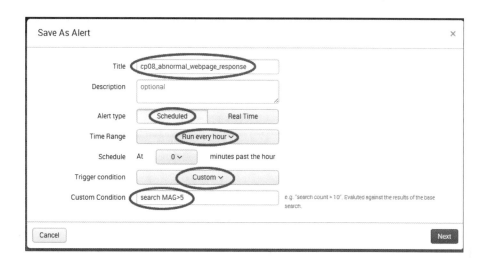

6. 경고 설정 화면이 나타날 것이다. 이 화면에서 다음 단계를 수행한다.

　1. List in Triggered Alerts 체크박스를 체크한다.

　2. Severity 드롭다운에서 Medium을 선택한다.

　3. Send Email 체크박스를 선택한다.

　4. To 박스에 경고를 보낼 유효한 이메일 주소를 입력한다.

　5. Include 절에, Link to Alert, Link to Results, Trigger Condition을 체크한다.

　6. Sharing으로 스크롤 다운해 Permissions에서 Shared in App을 선택한다.

　7. 주어진 상세 내용이 정확히 입력됐는지 확인하고 Save를 클릭한다.

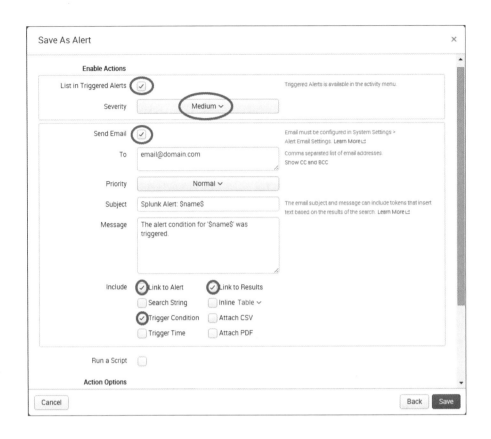

7. **View Alert**을 클릭한다. 요약 화면이 나오면서 이제 처음 만든 경고가 설정되고 일정에 따라 1시간마다 수행된다. 경고가 발생해야 하지만 언제 경고 일정을 정했는가에 따라 시간이 좀 걸릴 수도 있다.

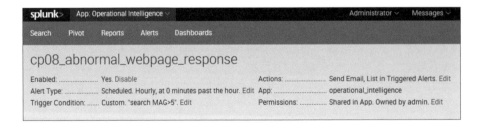

8. 경고가 발생할 때 다음 스크린샷과 유사한 이메일을 받을 것이다. 이메일 본문에 나온 경고 링크, 결과 링크, 발생 조건은 경고를 설정할 때 기술했다.

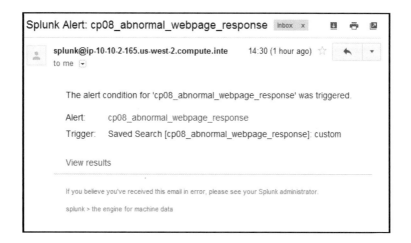

예제 분석

이번 예제에서는 지난 1시간 동안 특정 페이지의 최대 응답시간이 전날 같은 페이지의 평균 응답시간의 5배를 넘는다면 경고가 발생하게 해서 비정상적인 웹 페이지 응답시간을 찾는 검색을 만들었다.

오늘 데이터에 이상이 있을 수 있으므로 어제 시간의 평균을 가져왔다. 더 정확한 평균을 얻기 위해 지난 7일 같이 더 넓은 범위를 검색하길 원할 수 있다. 대안으로 웹 페이지가 응답해야 할 한계 시간을 밀리 세컨드로 직접 입력해 사용할 수도 있다.

하나하나 분석해보자.

검색 조각	설명
index=main sourcetype=access_combined	이 책의 이전 예제부터 이 검색은 익숙할 것이다.
| stats max(response) AS MAX by uri_path	우선 stats 명령어를 max 함수와 함께 사용해 지난 시간 동안 웹 페이지 또는 uri_path당 최대 응답시간을 식별한다. 이 필드를 MAX라 이름 붙였다.
| join uri_path [search earliest=-24h latest=-23h sourcetype=access_combined index=main | stats avg(response) AS AVG by uri_path]	join 명령으로 다른 검색 결과와 조인을 수행한다. 24시간 전 같은 시간대를 찾는 검색이다. 각 페이지의 평균 응답시간을 계산하고 AVG 필드라 이름 붙였다.

(이어짐)

검색 조각	설명
`| eval MAG=round(MAX/AVG)`	MAX와 AVG 필드를 사용해 MAX 값이 AVG 값의 몇 배인지 계산한다. 결과로 MAG 필드를 얻는다.
`| search MAG>5`	실검색은 아니고 선택한 사용자 경고 조건을 나타낸다. 내부에서 스플렁크는 이를 검색에 추가한다. 만약 값이 반환되면 경고가 발생한다.

부연 설명

이 경고는 일정 경고 타입 형식을 사용해 설정한 시간마다 주기적으로 수행하는 기록 검색에 바탕을 둔다. 경고 액션으로 경고가 발생할 때마다 이메일을 보내도록 선택했고 스플렁크 내 경고 관리자alert manager에서 나타나도록 했다.

스플렁크의 경고 관리자에서 발생 경고 조회

경고가 발생했다고 가정하면 화면 오른쪽 위 구석의 Activity 드롭다운 메뉴를 클릭하고, Triggered Alerts를 선택해 경고 관리자로 경고를 조회할 수 있다.

화면을 나오면 지금까지 발행한 모든 경고를 볼 수 있다. 발생할 경고에 대해 수행할 관리 액션은 많지 않다. 리스트에서 선택한 항목을 지우거나 발생시킨 경고에 수정이 필요하면 수정할 수 있다. 경고의 View Results를 클릭하면 경고에 사용한 검색을 보여주는 새로운 팝업 화면이 열릴 것이다. 기본 필터와 검색 기능 역시 발생 경고 목록에서 사용할 수 있다.

참조

▶ 체크아웃 중 에러를 실시간으로 경고 예제
▶ 비정상 사용자 행동 경고 예제
▶ 실패를 경고하고 스크립트 대응 발생 예제

체크아웃 중 에러를 실시간으로 경고

실시간 이벤트에서 특정 조건에 의해 경고를 발생시키는 기능은 스플렁크의 강력한 기능 중 하나다. 운영 인텔리전스 관점에서 실시간 경고는 즉각적 행동이 필요한 무엇인가에 대해 통지받을 수 있도록 해준다. 스플렁크의 실시간 경고는 실시간 검색에 바탕을 둔다.

이번 예제에서는 온라인 스토어의 체크아웃 단계에서 에러가 발생하면 실시간 경고를 하게 할 것이다. 구매 과정에서 체크아웃 단계는 소비자가 결제 상세 내용을 제출해 최종 판매 트랜잭션이 발생하는 단계다. 이 부분에서의 에러는 판매 손실과 소비자 이탈로 이어지기에 에러 발생에 대해 즉각적으로 파악해 가능한 한 빨리 대응해야한다.

준비

이번 예제를 따라가려면 1장 '시작: 데이터 입력'에서 적재한 예제 데이터를 가지고 있는 구동 중인 스플렁크 엔터프라이즈 서버가 필요하다. 이전에 나왔던 예제는 전부 수행해보는 것이 좋다. 이번 장의 첫 예제를 수행하고 스플렁크 사용자 인터페이스 간 이동에 익숙해야 한다. 스플렁크에서 이메일 경고를 전달할 수 있게 이메일 설정을 해야 한다.

체크아웃 에러 발생 실시간 경고를 만들려면 이번 예제의 다음 단계를 따른다.

1. 스플렁크 서버에 로그인한다.

2. Operational Intelligence 애플리케이션을 선택한다.

3. 검색 바에 다음 검색을 입력한다.

```
index=main sourcetype=log4j
| transaction threadId maxspan=5m
| search requestType="checkout" result="failure"
| stats count by requestType, threadId, sessionId,
customerId, orderId, invoice, paymentId, numberOfItems,
total, result
```

4. 시간 범위 선택기 Presets의 실시간 열에서 5 minute window를 선택해 검색 시간
범위를 5분 윈도우로 변경한다.

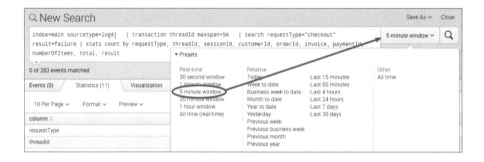

5. 검색을 수행해도 보여줄 결과가 없다면 어떠한 결과도 나오지 않을 것이다. Save
As 드롭다운을 클릭하고 Alert을 선택한다.

6. 팝업박스가 나타날 것이다. Title 필드에 cp08_ realtime_checkout_error를 입력

한다. 경고 타입을 Real Time으로 하고 Trigger condition 필드를 Number of Results 로 한다. Greater then을 선택하고 Number of results is 필드에 0을 입력한다. Next 를 클릭한다.

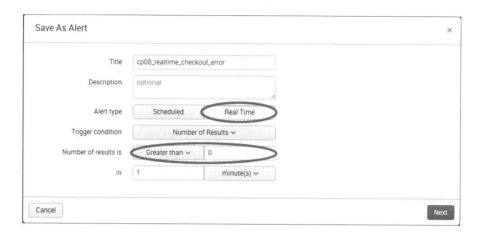

7. 경고 설정 화면이 나타날 것이다. 이번 경고 설정은 이전 예제보다 조금 복잡하다. 이 화면에서 다음 단계를 수행한다.

   1. List in Triggered Alerts 체크박스를 체크한다.

   2. Severity 드롭다운에서 High를 선택한다. 스플렁크에서 중요도를 나누는 기준일 뿐이다.

   3. 경고가 발생했을 때 이메일을 보내길 원한다면, Send Email 체크박스를 선택한다.

   4. To 박스에 경고를 보낼 유효한 이메일 주소를 입력한다.

   5. Priority 드롭다운에서 High를 선택한다.

   6. Include 절에, Link to Alert, Link to Results, Inline Table, Trigger Time을 체크한다. 이러한 설정을 통해 이메일에 경고와 연결 링크 둘 다 있도록 한다. Inline Table 옵션은 이메일 본문에 테이블러화된 결과가 나오도록 한다.

   7. When triggered, execute action 필드에 For each result를 선택한다.

   8. Throttle 체크박스를 선택한다.

9. Suppress results containing field value 텍스트박스에 threadId를 입력한다.

10. Suppress triggering for 텍스트박스에 600과 seconds()를 선택한다.

11. Sharing 아래 Permissions 필드에 Shared in App 옵션을 선택한다.

12. 주어진 상세 내용이 정확히 입력됐는지 확인하고 Save를 클릭한다.

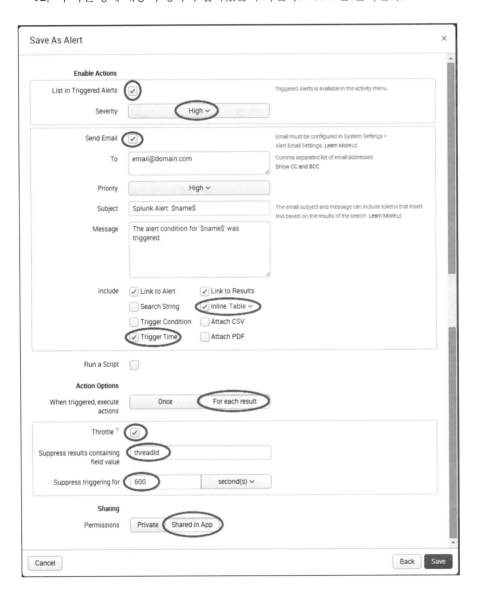

8. View Alert을 클릭한다. 요약 화면이 나오면 이제 경고를 거의 다 설정했다.

9. 불행히도 이 책을 저술하는 시점에 이런 방식으로 만든 경고는 처음 선택했던 5 분 윈도우가 적용되지 않아 검색을 수정해 수동으로 설정해야 했었다. 어려운 작업은 아니다. 오른쪽 위 구석의 Settings 메뉴를 선택하고 Search, reports, and alerts를 선택한다.[1]

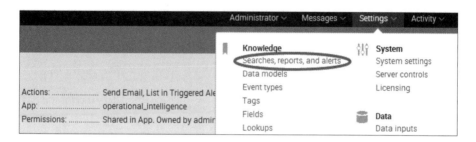

10. cp08 검색을 가져오기 위해 cp08을 검색한다. 그리고 방금 만든 p08_realtime_ checkout_error 검색을 선택한다.

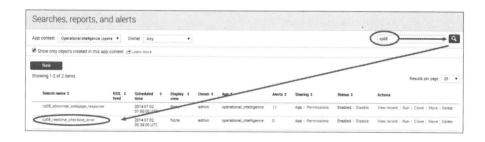

11. 검색 상세가 나타날 것이다. Start time을 rt-5m으로, Finish time을 rt-0m으로 수 정하고 Save를 클릭한다.

---

1 스플렁크 엔터프라이즈의 대부분 버전에서 5분 윈도우가 문제없이 적용되므로 상황에 따라 이 부분은 무시할 수 있다.

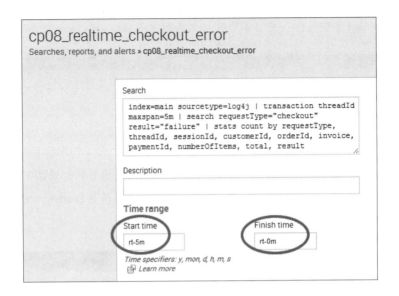

cp08_realtime_checkout_error

Searches, reports, and alerts » cp08_realtime_checkout_error

Search

```
index=main sourcetype=log4j | transaction threadId
maxspan=5m | search requestType="checkout"
result="failure" | stats count by requestType,
threadId, sessionId, customerId, orderId, invoice,
paymentId, numberOfItems, total, result
```

Description

Time range

Start time
rt-5m

Finish time
rt-0m

Time specifiers: y, mon, d, h, m, s
📄 Learn more

12. 이제 검색이 올바르게 설정되고 실시간으로 동작한다. 경고가 발생하면 다음 스크린샷과 유사한 이메일을 받게 될 것이다. 경고에 설정한 대로 **Trigger Time**과 주요 데이터가 이메일 본문에 인라인 테이블 형태로 들어가 있다.

Splunk Alert: cp08_realtime_checkout_error Inbox x

splunk@discoveredintel.ca
to me ▾

The alert condition for 'cp08_realtime_checkout_error' was triggered.

Alert: cp08_realtime_checkout_error
Trigger Time: 12:40:31 on July 02, 2014.

View results in Splunk

requestType	threadId	sessionId	customerId	orderId	invoice
checkout	95311404261600	5081BAFAC7411BA94258061400D0D79E	20140702003923	1404261563	14042615639531

If you believe you've received this email in error, please see your Splunk administrator.

splunk > the engine for machine data

예제 분석

이번 예제는 조금 복잡하다. 그래서 체계적으로 단계를 분석해보자. 이번 예제에서 체크아웃 실패를 찾으려고 체크아웃 단계에서 애플리케이션 로그의 실패 이벤트를 검색했다. 특히 지불 정보를 백앤드 애플리케이션 데이터베이스에 제출했지만, 로그로 실패를 반환한 데이터베이스 갱신 응답 실패를 찾았다. 웹 애플리케이션 로그 이벤트는 스레드로 알려진 트랜잭션으로 나눈다. 각 스레드는 함께 묶을 수 있는 유일한 범용 threadId를 가지고 있고 유일한 스레드 안의 이벤트는 보통 요청과 응답으로 구성되어 있다. 실시간 검색은 5분 단위 윈도우를 보도록 설정했는데 보통 개별 스레드는 이보다 길지 않기 때문이다.

하나하나 분석해보자.

검색 조각	설명
index=main sourcetype=log4j	이 책의 이전 예제로부터 이 검색은 익숙할 것이다.
| transaction threadId maxspan=5m	transaction 명령을 사용해 우선 같은 threadID를 가진 이벤트를 다중 값 트랜잭션 이벤트로 묶는다. 트랜잭션 시간 범위를 5분으로 선택했는데 여기서 개별 스레드 범위는 이보다 길지 않기 때문이다.
| search requestType="checkout" result=failure	이벤트가 threadID에 의해 트랜잭션으로 그룹화하고 체크아웃 처리와 관련된 스레드를 찾는다. 또한 백앤드 데이터베이스 갱신에서 failure 결과가 반환된 이벤트를 찾는다.
| stats count by requestType, threadId, sessionId, customerId, orderId, invoice, paymentId, numberOfItems, total, result	실패 이벤트가 발생하면 stats 명령어로 관련 필드 값을 테이블러 형식 포맷으로 집어넣고 중복 값을 제거한다. 이 값들을 이메일 경고에 보여줄 것이다.

이번 예제에서 롤링 윈도우^{rolling-window} 경고 타입을 사용해 5분 범위의 실시간 롤링 윈도우에서 검색하도록 설정했다. 이 타입의 윈도우로 하나의 스레드 트랜잭션 안의 모든 이벤트를 검사할 수 있다.

에러가 발생할 때마다 알길 원해서 하나 이상의 실패 조건에 맞는 이벤트가 나타날 때마다 경고가 발생하도록 선택했다. 각 결과는 새로운 에러와 관련 있어서 결과에 따라 액션을 수행하도록 선택했다. 다시 말하면 한 번에 두 개의 에러를 받았다면 두 번의 경고가 발생할 것이다. threadId에 대한 경고를 조절하도록 선택해 같은 threadId 값에 대한 경고가 한 번 이상 실행되지 않도록 했다. 같은 에러에 대해 계속해 알려줄 필요가 없으므로 이러한 조절은 이치에 맞다. 경고를 600초 또는 10분으로 조절하게 선택했다. 이 말은 한 번 경고가 발생하면 같은 threadId로는 10분 이내에 다시 발생하지 않는다는 의미다. 그러나 에러 발생 후 10분이 지나면 같은 threadId에 대해 또 다른 경고가 발생할 것이다. 이벤트에서 threadId는 유일해서 같은 threadId의 트랜잭션이 다시 나올 확률은 없다.

이메일 자체에 인라인 테이블로 결과와 발생 시간을 담도록 기술했다. 이런 내용을 포함해 최종 메일을 받는 사람에게 더 많은 조치를 하도록 해준다. 발생 시간은 수신자가 언제 실패 이벤트가 발생했는지 알게 해주고, 인라인 테이블은 이벤트 관련 주요 정보를 가지고 있다. 이를 통해 경고 수신자가 스플렁크에 로그인해서 검색을 따로 수행할 필요 없이 필요한 정보를 모두 얻게 해준다.

 기본값으로 관리 사용자 롤을 가진 사용자만이 실시간 검색, 일정 검색을 실행하거나 저장할 수 있고 경고를 만들 수 있다. 자원을 많이 사용하는 검색을 작성할 수 있어서 자기 소유의 검색과 경고를 일정으로 만들 수 있는 퍼미션을 사용자에게 줄 때 주의해야 한다.

부연 설명

이 예제는 실시간 경고에 관한 내용인 만큼 실시간 검색에 관련되어 있다. 화면을 쳐다보며 데이터가 스플렁크로 오는 것을 계속 보고 있지 않는 한, 실시간 검색 자체만으로는 가치의 한계가 있다. 그래서 경고와 쌍을 이뤄야 이 기능의 진가가 발휘된다. 실시간 검색과 실시간 경고는 일정 기반의 검색 경고보다 시스템 자원에 부담을 줄 수 있어서 효과적으로 만들어졌는지, 가치가 있는지에 대해 확실히 해둘 필요가 있다. Jobs 화면은 어떤 실시간 검색이 시스템에서 동작 중인지를 보여준다. 추가로, 경고는 검색을 수정하는 방식과 유사하게 직접 설정을 수정할 수 있다.

인덱싱한 실시간 검색으로 성능을 향상시키고 실시간 검색이나 경고에 필요한 시스템 자원을 줄일 수 있다. 더 많은 정보가 필요하면 다음 문서를 검토하자. http://docs. splunk.com/Documentation/Splunk/latest/Search/Aboutrealtimesearches

설정 파일로 경고 만들기

경고는 스플렁크 검색의 확장이기 때문에 밑에 깔린 경고 관련 상세 설정은 앱의 로컬 디렉터리의 savedsearches.conf 파일에 검색과 같이 쓰인다.

Operational Intelligence 앱의 savedsearches.conf 파일은 $SPLUNK_HOME$/etc/apps/operational_intelligence/local/savedsearches.conf에 위치한다.

만약 이 파일을 열어본다면 지금까지 만든 두 개의 검색과 경고 관련 항목들을 볼 수 있을 것이다. 경고 조건을 기술하는 추가 설정 필드를 확인하자. 만약 검색 중 하나와 모든 필드를 복사해 붙여넣기하고 새로운 이름을 주었다면([name]) 스플렁크 안에 복제 경고가 만들어질 것이다. .conf 파일의 변경사항을 적용하려면 다른 많은 .conf 파일처럼 스플렁크 재시작이 필요하다.

왜 savedsearches.conf를 통해 경고를 설정할 필요가 있는지 의문일 수도 있다. 이것은 경고 설정이 대부분 유사하지만 바탕이 되는 검색이 조금 다른 여러 경고를 만들 때 유용하다. GUI에 가서 경고를 하나하나 설정하는 것보다 savedsearches.conf를 직접 수정하는 방식이 훨씬 빠를 것이다.

동작 중인 실시간 검색 확인

현재 스플렁크 환경에서 동작 중인 실시간 검색을 확인하는 빠르고 유용한 방법은 Jobs 화면을 이용하는 것이다. 오른쪽 위 구석의 메인 메뉴에서 Activity 드롭다운을 클릭하고 Jobs를 선택한다.

Jobs 화면이 나타날 것이다. Operational Intelligence 애플리케이션에 동작 중인 모든 잡을 보려면 Running을 선택한다. cp08_realtime_checkout_error 검색이 보일 것이고 Status 칼럼이 Running (100%)으로 설정되어 있을 것이다. 스플렁크의 모든 실시간 검색은 Running (100%) 상태로 보이기 때문에 빠르게 실시간 검색을 식별할 수 있다. 기록 검색은 검색이 진행되면서 점진적으로 100퍼센트까지 증가하고 동작 중인 잡이 100퍼센트가 되면 검색이 끝나고 사라진다. 그러나 실시간 검색은 비활성화되거나 삭제되기 전까지 항상 100퍼센트에 머물 것이다. 스플렁크를 재시작하면 스플렁크가 돌아올 때 모든 실시간 검색도 자동으로 재시작될 것이다.

참고 사항

▸ 비정상적인 웹 페이지 응답시간 경고 예제
▸ 비정상 사용자 행동 경고 예제
▸ 실패를 경고하고 스크립트 대응 발생 예제

비정상 사용자 행동 경고

이번 예제에서는 비정상 사용자 행동을 찾는 상대적으로 간단한 실시간 퍼 리절트per-result 타입의 경고를 작성할 것이다. 찾아야 하는 비정상 행동은 체크아웃 과정을 거치지 않고 결제가 완료된 경우다.

준비

이번 예제를 따라가려면 1장 '시작: 데이터 입력'에서 적재한 예제 데이터를 가지고 있는 구동 중인 스플렁크 엔터프라이즈 서버가 필요하다. 이전에 나왔던 예제는 전부 수행해보는 것이 좋다. 이번 장의 첫 예제를 수행하고 스플렁크 사용자 인터페이스 간 이동에 익숙해야 한다. 스플렁크에서 이메일 경고를 전달할 수 있게 이메일 설정을 해야 한다.

예제 구현

비정상 사용자 행위가 발생했을 때 경고를 만들려면 이번 예제의 다음 단계를 따른다.

1. 스플렁크 서버에 로그인한다.

2. Operational Intelligence 애플리케이션을 선택한다.

3. 검색 바에 다음 검색을 Last 24 hours 범위로 입력한다.

```
index=main sourcetype=log4j requestType=checkout
(numberOfItems>10 OR total>3000)
| table ipAddress, numberOfItems, total, invoice,
customerId, paymentId, orderId
```

4. 검색은 수행되지만 보여줄 결과가 없다면 어떠한 결과도 나오지 않는다. Save As 드롭다운을 클릭하고 Alert을 선택한다.

5. 팝업박스가 나타날 것이다. Title 필드에 cp08_realtime_abnormal_purchase를 입력한다. 이번엔 Alert type을 Real Time으로 하고 Trigger condition 필드를 Per-Result로 변경한다. 그다음 Next를 클릭한다.

6. 경고 설정 화면이 나타날 것이다. 이번 경고 설정은 이전 예제보다 조금 덜 복잡하다. 기본 설정은 대부분 그대로 둘 것이다. 이 화면에서 다음 단계를 수행한다.

   1. List in Triggered Alerts 체크박스를 체크한다.

   2. Send Email 체크박스를 선택한다.

   3. To 박스에 경고를 보낼 유효한 이메일 주소를 입력한다.

   4. Include 절에, Link to Alert, Link to Results, Inline Table을 체크한다.

   5. 이번엔 Throttle 체크박스를 선택하지 않는다.

   6. Sharing 아래 Permissions 필드에 Shared in App 옵션을 선택한다.

   7. 주어진 상세 내용을 정확히 입력했는지 확인하고 Save를 클릭한다.

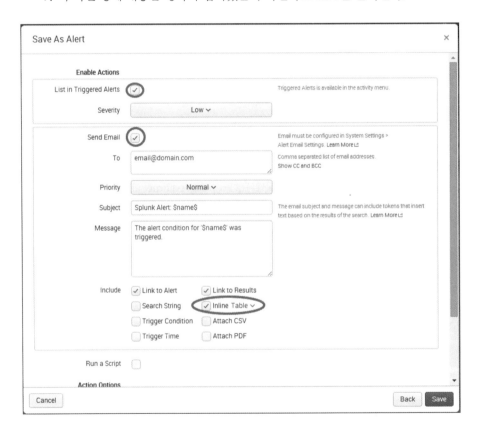

7. View Alert을 클릭한다. 요약 화면이 나올 것이다. 이제 경고가 설정되고 실시간으로 동작한다.

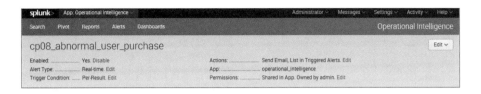

8. 경고가 발생하면 다음 스크린샷과 유사한 이메일을 받게 될 것이다. 경고에 설정한 대로 데이터의 주요 필드가 이메일 본문에 인라인 테이블 형태로 들어가 있는 상태를 확인하자.

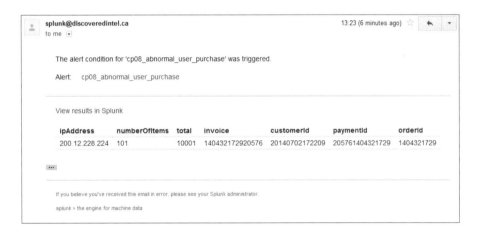

예제 분석

이번 예제는 10개 이상의 아이템을 포함하거나 구매 합이 3,000달러보다 큰 구매 이벤트를 찾는 상대적으로 단순한 검색을 다룬다. 총 가격이 1,000달러보다 작고 아이템이 두 개인 구매가 보통인 환경에서 앞의 거래는 비정상으로 여겨질 수 있을 것이다. 단순하지만 퍼 리절트 타입의 경고 동작을 보여준다. 근본적으로 일치하는 결과가 탐지되자마자 경고가 발생한다. 검색은 All time 범위로 실시간으로 일치하는 이벤트가 들어오길 지켜보며 기다린다. 스로틀링throttling을 이용할 수 없어서 일치 이벤트가 다섯 번 들어오면 경고도 다섯 번 발생한다. 이전 예제는 시간에 따라 함께 트랜잭션화되는 이벤트 수에 의존하고 있어서 퍼 리절트 타입 경고는 이전 예제의 문제를 다룰 때 적합하지 않을 것이다.

경고를 발생시키길 원하는 비정상 사용자 행위에는 여러 가지 다른 면이 있지만, 이 예제에서는 다소 명확한 비정상을 다룬다. 예를 들어 주문이 성공적으로 이뤄졌지만 체크아웃 이벤트가 일어나지 않은 경우가 더 눈에 띄는 사용자 행위일 것이다. 이는 주문이 실제로 지불 없이 이뤄지게 뒷단의 데이터베이스로 허가받지 않은 접근을 시도했을 가능성이 있음을 보여준다.

체크아웃 없는 사용자의 비정상 구매 경고

체크아웃 이벤트가 없는 구매를 탐지하기 위해 이전 예제에서 했던 검색과 유사한 검색을 사용할 것이다(실시간으로 체크아웃 동안 일어난 에러 경고). 전체 스레드를 함께 묶는 데 트랜잭션 검색이 필요하다. 한 번 트랜잭션 검색이 수행되면 requestType에 체크아웃 값을 포함하지 않는 스레드를 찾을 수 있다. 검색은 다음과 같다.

```
index=main sourcetype=log4j
| transaction threadId maxspan=5m
| search paymentReceived="Y" result="success" NOT
requestType="checkout"
| stats count by threadId, sessionId, orderId, invoice, paymentId,
result
```

일정 기간 동안 이벤트를 묶는 트랜잭션의 성격 때문에 퍼 리절트 경고 타입을 여기에 사용할 수 없다. 대신에 롤링 윈도우 경고 타입이 사용돼야 한다.

 복잡한 알고리즘을 내부에서 사용해 비정상 운영과 비정상 행동을 탐지하는 데 유용한 애플리케이션이 스플렁크 앱스토어에 있다.

▶ 체크아웃 중 에러를 실시간으로 경고 예제

▶ 실패를 경고하고 스크립트 대응 발생 예제

▶ 예상 판매가 재고를 초과할 때 경고 예제

실패 경고와 스크립트 대응 발생

지금까지 사용할 수 있는 모든 타입의 경고를 사용해봤고 이메일 보내기 같은 일반적인 경고 액션을 추가로 사용했다. 그러나 아직 다루지 않은 매우 강력한 경고 액션 기능 중 하나가 있는데, 경고가 발생할 때 스크립트를 실행하는 기능이다.

이번 예제에서 503 HTTP 웹 서버 에러가 탐지되면 경고를 발생시키는 단순한 실시간 퍼 리절트 경고를 만들 것이다. 경고가 발생하면 서버의 로컬 파일로 이벤트 상세 내용을 쓰는 스크립트를 실행할 것이다.

준비

이번 예제를 따라가려면 1장 '시작: 데이터 입력'에서 적재한 예제 데이터를 가지고 있는 구동 중인 스플렁크 엔터프라이즈 서버가 필요하다. 이전에 나왔던 예제는 전부 수행해보는 것이 좋다. 이번 장의 첫 예제를 수행하고 스플렁크 사용자 인터페이스 간 이동에 익숙해야 한다.

예제 구현

실패를 경고하고 스크립트로 반응하게 하려면 이번 예제의 다음 단계를 따른다.

1. 우선 스플렁크가 실행할 스크립트를 작성해야 한다. 스플렁크는 많은 수의 출력 변수(0-8)를 스크립트로 보낼 수 있다(이 스크립트는 각각이 무엇인가를 보여주기 위해 모든 변수를 출력한다.). 변수에 대해서는 예제를 마치고 설명할 것이다.

유닉스/리눅스에 스플렁크를 설치했다면 스크립트 이름을 testscript.sh라 짓고
다음 라인을 스크립트에 입력한다. 필요하다면 파일을 쓸 위치를 바꿀 수 있다.

```
echo "
`date`
ARG0='$0'
ARG1='$1'
ARG2='$2'
ARG3='$3'
ARG4='$4'
ARG5='$5'
ARG6='$6'
ARG7='$7'
ARG8='$8'" >> "/var/tmp/splunk_testscript.log"
```

윈도우에 스플렁크를 설치했다면 스크립트 이름을 testscript.bat라 짓고 다음 라
인을 스크립트에 입력한다. 필요하다면 파일을 쓸 위치를 바꿀 수 있다.

```
@echo off
date /T >> "c:\temp\splunk_testscript.log"
time /t >> "c:\temp\splunk_testscript.log"
echo %0 >> "c:\temp\splunk_testscript.log"
echo %1 >> "c:\temp\splunk_testscript.log"
echo %2 >> "c:\temp\splunk_testscript.log"
echo %3 >> "c:\temp\splunk_testscript.log"
echo %4 >> "c:\temp\splunk_testscript.log"
echo %5 >> "c:\temp\splunk_testscript.log"
echo %6 >> "c:\temp\splunk_testscript.log"
echo %7 >> "c:\temp\splunk_testscript.log"
echo %8 >> "c:\temp\splunk_testscript.log"
echo ***************>> "c:\temp\splunk_testscript.log"
```

2. 파일을 만들고 testscript.sh/testscript.bat 파일을 $SPLUNK_HOME$/etc/apps/
   operational_intelligence/bin/scripts 디렉터리에 둔다. 스플렁크가 스크립트를
   실행하고 결과를 기술한 디렉터리에 쓸 수 있도록 사용하는 운영체제에 맞게 적
   절히 파일 퍼미션을 설정한다. 퍼미션을 변경하는 법을 확실히 모르겠다면 내부
   관리자에게 문의하자.

3. 스플렁크 서버에 로그인한다.

4. Operational Intelligence 애플리케이션을 선택한다.

5. 검색 바에 다음 검색을 Last 24 hours 범위로 입력한다.

```
index=main sourcetype=access_combined status=503
```

6. 검색은 수행되겠지만 보여줄 결과가 없다면 어떠한 결과도 나오지 않을 것이다. 이전 예제처럼 Save As 드롭다운을 클릭하고 Alert을 선택한다.

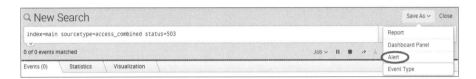

7. 팝업박스가 나타날 것이다. Title 필드에 cp08_webserver_failure_script를 입력한다. 이번엔 Alert type을 Real Time으로 하고 Trigger condition 필드를 Per-Result로 변경한다. 그다음 Next를 클릭한다.

8. 경고 설정 화면이 나타날 것이다. 이번 경고 설정은 이전 예제보다 조금 덜 복잡하다. 기본 설정을 대부분 그대로 둘 것이다. 이 화면에서 다음 단계를 수행한다.

    1. **Run a Script** 체크박스를 체크하고 **Filename** 필드에 testscript.sh(또는 testscript.bat)를 입력한다.

    2. **Sharing**으로 스크롤 다운하고 Permissions에서 **Shared in App**을 선택한다.

3. 주어진 상세 내용이 정확히 입력됐는지 확인하고 **Save**를 클릭한다.

9. **View Alert**을 클릭한다. 요약 화면이 나올 것이다. 이제 경고가 설정되고 실시간으로 동작한다.

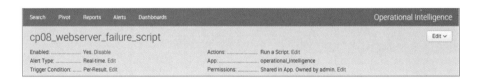

10. 리눅스면 /var/tmp 디렉터리로 가고 윈도우면 c:\temp 디렉터리로 간다. 바로 splunk_testscript.log 파일을 볼 수 있다. 아마 10분 정도 있어야 나타날 것이다. 로그 파일을 열어 발생한 모든 경고 상세 내용을 확인하자.

예제 분석

퍼 리절트 타입 경고다. 503 에러가 발생하는 언제라도 경고가 발생하고 스크립트를 실행한다. 이번 예에서는 발생한 경고에 대한 상세 내용을 스플렁크 서버의 로컬 파일에 쓰는 단순한 스크립트를 작성했다. 스플렁크는 경고가 발생했을 때 여러 변수 값을 스크립트로 전달할 수 있다. 이번 예제에서 작성한 테스트 스크립트는 가능한 모든 변수를 쓴다. 0부터 8까지 번호 붙여진 총 여덟 개 변수가 있고 다음 표에 나열했다.

변수	설명
0	스크립트의 이름을 나타낸다.
1	반환된 이벤트 수를 나타낸다.
2	검색어를 나타낸다.
3	전체 질의 문자열을 나타낸다.
4	발생 이유를 나타낸다.
5	리포트 이름을 나타낸다.
6	리포트를 볼 수 있는 브라우저 URL을 나타낸다.
8	검색 결과가 저장된 파일을 나타낸다.

 어딘가에 저장된 경고의 검색 결과를 이용하는 스크립트를 만들고 싶을 수도 있다. 이 경우 8번 변수에 들어있는 CSV 파일을 열어 파일로부터 검색 결과를 분석하도록 스크립트를 만들 수 있다.

부연 설명

이번 예제에서는 단순히 기능을 설명하려고 스크립트 경고를 사용하는 가장 간단한 접근법을 사용하여, 모든 독자가 기능을 시험해볼 수 있게 했다. 물론 경고가 발생했을 때 실행하는 스크립트와 관련된 많은 것을 배울 수 있다. 작성할 수 있는 스크립트 예는 다음과 같다.

- ▶ 티켓팅 시스템의 키 필드를 전달하는 스크립트. 발생한 경고에 대한 티켓을 열어 관련자가 조치하게 한다.
- ▶ 웹 서버 충돌이 발생했을 때 SSH를 사용해 웹 서버를 재시작하는 스크립트
- ▶ 수상한 IP 주소를 블록하는 방화벽 룰을 동적으로 추가하는 스크립트

- 체크아웃 중 에러를 실시간으로 경고 예제
- 비정상 사용자 행동 경고 예제
- 예상 판매가 재고를 초과할 때 경고 예제

예상 판매가 재고를 초과할 때 경고

마지막인 이번 예제에서는 예상 판매량이 가지고 있는 재고량을 넘을 때 경고가 발생하도록 일정 경고를 만들 것이다. 이런 타입의 정보는 운영 인텔리전스의 핵심 방식으로, 재고가 바닥나는 것을 미리 알아 실제로 바닥나기 전에 주문할 시간을 벌 수 있다.

준비

이번 예제를 따라가려면 1장 '시작: 데이터 입력'에서 적재한 예제 데이터를 가지고 있는 구동 중인 스플렁크 엔터프라이즈 서버가 필요하다. 스플렁크 사용자 인터페이스 간 이동에 익숙해야 하고 이 책의 이전 예제를 완성했기 때문에 스플렁크 검색 언어 명령을 잘 알아야 한다. 또한 스플렁크에서 이메일 경고를 전달할 수 있게 이메일 설정을 해야 한다.

추가로 이번 장은 7장 '데이터 확장: 참조와 워크플로우'의 외부 데이터베이스로부터 인벤토리 찾기에서 구현한 인벤토리 참조에 의존하기 때문에 이 예제를 완료하지 않았다면 productInventory.csv 파일을 Operational Intelligence 애플리케이션의 참조 대신 올릴 수 있다.

예상 판매가 재고를 초과했을 때 알려주는 경고를 만들려면 이번 예제의 다음 단계를
따른다.

1. 스플렁크 서버에 로그인한다.

2. Operational Intelligence 애플리케이션을 선택한다.

3. 시간 범위 선택기에서 Last 60 Minutes를 선택하고 스플렁크 검색 바에서 다음 검
   색어를 입력한다. 확대경 아이콘을 클릭하거나 엔터를 입력한다.

```
index=main sourcetype=log4j earliest=-0d@d
requestType=removeItem OR requestType=updateCart OR
requestType=addItem
[search index=main sourcetype=log4j requestType="checkout"
earliest=-0d@d | fields orderId]
| eval quantity=if(requestType="removeItem",-1,quantity)
| stats sum(quantity) AS quantity by itemId, date_hour
| stats avg(quantity) as salesRate, sum(quantity) as Sales
by itemId
| lookup productInventory.csv itemId AS itemId OUTPUT
itemInventory AS origInventory
| eval currentInventory=origInventory-Sales
| eval predictSales=round(salesRate*24)
| eval predictInventory=currentInventory-predictSales
| table itemId, origInventory, Sales, currentInventory,
salesRate, predictSales, predictInventory
```

 체크아웃 단계에 닿는 orderId를 식별하기 위해 서브 검색을 이용한다. 서브 검색은 잘
동작하지만, 최대 10,500개의 결과 반환 제한이 있다. 더 많은 정보는 http://docs.
splunk.com/Documentation/Splunk/latest/Search/Aboutsubsearches에 있다.

4. 판매 및 재고와 관련해 테이블러화된 결과를 보여줄 것이다. Save As 드롭다운을
   클릭하고 Alert을 선택한다.

5. 팝업박스가 나타날 것이다. Title 필드에 cp08_predict_sales_inventory를 입력한
   다. Alert type 필드에서 Scheduled를 선택하고 Time Range 필드에 Run every hour
   를 선택한다. Trigger condition 필드를 Custom으로 하고 Custom Condition 필드에
   predictInventory<1을 입력한다. 그다음 Next를 클릭한다.

6. 경고 설정 화면이 나타날 것이다. 이 화면에서 다음 단계를 수행한다.

   1. List in Triggered Alerts 체크박스를 체크한다.

   2. Severity 드롭다운에서 Medium을 선택한다.

   3. Send Email 체크박스를 선택한다.

   4. To 박스에 경고를 보낼 유효한 이메일 주소를 입력한다.

   5. Include 절에, Link to Alert, Link to Results, Inline Table을 체크한다.

6. Sharing으로 스크롤 다운하고 Permissions 필드에 Shared in App을 선택한다.

7. 주어진 상세 내용이 정확히 입력됐는지 확인하고 Save를 클릭한다.

7. View Alert을 클릭한다. 요약 화면이 나오면서 이제 경고가 설정되어 일정대로 시간마다 구동하게 설정됐다. 언제 경고 일정을 만들었는지에 따라 경고가 발생하는 데 시간이 조금 걸릴 수 있다.

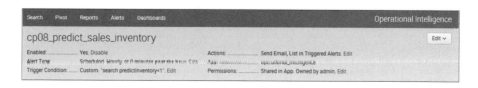

8. 경고가 발생하면 다음 스크린샷과 유사한 이메일을 받게 될 것이다. 경고에 설정한 대로 경고 링크, 결과 링크, 실제 결과가 이메일 본문에 있는 것을 확인하자.

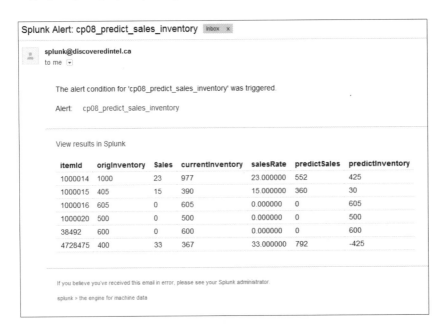

예제 분석

바탕이 되는 검색은 조금 복잡하다. 다음 24시간 후에 각 아이템이 얼마나 많이 팔릴지를 각 아이템의 검색일 자정 이후 판매를 바탕으로 계산하는 검색이다. 이 데이터를 얻으면 재고를 체크할 수 있고 바닥날지 모르는 아이템을 계산할 수 있다. 예상 재고가 0이거나 그보다 아래라면 경고를 발생시킨다. 검색은 시간마다 동작한다. 재고 참조는 자정마다 갱신한다고 가정한다.

하나하나 분석해보자.

검색 조각	설명
index=main sourcetype=log4j earliest=-0d@d requestType=removeItem OR requestType=updateCart OR requestType=addItem	모든 애플리케이션 로그를 검색해 우선 쇼핑카트 갱신 관련 이벤트를 찾는다. removeItem, updateCart, addItem 이벤트다. 쇼핑카트 이벤트는 소비자가 구매하려는 각 아이템 수량에 대한 중요 정보를 준다. earliest=-0d@d를 사용해 검색하는 날 자정부터 찾는다.
[search index=main sourcetype=log4j requestType="checkout" earliest=-0d@d | fields orderId]	내부 검색으로 실제 체크아웃 단계까지 간 주문만 찾는 데 사용한다. 최종 주문과 관계되지 않은 쇼핑카트 이벤트를 필터링해 orderId 목록으로 외부 검색에 반환한다.
| eval quantity=if(requestType= "removeItem",- 1,quantity)	removeItem 이벤트는 수량 값을 가지고 있지 않기에 이런 이벤트를 -1 수량으로 계산해 고객이 아이템을 삭제하면 양을 1만큼 줄인다.
| stats sum(quantity) AS quantity by itemId, date_hour	실제 구매 주문과 각 itemId별 수량에 관계된 쇼핑카트 이벤트만 남겼다. stats 명령을 사용해 시간별 itemId당 구매량을 합산할 수 있다.
| stats avg(quantity) as salesRate, sum(quantity) as Sales by itemId	stats 명령어와 avg 및 sum을 사용해 검색일 자정 이후 시간별 전체 평균 판매율을 itemId별로 구하고 각 itemId별 총 판매 수도 구한다.
| lookup productInventory.csv itemId AS itemId OUTPUT itemInventory AS origInventory	lookup 명령을 사용해 참조 표에 있는 아이템 재고를 참조한다. 날마다 자정에 재고 정보를 갱신한다고 가정한다.
| eval currentInventory=origInv entory-Sales	현재 재고를 얻기 위해 각 itemId별 재고에서 자정 이후로 판매된 양을 구해 뺀다.
| eval predictSales=round (salesRate*24)	각 아이템이 내일 얼마나 팔릴지 예측하기 위해 계산한 평균 판매율에 24시간을 곱한다.
| eval predictInventory=current Inventory-predictSales	예측 판매량을 구하면 24시간 안의 예상 재고량을 계산하기 위해 현재 재고량에서 예측 판매량을 뺀다.

(이어짐)

검색 조각	설명

`| table itemId,`
`origInventory, Sales,`
`origInventory, Sales,`
`currentInventory,`
`salesRate, predictSales,`
`predictInventory`
	table 명령을 사용해 다양한 계산 필드가 테이블러화된다.

`| search` `predictInventory<1`	경고를 발생시키는 데 사용한 경고 조건이다. 예측 재고량의 어떤 아이템도 0보다 작으면 경고가 발생할 것이다.

이전 검색을 사용해 일정 경고를 설정함으로써 시간마다 수행하도록 일정을 만들었다. 예상 재고량의 어떠한 아이템이라도 0보다 작으면 경고가 발생할 것이다. 어떠한 종류의 스로틀링도 설정하지 않아 재고가 갱신되기 전까지 매 시간마다 발생할 것이다. 결과는 이메일로 담도록 선택했다. 그러나 단순히 이메일에 결과 링크만 보내거나 CSV 파일로 결과를 첨부하도록 할 수도 있다.

실제 상황에서 애플리케이션 로그를 보는 대신에 다른 방법으로 판매를 계산할 수 있다. 이번 예제는 데이터 집합을 가져와서 처리하고, 과거 추세에 기반을 둬 미래에 발생할지도 모르는 일을 예측하는 법을 알려준다.

부연 설명

이번 장의 처음에 언급한 경고 액션 중 하나는 경고 통지 RSS 피드를 만드는 기능이다. 불행히도 이 책을 저술하는 시점에 스플렁크 **Save As Alert** 기능을 통해 경고를 만들 때 RSS 피드를 만드는 방식은 사용할 수 없었다. 그러나 일단 경고를 저장한 후 액션을 수정해 구현할 수 있다.

RSS 피드 통지 액션을 경고에 추가

방금 만든 경고에 RSS 피드 통지를 추가하려면 오른쪽 위 구석의 **Settings** 메뉴를 클릭하고 **Searches, reports, and alerts**를 선택한다.

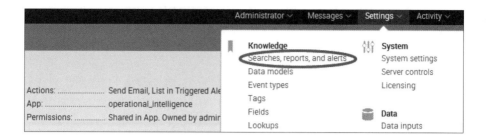

cp08을 검색해 cp08 검색을 가져온다. 그리고 방금 만든 **cp08_predict_sales_ inventory** 검색을 선택한다. 설정 화면이 나오면 스크롤 다운해 **Add to RSS** 체크박스를 활성화한다.

Save를 클릭하면, 이제 RSS 아이콘이 해당 검색 다음에 보일 것이다. RSS 아이콘을 클릭하면 이 검색에 대한 피트 발생 경고로 가게 해줄 것이다.

cp08_abnormal_user_purchase		2014-07-03 01:03:00 UTC
cp08_abnormal_webpage_response		2014-07-03 02:00:00 UTC
cp08_predict_sales_inventory	📶	2014-07-03 01:05:00 UTC
cp08_realtime_checkout_error		2014-07-03 01:03:00 UTC

참고 사항

▶ 비정상 사용자 행동 경고 예제

▶ 실패를 경고하고 스크립트 대응 발생 예제

이번 장에서 다룬 주요 내용은 다음과 같다.

▶ 스플렁크엔 세 가지 다른 경고가 있다. 일정 경고, 퍼 리절트 경고, 롤링 윈도우 경고다.

▶ 경고는 기록 검색 또는 실시간 검색에 바탕을 두고 있다.

▶ 경고는 사용자 지정 조건에 기반을 두고 발생하고 필요하다면 스로틀링할 수 있다.

▶ 경고가 발생했을 때 이메일 보내기와 스크립트 실행 같은 다양한 액션을 수행할 수 있다.

▶ 경고는 운영 인텔리전스의 핵심인 선제 대응성을 담당한다.

▶ 경고는 에러 탐지 같이 상대적으로 간단한 사용 예나 훨씬 복잡한 미래 판매 예측 같은 복잡한 사용 예에 이용할 수 있다.

9

인텔리전스 속도 향상: 데이터 요약화

이번 장에서는 스플렁크에서 사용할 수 있는 인텔리전스의 속도를 높이는 방법에 대해 다룰 것이다. 배우게 될 내용은 다음과 같다.

▶ 시간 주기로 세션 카운트 계산 대 완료한 트랜잭션 카운트 계산

▶ 도시별 구매 수 되채움

▶ 시간에 따른 최대 동시 세션 수 표시

소개

5장 '인텔리전스 확장: 데이터 모델과 피봇'에서는 데이터 모델과 빠른 피봇 리포팅을 가능하게 하는 가속법을 살펴봤다. 데이터 모델 가속화는 내부에서 데이터 요약화를 사용해 동작한다. 이번 장에서는 스플렁크의 두 가지 데이터 요약화 방법을 살펴볼 것이다. 그 두 가지는 요약 인덱싱과 리포트 가속화로, 리포트 속도를 빠르게 하고 장기간의 집약 통계를 보존할 수 있다. 요약 인덱스를 채우는 법, 리포트 가속을 사용하는 법, 과거 데이터로 요약 인덱스를 채우는 법 등을 배울 것이다.

데이터 요약

빅데이터는 말 그대로 크기가 커서, 아무리 좋은 인프라를 갖추고 있다고 해도 데이터 집합을 검색하고 리포팅하는 데 엄청난 시간이 들고 오랫동안 저장하려면 많은 비용이 든다. 스플렁크에 있는 데이터 요약화 기능을 사용해 거대한 데이터 집합으로 리포트를 만드는 작업을 단순화하고 속도를 빠르게 한다. 데이터 요약화는 원본 데이터 집합을 훨씬 더 작은 데이터 집합으로(보통 통계 정보) 요약해 빠르게 리포트를 만드는 검색을 할 수 있게 해준다.

다음 도표는 어떻게 요약화가 동작하는지를 보여준다. 이 예에서는 왼쪽의 큰 원본 데이터 집합으로 시작해 주요 정보를 가진 통계 요약 정보를 만든다. 통계 요약 정보는 원본 로그 데이터로 리포트를 만드는 경우보다 나타내는 데이터가 훨씬 적기 때문에 더 빠르다. 이 요약 데이터를 새로운 인덱스로 만들거나 자동으로 내부에서 원본 이벤트 데이터와 함께 둔다.

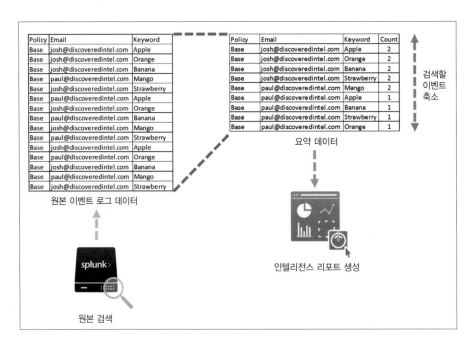

원본 이벤트 로그 데이터

요약 데이터

인텔리전스 리포트 생성

원본 검색

운영 인텔리전스 관점에서 데이터 요약화는 내부 데이터 기록 저장 공간을 줄이면서 주요 핵심 지표에 대한 리포트나 계산을 빠르게 해준다.

376

데이터 요약화 방식

이 책을 저술하는 시점에서 스플렁크는 다음 표에 나열한 세 가지 데이터 요약화 방식을 가졌다.

데이터 요약화 방식	설명
요약 인덱싱	요약 인덱싱은 요약 이벤트 데이터를 별도의 인덱스로 만드는 방식이다. 원본 데이터를 담고 있는 인덱스 대신 요약 인덱스에서 검색하고 리포트를 만들 수 있다.
리포트 가속화	리포트 가속화는 내부에서 원본 이벤트 데이터와 같이 요약을 자동으로 만들어 가속화된 리포트를 빠르게 실행하게 해준다.
데이터 모델 가속화	데이터 모델 가속화는 내부에서 자동으로 요약을 만든다는 점에서 리포트 가속화와 유사하다. 그러나 이 요약화는 개별 리포트가 아닌 모델화한 전체 데이터 집합에서 요약화를 수행한다. 그리고 피봇을 사용할 때만 가속화한다.

5장 '인텔리전스 확장: 데이터 모델과 피봇'에서 데이터 모델 가속화를 다뤘기 때문에 이번 장에선 요약 인덱싱과 리포트 가속화를 집중적으로 다룰 것이다.

요약 인덱싱에 대해

요약 인덱싱은 단순하지만, 검색 조건 정의를 바탕으로 대량의 데이터를 작은 데이터 집합으로 요약화하는, 스플렁크에서 매우 유용한 기능이다. 요약화한 데이터는 보통 원본 데이터가 있는 곳에서 분리한 인덱스로 저장한다. 그리고 일반적으로 크기가 훨씬 작다. 작은 요약 인덱스로 리포팅을 만드는 것이 원본 데이터로 만드는 것보다 훨씬 빠를 것이다. 추가로, 요약 인덱스가 더 작아서 데이터를 오랜 기간 보유할 수 있으므로 추세와 예측 분석에 유리하다. 원본 데이터를 저장하는 인덱스보다 더 오래 데이터를 보관하는 유일한 방법이 요약 인덱싱이다. 다른 요약화 방식은 원본 데이터가 필요하다.

요약 인덱싱이 왜 유용한가

범용 운영 인텔리전스의 사용 사례 중 하나는 지표 생성에 관한 내용이다. 예를 들어 과거 한 달 동안 평균 웹 요청 실행시간을 찾길 원한다고 하자. 이 데이터는 여러 웹 서버와 매일 수천만 번의 이벤트를 거쳐 얻어야 할지 모른다. 그래서 전체 달의 원본 이벤트 데이터로 리포트를 만드는 작업은 단순히 이벤트의 양으로 인해 오랜 시간이 걸릴 것이다.

요약 인덱싱을 통해 매일 검색하도록 일정을 만들어 매일의 평균 실행시간을 계산할 수 있고 어떤 요약 인덱스에 저장할 수 있다. 한 달에 대략 30개 이벤트를 담고 있는 요약 인덱스가 만들어질 것이다. 수백만의 원본 이벤트 레코드보다 훨씬 적다. 다음 달에 같은 리포트를 돌릴 때 원본 이벤트 데이터보다 훨씬 작으므로 리포트는 요약 인덱스에서 금방 나온다. 결과적으로 이전에 경험한 속도보다 지수적으로 빠른 리포트 계산을 하게 된다.

 요약 인덱스에서 사용하는 대부분의 데이터는 스플렁크에 이미 인덱싱한 데이터이기 때문에 데이터 인덱스 요약은 스플렁크 라이선스의 제한에 해당하지 않는다.

리포트 가속화에 대해

운영 인텔리전스에서 탐지와 대응 시간은 매우 중요하다. 지연이 발생하면 비용과 위험을 키울 수 있다. 그래서 지능화 데이터를 가능한 한 빨리 얻고 싶을 것이다. 리포트 가속화는 운영 인텔리전스 리포트에 걸리는 시간을 줄여준다. 리포트 가속화는 일반 인덱스와 같이 저장하는 요약 데이터로 별도 인덱스 생성이 없는 형태다.

요약 인덱스와 리포트 가속화의 가장 큰 차이는 데이터 계산 방식에 있다. 요약 인덱스는 주어진 시간 범위의 일정 검색에 바탕을 둬 검색 결과로 요약 인덱스를 채운다. 그러나 리포트 가속화는 주어진 시간 범위에서 가속을 활성화한 일정 검색을 기반으로 스플렁크 백그라운드 프로세스를 통해 자동으로 검색에 관련된 요약 데이터를 관리한다. 추가로 리포트 가속화는 데이터 유입을 방해받은 후 자체 수리를 할 수 있지만, 요약 인덱싱은 주어진 시간 범위 내에 데이터가 어떠한 방식으로든지 불완전하거나 큰 차이가 있는 것에 신경 쓰지 않는다.

스플렁크에서는 검색과 리포트란 단어를 상호교환해 사용하지만, 궁극적으로 두 단어의 의미는 같다. 과거 버전의 스플렁크에서는 저장하거나 일정으로 만든 검색을 알려진 대로 '저장한 검색(Saved Searches)'이라 했다. 그러나 6 버전 이상에선 리포트(Report)라 한다.

리포트 가속화 용의성

리포트 가속화와 요약 인덱스의 주요 차이점에 대해 알아봤다. 리포트 가속화는 내부에서 데이터 요약을 자동으로 다루는 방식이다. 자동으로 계산할 뿐만 아나리 검색을 언제 돌려야 할지 자동으로 알아내 가속화된 리포트 자체와 데이터 및 리포트를 사용하는 검색에서 이득이 있을 것이다. 이 모든 것은 버튼 클릭으로 할 수 있다.

시간 주기로 세션 카운트 계산 대 완료한 트랜잭션 카운트 계산

운영 인텔리전스 관점에서 방문자가 온라인 상점에 얼마나 오는지, 몇 명의 사람들이 실제로 무엇인가를 사는지 아는 것은 중요하다. 예를 들어 하루에 1,000명이 방문하는데 실제로 구매하는 사람은 그중 10명이라면 뭔가 잘못됐다는 것을 말해준다. 어쩌면 제품의 가격이 너무 높거나 사이트가 사용하기에 어려워 디자인을 다시 해야 할 수도 있다. 이 정보는 최대 구매 시간을 밝혀내는 데도 사용할 수 있다.

첫 예제에서 일정 시간 동안 얼마나 많은 세션이 있는지, 얼마나 많은 구매 트랜잭션이 완료됐는지 구하는 요약 인덱싱을 사용해본다. 그리고 지난 24시 범위의 라인 그래프로 보여줄 것이다.

준비

이번 예제를 따라가려면 1장 '시작: 데이터 입력'에서 적재한 예제 데이터를 가지고 있는 구동 중인 스플렁크 엔터프라이즈 서버가 필요하다. 스플렁크 사용자 인터페이스 간 이동과 스플렁크 검색 언어에도 익숙해야 한다.

시간당 세션 카운트 대 완료 트랜잭션의 카운트를 계산하는 요약 인덱스를 이용하려
면 이번 예제의 다음 단계를 따른다.

1. 스플렁크 서버에 로그인한다.

2. **Operational Intelligence** 애플리케이션을 선택한다.

3. 시간 범위 선택기에서 **Last 60 Minutes**를 선택하고 스플렁크 검색 바에서 다음 검
   색어를 입력한다.

   ```
   sourcetype=log4j index=main | stats dc(sessionId) AS
   Sessions, count(eval(requestType="checkout")) AS
   Completed_Transactions
   ```

4. **Save As** 드롭다운을 클릭하고 목록에서 **Report**를 선택한다.

5. 팝업박스가 나타나면 cp09_sessions_transactions_summary를 리포트 제목으로
   입력하고 **Time Range Picker** 필드에서 **No**를 선택한다. 그리고 **Save**를 클릭한다.

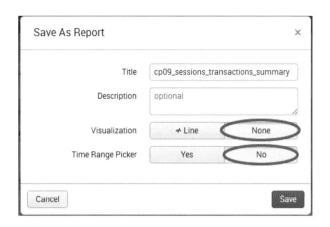

6. 다음 화면에서 Schedule을 추가 설정 목록에서 선택한다.

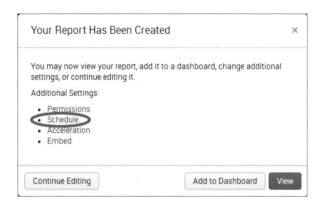

7. Schedule Report 체크박스를 선택하고 Run every hour를 Schedule 필드에서 선택한다. 시간 범위를 Last 60 minutes로 한다. Next를 클릭하고 다음 화면에서 Save를 누른다.

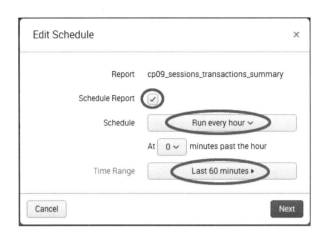

8. 방금 저장한 리포트에 요약 인덱싱을 활성화하려면 검색을 수동으로 수정해야 할 것이다. 오른쪽 위 구석의 Settings 메뉴를 클릭하고 Searches, reports, and alerts를 클릭한다.

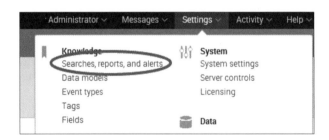

9. 저장한 모든 검색 목록이 나타날 것이다. cp09_sessions_transactions_summary 라 이름 붙여진 검색을 찾아 클릭해 편집한다.

10. 검색 편집 화면이 나타날 것이다. 맨바닥의 Summary Indexing 부분으로 스크롤 다운하고 Enable 체크박스를 선택한다. summary라 불리는 기본 요약 인덱스 값을 선택한 것을 확인하고 Save를 클릭한다.

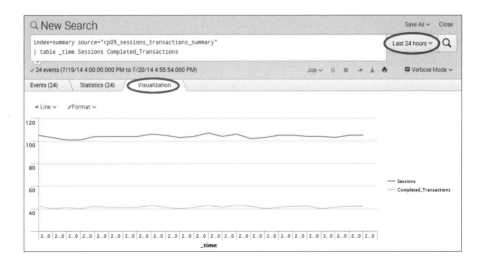

11. 시간마다 실행하는 일정을 확인하고 결과는 summary라 붙여진 요약 인덱스에 써지도록 일정을 만들었다. 24시간이 지난 후 Operational Intelligence 애플리케이션의 검색 바에 다음 검색을 Last 24 hours 범위를 선택해 실행한다.

```
index=summary source="cp09_sessions_transactions_summary"
| table _time Sessions Completed_Transactions
```

12. 검색은 금방 끝날 것이고 24개 이벤트 목록이 나타날 것이다. 각 시간당 하나다. Visualization 탭을 선택하고 데이터를 라인 차트로 나타내 세션 대 완료 트랜잭션을 보이게 한다.

13. 리포트로 저장하자. 그리고 리포트를 대시보드 패널에 추가한다. **Save As** 드롭다운을 클릭하고 **Report**를 선택한다.

14. 리포트의 **Title** 필드에 cp09_sessions_vs_transactions를 입력한다. 그리고 **Visualization** 필드를 **Line**으로 선택한 것을 확인하고 **Save**를 클릭한다.

15. 다음 화면에서 **Add to Dashboard** 버튼을 클릭한다.

16. 팝업박스가 나오면 **New**를 선택해 새로운 대시보드를 추가하고 Session and Purchase Trends란 제목을 준다. 퍼미션이 **Shared in App**인 것을 확인하고 추가하는 패널의 제목을 Hourly Sessions vs Completed Transaction이라 정한다. **Panel Powered By**를 **Report**로 선택하고 **Panel Content**를 **Line**으로 설정한다. 그리고 **Save**를 클릭해 라인 차트가 들어간 새로운 대시보드를 생성한다.

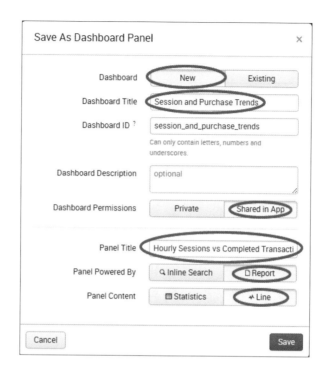

예제 분석

이번 예제에서 유일한 세션 수와 완료한 구매 트랜잭션 결과 세션 수를 시간마다 카운팅하고 스냅샷을 만드는 일정 검색을 만들었다. 검색에서 시간마다 두 개의 값을 가진 하나의 라인 아이템을 만들고 summary라 이름 붙여진 요약 인덱스에 결과를 쓴다. 24시간 후 요약 인덱스의 리포트를 돌려 전날 세션 대 구매 활동을 즉시 볼 수 있다. 요약에는 24개 이벤트가 있고 시간당 하나다. 요약 데이터로 리포트하는 방식은 원본 데이터를 검색하는 방식보다 훨씬 효율적이다. 30일 후에 검색한다면 리포트를 다시 돌려 전체 달 범위에서 결과를 얻을 수 있다.

이 예제에서 사용한 두 개의 검색이 있다. 첫 번째 검색은 요약 데이터를 생성하는 데 사용하고 시간마다 돌렸다. 두 번째 검색은 요약 데이터에서 직접 리포트하고 검색하는 데 사용했다. 하나하나 분석해보자.

검색 1 - 요약 인덱스 생성 검색

검색 부분	설명
sourcetype=log4j index=main	지난 시간 동안 메인 인덱스의 애플리케이션 데이터를 검색하게 선택한다.
| stats dc(sessionId) AS Sessions, count(eval (requestType="checkout")) AS Completed_Transactions	stats 명령과 dc 함수를 사용해 지난 시간 동안 유일 세션의 수를 구한다. 그리고 count 함수로 총 체크아웃 요청의 수를 구한다. 체크아웃 요청은 판매가 완료된 것을 나타낸다.

검색 2 - 요약 인덱스로부터 리포팅

검색 부분	설명
ndex=summary source="cp09_sessions_ transactions_summary"	우선 요약 인덱스를 선택해 검색한다. 데이터 소스가 cp09_sessions_transactions_summary인 데이터를 찾는다. 이는 저장한 검색의 이름이고 요약 인덱스를 쓸 때 스플렁크에 의해 소스 필드로 사용한다.
| table _time Sessions Completed_Transactions	시간과 세션의 수, 완료 트랜잭션의 수에 의해 데이터를 테이블러화한다.

> 요약 데이터를 직접 검색하면 스플렁크가 요약 데이터 sourcetype 필드 값을 기본값인 stash로 준다는 사실을 알게 될 것이다. 그러나 데이터의 소스 필드 값은 저장한 검색 이름일 것이다. 그래서 소스로 검색하기보단 sourcetype으로 검색하는 방법이 더 적합하다.

부연 설명

앞서 살펴봤듯이 요약 인덱싱은 리포트에 필요한 중요한 데이터만 남기고 원본 데이터 집합을 줄이는 유용한 방법이다. 원본 데이터 집합이 여전히 있기에, 원한다면 같은 데이터로 여러 요약을 만들 수 있다.

요약을 더 자주 생성

이번 예제에서 요약 생성 검색은 시간마다 돌도록 설정했고 지난 시간을 대상 범위로 했다. 시간마다 하나의 이벤트를 만들고 요약에 쓴다. 더 상세한 데이터가 필요하다면 검색을 15분마다 돌도록 설정하고 15분 전 범위로 검색한다. 시간마다 4개의 이벤트를 생성할 것이다. 검색 범위가 지난 한 시간 대신 지난 15분이기 때문에 검색할 데이터가 작아 빨리 실행될 것이다. 일부 데이터 소스는 요약 데이터를 더 자주 작은 시간 조각으로 나눌수록 더 효과적일 수 있다.

요약 인덱스가 겹치거나 차이가 있는 것 피하기

요약 인덱스를 만드는 검색을 작성할 때 요약과 검색할 데이터의 겹침에 대해 주의할 필요가 있다.

예를 들어 5분마다 5분 전을 돌아보는 검색을 발생시키는 요약 인덱스 일정을 만들었는데, 검색이 실제로 도는 데 10분이 걸렸다고 하자. 이로 인해 이전 검색을 완료하기 전까지 다시 검색이 실행되지 않아 10분마다 검색이 실행된다는 것을 의미한다. 그러나 검색은 5분 전을 돌아보기 때문에 요약 데이터에 차이가 있을 것이다. 검색 일정을 만들기 전에 검색 테스트를 통해 이를 피할 수 있다.

다른 예로 5분마다 검색을 수행해 요약 인덱스를 만들도록 하고 10분 전을 돌아보도록 했다면, 이로 인해 뒤돌아본 5분 전의 데이터가 이전 검색에서 또 뒤돌아보게 된다. 그래서 요약에 데이터 겹침이 일어날 것이다. 이는 검색을 일정으로 만들 때 시간 겹침이 없도록 해서 피할 수 있다.

검색을 일정 기간 중지시켰다가 다시 돌렸을 때도 겹침이 일어난다. 데이터의 과거 차이를 채우는 데 되채움^{Backfilling}을 사용할 수 있다. 다음 예제에서 논의할 것이다.

참고 사항

▶ 도시별 구매 수 되채움 예제
▶ 시간에 따른 최대 동시 세션 수 표시 예제

도시별 구매 수 되채움

이전 예제에서 시간별 요약을 생성했고 24시간을 기다린 후 24시간 동안 요약 데이터에 대해 리포트할 수 있었다. 그러나 만약 과거 30일이나 세 달 동안의 리포트가 필요하다면 어떻게 할 것인가? 요약 데이터를 구축하는 긴 시간을 기다려야만 할지도 모른다. 더 좋은 방법은 이전 기간의 요약 데이터를 다시 채우는 것이다. 이 기간 동안 스플렁크에서 원본 데이터를 가지고 있다고 가정해보자.

이번 예제에서는 주어진 날의 도시별 구매 수를 식별하는 검색을 만들 것이고 이를 요약 인덱스에 쓸 것이다. 스플렁크의 내장 IP 위치 데이터베이스를 사용해 결과에 IP 주소 기반의 도시를 얻을 것이다. 이전 30일간 요약을 되채움하기 위해 스플렁크랑 묶인 스크립트를 실행해본다. 그다음 생성된 요약 데이터로 지난달 도시별 구매 수 리포트를 만들 것이다.

준비

이번 예제를 따라가려면 1장 '시작: 데이터 입력'에서 적재한 예제 데이터를 가지고 있는 구동 중인 스플렁크 엔터프라이즈 서버가 필요하다. 스플렁크 사용자 인터페이스 간 이동과 스플렁크 검색 언어에도 익숙해야 한다.

예제 구현

요약 인덱스를 이용하고 도시별 구매 수를 다시 채우는 이번 예제의 다음 단계를 따른다.

1. 스플렁크 서버에 로그인한다.

2. Operational Intelligence 애플리케이션을 선택한다.

3. 시간 범위 선택기에서 Last 24 hours를 선택하고 스플렁크 검색 바에서 다음 검색어를 입력한다.

```
sourcetype=log4j index=main requestType="checkout"
| iplocation ipAddress | fillnull value="Unknown" City
```

```
| replace "" with "Unknown" in City
| stats count AS Purchases by City
```

4. **Save As** 드롭다운을 클릭하고 목록에서 **Report**를 선택한다.

5. 팝업박스가 나타나면 cp09_backfill_purchases_city를 리포트 제목으로 입력하고 **Time Range Picker** 필드에서 **No**를 선택한다. 그리고 **Save**를 클릭한다.

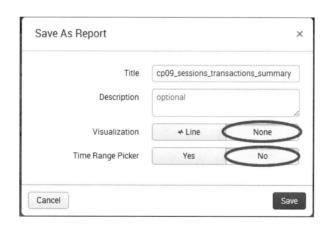

6. 다음 화면에서 **Schedule**을 추가 설정 목록에서 선택한다.

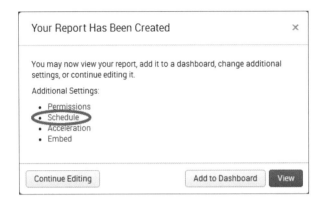

7. Schedule Report 체크박스를 선택하고 Run every day를 Schedule 필드에서 선택
한다. Time Range를 Last 24 hours로 한다. Next를 클릭하고 다음 화면에서 단순
히 Save를 누른다.

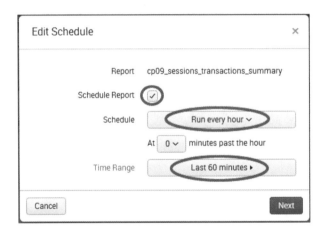

8. 방금 저장한 리포트로 돌아가게 될 것이다. Edit 드롭다운을 선택하고 Edit
Permissions를 목록에서 선택한다.

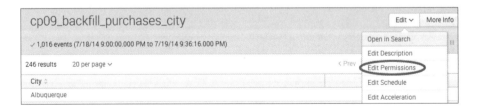

9. 나타난 퍼미션 팝업박스의 Display For에서 App을 고르고 Save를 클릭한다.

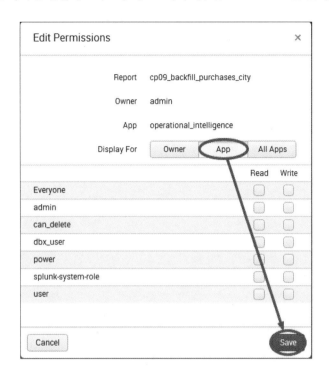

10. 방금 저장한 리포트에 요약 인덱싱을 활성화하려면 검색을 수동으로 수정해야 할 것이다. 오른쪽 위 구석의 Settings 메뉴를 클릭하고 Searches, reports, and alerts를 클릭한다.

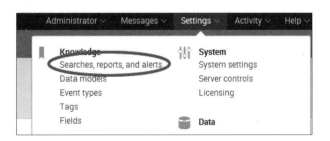

11. 저장한 모든 검색 목록이 나타날 것이다. cp09_backfill_purchases_city라 이름 붙여진 검색을 찾아 클릭하고 편집한다.

12. 검색 편집 화면이 나타날 것이다. 밑바닥의 Summary Indexing 부분으로 스크롤 다운하고 Enable 체크박스를 선택한다. summary라 불리는 기본 요약 인덱스 값을 선택한 것을 확인하고 Save를 클릭한다.

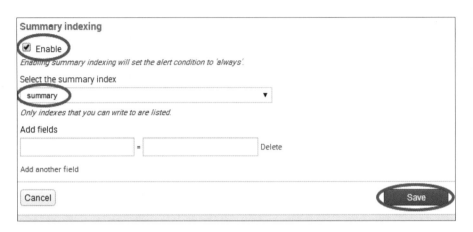

13. 매일 실행하도록 일정이 만들어졌다. 결과는 summary라 붙여진 요약 인덱스에 쓸 것이다. 이제 요약을 다시 채우는 스크립트를 이용할 것이다. 리눅스의 터미널 윈도우를 가져오거나 윈도우의 명령 윈도우를 연다.

14. 터미널이나 명령 윈도우에서 작업 디렉터리를 $SPLUNK_HOME/bin으로 변경한다.

15. 명령 라인에서 fill_summary_index.py 스크립트를 실행하고 필요한 파라미터를 넣어 요약 인덱스를 스플렁크가 다시 채우도록 한다. 다음 명령을 실행하고 admin:changeme 값을 스플렁크에서 요약 인덱스를 채울 사용자의 username:password 조합으로 변경한다. 요약 인덱스를 채우는 접근을 할 수 있도록 관리자 로그인 계정을 사용할 수 있다.

```
./splunk cmd python fill_summary_index.py -app
operational_intelligence -name cp09_backfill_purchases_city
-et -30day@day -lt now -j 8 -auth admin:changeme
```

16. 운영체제가 윈도우일 경우 명령 시작 부분의 ./를 생략한다.

17. 스크립트 실행이 완료되면 Operational Intelligence 애플리케이션의 검색 바에서 다음 검색을 Last 30 days 범위를 선택해 실행한다.

```
index=summary source=cp09_backfill_purchases_city
City!="Unknown"
| timechart span=1d useother=F sum(Purchases) by City
```

18. 검색은 매우 빠르게 끝날 것이고 하루당 하나씩 30일 분량의 목록이 나올 것이다. Visualization 탭을 선택한 후 데이터를 라인 차트로 나타내 지난달 일별 도시별 총 구매를 보여준다.

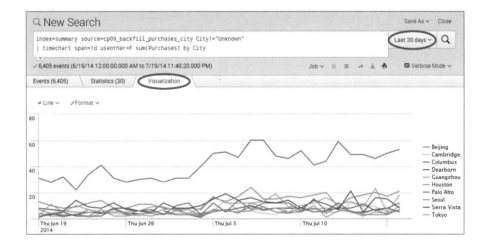

19. 차트를 이전 예제에서 만든 Session and Purchases Trends 대시보드에 저장한다. Save As 드롭다운을 클릭하고 Report를 선택한다.

20. 팝업박스가 나타나면 리포트의 Title 필드에 cp09_purchases_city_trend를 입력한다. 그리고 Visualization 필드를 Line으로 선택한 것을 확인하고 Save를 클릭한다.

21. 다음 화면에서 Add to Dashboard 버튼을 클릭한다.

22. Save As Dashboard Panel 화면에서 Existing을 대시보드로 선택하고 Session and Purchase Trends 대시보드를 선택한다. 패널의 제목은 Purchases by City - Last 30 Days로 정한다. Panel Powered By를 Report로 선택하고 Panel Content를 Line

으로 설정한다. 그리고 **Save**를 클릭해 라인 차트가 있는 새로운 대시보드를 생성한다.

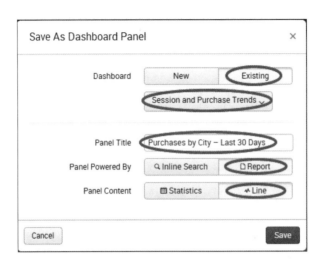

예제 분석

이번 예제는 이번 장의 첫 예제와 유사한 접근 방법을 취한다. 우선 전날 도시별 구매를 보는 검색을 만들었고 요약 인덱스에 요약 결과를 썼다. 검색이 매일 돌도록 일정을 만들었다. 그러나 30일 데이터가 만들어지길 기다리는 방법 대신에 이전 30일 분의 데이터로 요약을 되채움하는 스크립트를 실행한다.

묶여 있는 스플렁크 스크립트는 저장한 검색 이름(cp09_backfill_purchases_city), 검색을 돌릴 시간 범위(Last 24 hours), 뒤채움하길 원하는 시간 간격(Last 30 days)을 포함한 여러 변수 입력을 받는다. 이 정보를 사용해 스크립트를 30번 실행하고 각 30일에 해당하는 결과를 요약에 쓴다. 스크립트가 성공적으로 수행되면 과거 30일간 요약 인덱스로 리포트를 만들어 일간 구매 정보를 빠르게 볼 수 있다.

이번 예제에 두 개의 검색을 사용한다. 첫 번째 검색은 매일 실행해 요약 데이터를 생성한다. 두 번째 검색은 요약 데이터로 검색해 리포트를 만드는 데 사용한다. 검색을 하나하나 분석해보자.

검색 1 – 요약 인덱스 생성 검색

검색 조각	설명
sourcetype=log4j index=main requestType="checkout"	메인 인덱스에서 전날 애플리케이션 데이터를 선택해 검색한다. requestType이 checkout인 이벤트만 선택해 검색한다.
| iplocation ipAddress	내장된 iplocation 명령어를 사용해 ipAddress 필드 데이터로부터 지리적 도시 정보를 얻어낸다.
| fillnull value="Unknown" City | replace "" with "Unknown" in City	iplocation 명령이 IP 주소와 도시를 짝지을 수 없는 빈 데이터를 fillnull 명령을 사용해 "Unknown" 값으로 채운다. replace 명령어로 모든 "" 값을 "Unknown"으로 바꾼다.
| stats count AS Purchases by City	stats 명령을 사용해 도시별 구매 수를 카운트했다.

fill–summary_index.py – 요약 인덱스 되채움

검색 조각	설명
./splunk cmd python fill_summary_index.py	스플렁크가 여러 환경 변수를 설정해 어떤 명령어(cmd)를 실행하게 한다. 다음에 실행하려는 명령어를 기술했다(python). 마지막으로 파이썬이 무엇을 할지 정했다. 스플렁크에서 제공하는 되채움 스크립트를 실행한다(fill_summary_index.py).
-app operational_intelligence	이 파라미터는 스크립트에게 저장한 검색을 가지고 있는 애플리케이션 이름을 알려준다. 여기선 operational_intelligence 애플리케이션이다.
-name cp09_backfill_purchases_ city	이 파라미터는 실행할 저장된 검색 이름을 스크립트에 알려준다. cp09_backfill_purchases_city 예제에 저장한 검색 이름이다.
-et -30day@day	스크립트가 반환할 최초 시간을 알려준다. 여기선 30일 전이다.
-lt now	스크립트가 반환할 마지막 시간을 알려준다. 여기선 현재 시간이다.
-j 8	동시에 검색이 돌아갈 최대 수를 스크립트에 알려주는 파라미터다. 여기서 8을 사용할 것이다.
-auth admin:changeme	어떤 계정으로 스플렁크에 인증할지 스크립트에 알려주는 파라미터다. 스플렁크의 기본 계정인 admin:changeme를 사용할 것이다.

검색 2 – 요약 인덱스에서 리포트

검색 조각	설명

`index=summary source=cp09_`
`backfill_purchases_city`
`City!="Unknown"`
	우선 요약을 선택해 검색한다. 소스가 cp09_backfill_purchases_city인 데이터를 이 인덱스에서 찾는다. 이는 저장한 검색 이름이고 요약 인덱스를 쓸 때 스플렁크가 소스 필드로 사용한다. 알려진 도시만 조회하려고 도시의 값이 "Unknown" 값인 이벤트를 필터링한다.

`| timechart span=1d`
`useother=F sum(Purchases) by`
`City`
	timechart 명령을 사용해 하루로 범위를 정하고 30일간 도시별 구매를 합친다. useother=F를 기술함으로써, 도시가 함께 묶이지 않게 해 "Other"로 나오지 않게 한다. 이 데이터는 각 라인이 하나의 도시를 나타내는 라인 차트와 잘 맞는다.

부연 설명

이번 예제에서는 인덱스를 자동으로 되채움하는 스크립트를 스플렁크에서 사용한다. 그러나 많은 경우 실행할 스크립트를 커맨드라인으로 접근하는 일이 허가되지 않을 수도 있고, 스플렁크의 검색 바에서 직접 그 작업을 할 수 있어서 요약을 되채움하는 약간의 작업을 하는 데 문제가 없을 수도 있다.

검색에서 직접 요약 인덱스를 되채우기

스플렁크는 addinfo와 collect 명령을 사용해 검색에서 직접 요약 인덱스를 쓰는 방식을 제공한다. 예를 들어 이번 예제의 요약 생성 검색을 사용해 검색을 다음과 같이 수정함으로써 직접 요약 인덱스에 쓸 수 있다.

```
sourcetype=log4j index=main requestType="checkout" earliest=-2d@d
latest=-1d@d
| iplocation ipAddress | fillnull value="Unknown" City
| replace "" with "Unknown" in City
| stats count AS Purchases by City
| addinfo | collect index=summary
source="cp09_backfill_purchases_city" addtime=t
```

earliest와 latest 필드 값은 검색을 수행할 시간 범위를 정하는 데 사용했다. 이틀 전부터 하루 전까지 범위의 검색을 돌렸다. 스플렁크가 요약 인덱싱을 하는 데 필요한 정보를 추가하는 addinfo 명령을 추가한다. 추가로 collect 명령을 사용하고 요약 인덱스와 요약을 쓸 소스 필드 값을 기술한다. 사용한 소스 필드 값은 저장한 검색의 이름을 사용한다. 이 검색을 실행하면 하루에 해당하는 데이터를 요약 인덱스에 쓸 것이다. earliest와 latest 필드 값을 각각 하루 뒤로 변경하고 검색을 30번 반복해 돌려 전체 달을 되채움한다. earliest와 latest가 다른 30개 검색을 append 명령어를 사용해 하나로 붙일 수 있다. 이번 예제에 사용한 스크립트 방식보다 깔끔하지 않고 사용자 에러를 만들기 쉬운 방식이지만 동작하긴 한다.

 요약 인덱스로 쓰려고 하지 않았던 데이터를 인덱스에 쓸 수 있고, 데이터 중복을 제거하거나 결과를 바로잡기 위해 검색을 수정할 수 있다. 스플렁크는 delete 명령으로 잘못된 인덱스 데이터를 삭제할 수 있다. 그러나 데이터는 스플렁크 관리자에 삭제를 맡겨야 할 것이다.

참고 사항

▶ 시간 주기로 세션 카운트 계산 대 완료한 트랜잭션 카운트 계산 예제
▶ 시간에 따른 최대 동시 세션 수 표시 예제

시간에 따른 최대 동시 세션 수 표시

앞의 두 개 예제에서는 요약 인덱싱이라 부르는 데이터 요약화 방법을 사용해 데이터를 새로운 인덱스로 요약하고 리포트를 만들었다. 이번 예제에서는 리포트 가속화란 또 다른 데이터 요약화 방법을 사용해 리포트를 빠르게 할 것이다.

이번 예제에서는 지난 30일 동안 최대 동시 세션의 수를 찾는 리포트를 만들어본다. 리포트를 가속해 검색의 실행을 빠르게 할 것이다.

이번 예제를 따라가려면 1장 '시작: 데이터 입력'에서 적재한 예제 데이터를 가지고 있는 구동 중인 스플렁크 엔터프라이즈 서버가 필요하다. 스플렁크 사용자 인터페이스 간 이동과 스플렁크 검색 언어에도 익숙해야 한다.

리포트 가속화를 사용해 시간에 따른 최대 동시 세션 수를 보이는 이번 예제의 다음 단계를 따른다.

1. 스플렁크 서버에 로그인한다.

2. **Operational Intelligence** 애플리케이션을 선택한다.

3. 시간 범위 선택기에서 **Last 24 hours**를 선택하고 스플렁크 검색 바에서 다음 검색어를 입력한다.

```
index=main sourcetype=log4j
| timechart span=1m dc(sessionId) AS concurrent_sessions
| timechart span=30m max(concurrent_sessions) AS
max_concurrent_sessions
```

4. 7일 분의 생성 데이터가 있다면 검색에 2~3분 정도 걸리게 된다.

5. **Save As** 드롭다운을 클릭하고 목록에서 **Report**를 선택한다.

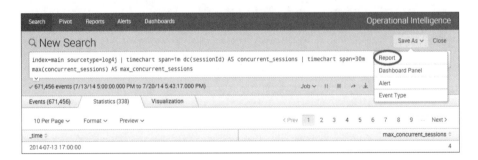

6. 팝업박스가 나타나면 cp09_maximum_concurrent_session을 리포트 제목으로 입력하고 Time Range Picker 필드에서 No를 선택한다. 그리고 Save를 클릭한다.

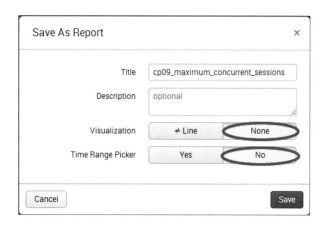

7. 다음 화면에서는 Acceleration을 추가 설정 목록에서 선택한다.

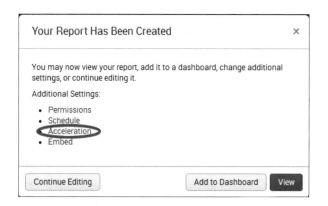

8. Accelerate Report 체크박스를 선택하고 Summary Range를 1 Month로 한다. 그리고 Save를 누른다. 버보스[verbose] 모드 구동 관련 경고가 나와도 그냥 무시한다.

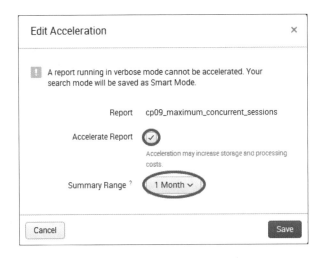

9. 이제 리포트가 저장됐고 스플렁크는 가속 요약을 내부에 구축한다. 검색 일정을 만들 필요는 없다. 요약 구축 상태를 체크하려면 **Settings** 메뉴에서 **Report acceleration summaries**를 선택한다.

10. 리포트 가속 요약 목록이 나타날 것이고 Summary Status의 Building Summary를 통해 방금 만든 리포트를 보게 된다.

11. 요약 구축 과정을 볼 수 없다면 브라우저의 새로 고침을 누른다. 때때로 좀 기다려야 한다. 기다릴 수 없다면 모니터링하는 **Summary ID** 값을 클릭하고 **Rebuild**를 클릭하면 강제로 재시작할 수 있는 화면으로 이동할 것이다. 상태가 Pending이라면 정상이고 요약 갱신이 계류 중이라고 말해준다. Not enough data to summarize라면 적절히 요약할 데이터가 충분하지 않고 그때까지 대기 중이라는 뜻이다. 만약 이런 상황이 발생하면 가속화 설정에서 **Summary Range**를 더 작은 윈도우로 바꾸는 것을 고려해야 한다.

12. 언젠가 리포트 요약 구축을 완료할 것이다. 완료하면 Apps 메뉴를 클릭해 Operational Intelligence 앱을 선택한다.

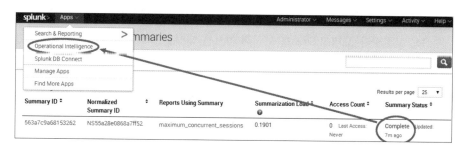

13. 앱으로 돌아가 Reports를 클릭하고 maximum 단어를 필터링한다. cp09_
    maximum_concurrent_session 다음의 Open in Search를 클릭한다.

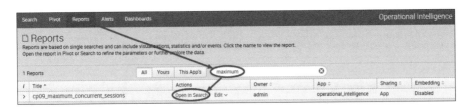

14. 리포트는 몇 초 안에 적재된다. Visualization 탭을 선택해 최대 동시 세션 수를 보
    여주는 라인 차트 데이터를 본다. 그리고 시간 범위를 Last 7 days로 선택한다.

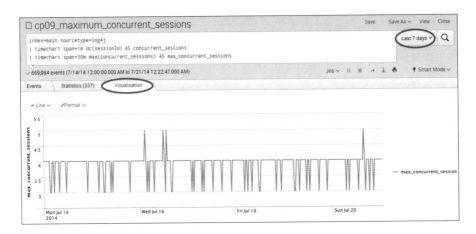

15. 차트를 첫 예제에서 만든 Session and Purchases Trends 대시보드에 저장한다.
    Save As 드롭다운을 클릭하고 Dashboard Panel을 선택한다.

16. 팝업박스가 나타나면 Dashboard 필드에 Existing을 선택하고 Session and
    Purchase Trends 대시보드를 선택한다. 패널의 제목을 Maximum Concurrent
    Sessions라 넣는다. Panel Powered By를 Report로 선택하고 Panel Content를 Line
    으로 설정한다. 그리고 Save를 클릭해 차트를 대시보드에 저장한다.

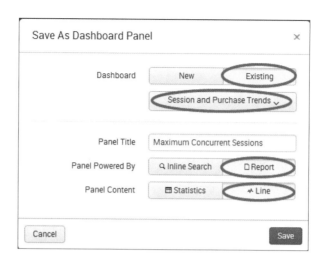

예제 분석

이번 예제에서는 우선 시간에 따른 동시 세션을 찾는 검색을 만들었다. 검색에 두 개의 timechart 구성 요소가 있다. 검색을 하나하나 분석해보자.

검색 조각	설명
index=main sourcetype=log4j	메인 인덱스의 애플리케이션 데이터를 선택해 검색한다.
| timechart span=1m dc(sessionId) AS concurrent_sessions	첫 번째 timechart 명령은 각 1분 범위에서 유일한 세션의 수를 나타낸다
| timechart span=30m max(concurrent_sessions) AS max_concurrent_sessions	두 번째 timechart 명령어는 분마다 계산한 동시 세션 수를 가져다 30분 범위에서 가장 큰 수를 알아낸다.

이 검색은 넓은 범위를 검색할 때 자원을 상당히 많이 사용한다. 가속화하지 않은 7일 이상 범위의 검색은 몇 초가 걸릴 것이다. 스플렁크가 지난주 동안 각 초의 데이터를 계산해야 하기 때문이다. 리포트가 생성되면 한 달 넘는 기간을 선택해 가속한다. 내부에서 스플렁크는 데이터 자체와 나란히 존재하는 내부 요약을 만든다. 요약이 구축되면 리포트를 다시 돌린다. 요약은 가속화 덕분에 몇 초 만에 완료된다. 리포

트가 전체 한 달 범위로 가속되면 한 달 전 데이터를 빠르게 돌릴 수 있다. 더 나아가면 스플렁크는 주기적으로 내부 요약을 매 10분마다 갱신해 새로운 이벤트 데이터를 가속하고 요약한다.

 리포트 가속은 변환(transforming)이라 알려진 명령어를 포함한 검색과 리포트에서만 동작한다. 변환 명령어는 일반적으로 사용하는 stats, timechart, chart, top 명령어로 변환에 사용한다.

부연 설명

리포트 가속화는 내부 요약 데이터를 저장하는 데 디스크 공간이 필요하다. 스플렁크는 가속화된 다양한 리포트 상태에 대한 상세한 정보를 재공한다.

가속 리포트 상태 조회

가속 리포트 상세를 조회하려면 우선 Settings 메뉴를 클릭하고 Report Acceleration Summaries를 선택한다. 가속 리포트의 모든 목록은 상위 단계의 구축 상태 정보를 보여줄 것이다. 이번 예제에서 가속했던 리포트를 클릭해 상세 정보를 조회할 수 있다. Summary Details 화면은 가속 관련 상세 리포트로 몇 번 리포트에 접근했는지와 리포트가 설정한 범위, 요약이 사용한 데이터 크기 정보 등을 제공한다.

Summary Details

Report Acceleration Summaries » Summary Details

Summary: 563a7c9a68153262

Summary Status

Pending Updated: 6h 21m ago

Actions

| Verify | Update | Rebuild | Delete |

Reports Using This Summary

Search name	Owner	App
cp09_maximum_concurrent_sessions	admin	operational_intelligence

Details ⤢ Learn more.

Summarization Load	0.0134
Access Count	5 Last Access: 1m ago
Size on Disk	18.65MB
Summary Range	30 days
Timespans	10min, 10s, 1d, 1h, 1s
Buckets	14
Chunks	2082

참고 사항

▶ 시간 주기로 세션 카운트 계산 대 완료한 트랜잭션 카운트 계산 예제

▶ 도시별 구매 수 되채움 예제

요약

이번 장에서 다룬 주요 내용은 다음과 같다.

▶ 현재 세 가지 데이터 요약 방식이 있다. 요약 인덱싱, 리포트 가속, 데이터 모델 가속이다.

▶ 요약 인덱싱은 장기간 계산한 주요 지표에 대한 접근 시간을 획기적으로 향상시킨다.

- 요약 인덱싱은 장기간 데이터를 보유하는 데 디스크 공간을 훨씬 작게 쓰도록 해준다.
- 리포트 가속화는 리포트 속도를 향상시키는 리포트 데이터 자동 요약화라는 지능적 방식을 제공한다.
- 리포트 가속화 요약 데이터는 자동으로 유사한 리포트와 공유한다.
- 리포트 가속화는 자가 수리한다. 자동으로 데이터 차이를 포착해 기대한 요약 데이터를 다시 계산한다.
- 리포트가 만들어지는 속도는 성공적 운영 인텔리전스 프로그램의 주춧돌이다.

10

그 밖의 내용:
사용자화, 웹 프레임워크,
REST API, SDK

이번 장에서는 스플렁크 애플리케이션을 사용자화하는 법과 스플렁크 SDK의 고급
기능에 대해 배울 것이다. 다루는 내용은 다음과 같다.

- ▶ 애플리케이션 탐색기 사용자화
- ▶ 웹 히트 힘 방향 그래프 추가
- ▶ 제품 구매 히트맵 달력 추가
- ▶ 유일 페이지 조회를 구하는 스플렁크 REST API 원격 질의
- ▶ 유일한 IP 주소를 반환하는 파이썬 애플리케이션 생성
- ▶ 제품 이름을 포맷하는 사용자 검색 명령어 만들기

지금까지 모든 장을 통해 스플렁크 엔터프라이즈의 핵심 기능을 직접 다뤘다. 이번 장에서는 좀 더 강력한 스플렁크 사용자 경험을 만들어주는 기능에 대해 파고들 것이다. 스플렁크 엔터프라이즈의 최신 기술을 사용해 인터페이스의 외양과 느낌을 변경하고, 풍부한 시각화를 사용자에게 제공하고, 스플렁크로부터의 데이터와 정보를 가져와 내부 애플리케이션이나 완전히 새로운 별도의 애플리케이션에서 사용하게 할 수 있다. 웹 프레임워크, REST API, 소프트웨어 개발 도구(SDKs) 세 개의 영역을 통해 스플렁크 경험을 다음 단계로 끌어올릴 수 있다.

웹 프레임워크

웹 프레임워크는 스플렁크 6 플랫폼의 주요 구성 요소다. 프레임워크는 스플렁크의 능력을 확장해 좀 더 광범위한 개발을 할 수 있게 해준다. 장고Django 웹 프레임워크를 서버 측 기능에 사용해 더 유연한 개발 경험을 제공한다. 이 프레임워크에서는 변경사항을 보기 위해 스플렁크를 재시작할 필요가 없다. 또한 사용자 핸들러와 URL 라우팅을 작성하고 클라이언트 측 구성 요소를 생성하는 데 사용하는 사용자 템플릿을 만들 수 있다. 클라이언트 측에선 사용자 스플렁크 자바스크립트 스택과 HTML 기반 대시보드를 조합해 사용할 수 있다. 더 이상은 모든 것을 SimpleXML로 할 필요가 없다. SplunkJS 스택은 다운로드해 스플렁크 애플리케이션이 아닌 사용자 애플리케이션 라이브러리 집합에 포함시킬 수 있다.

이런 기술을 사용하면 대시보드를 사용자가 필요한 형식대로 만들 수 있는 장점이 있다.

REST API

스플렁크의 중추에는 항상 REST API가 깔렸다. REST API로 설정에서 데이터 유입까지 모든 접근을 가능하게 해준다. 한 번만 실행해 데이터를 추출하는 스크립트이거나 자동화된 써드파티 시스템의 워크플로우라도 단순히 API 웹 요청으로 모두 수행할 수 있다.

대부분의 스플렁크에서 출력 타입이나 결과 필터를 조작할 수 있는 REST API에 적용하는 여러 옵션과 파라미터가 있다. 스플렁크가 웹 프레임워크를 가지기 한참 전에 REST API는 스플렁크와 웨어하우스를 연동하는 데 사용됐고 여전히 많은 부분을 담당하고 있다.

소프트웨어 개발자 도구

지난 수년 동안 스플렁크 개발팀은 자체 운영 인텔리전스 애플리케이션을 만드는 일을 하는 소프트웨어 개발자 도구^{SDK}를 만들어왔다.

SDK를 사용해 개발자는 다음과 같은 일을 쉽게 할 수 있다.

▶ 검색과 저장한 검색을 실행하고 관리
▶ 사용자 접근 설정 상세 관리
▶ 스플렁크로 직접 데이터 기록

그리고 그 외 다양한 기능이 있다.

SDK는 REST API와 상호작용하게 작성했다. 그리고 운영 인텔리전스에 집중할 수 있게 다양한 상세 내용은 추상화했다. 현재 스플렁크는 파이썬, 자바, 자바스크립트, PHP, 루비, C# SDK를 지원한다.

이제 흥미로운 기술을 직접 경험해보자.

애플리케이션 탐색기 사용자화

이 책의 끝이 다가옴에 따라 지금까지 개발한 운영 인텔리전스 애플리케이션을 돌아보고 하나로 모아 표현 관점에서 간단히 사용자화하는 것이 좋을 것 같다.

이번 예제에서 사용자화한 탐색기를 애플리케이션에 추가해 리포트와 대시보드를 더 효과적으로 조직화한다.

준비

이번 예제를 따라가려면 1장 '시작: 데이터 입력'에서 적재한 예제 데이터를 가지고 있는 구동 중인 스플렁크 엔터프라이즈 서버가 필요하다. 운영 인텔리전스 애플리케이션과 대시보드, 그에 포함된 리포트 관련 예제를 수행해봐야 한다. 그리고 스플렁크 사용자 인터페이스 간 이동에 익숙해야 한다.

예제 구현

사용자 탐색기와 디자인을 변경하려면 다음 예제를 따른다.

1. 스플렁크 서버에 로그인한다.

2. Operational Intelligence 애플리케이션을 선택한다.

3. Settings 메뉴를 클릭하고 User Interface를 클릭한다.

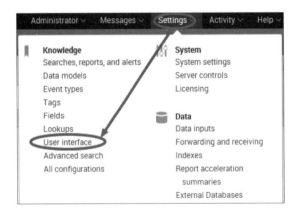

4. Navigation menus를 클릭한다.

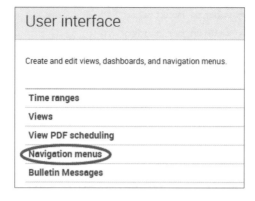

5. default라 이름 붙여진 아이템을 발견할 수 있다. 그 아이템을 클릭한다.

6. 다음과 같은 코드를 볼 수 있다.

```
<nav search_view="search" color="#65A637">
  <view name="search" default='true' />
  <view name="data_models" />
  <view name="reports" />
  <view name="alerts" />
  <view name="dashboards" />
</nav>
```

7. 다음과 같이 수정하자.

```
<nav search_view="search" color="#999999">
  <view name="search" default='true' />
<!--
  <view name="data_models" />
  <view name="reports" />
  <view name="alerts" />
-->
  <collection label="Sales">
    <view name="product_monitoring" />
    <view name="purchase_volumes" />
  </collection>
  <collection label="Performance">
    <view name="operational_monitoring" />
```

```
  <view name="website_monitoring" />
  <view name="session_monitoring" />
  <view name="predictive_analytics" />
</collection>
<collection label="Operations">
  <view name="session_and_purchase_trends" />
  <view name="web_hits" />
</collection>
<collection label="Visitors">
  <view name="visitor_monitoring" />
</collection>
<collection label="Saved Reports">
  <collection label="Chapter 1 - Play Time">
    <saved source="unclassified" match="cp01" />
  </collection>
  <collection label="Chapter 2 - Diving into Data">
    <saved source="unclassified" match="cp02" />
  </collection>
  <collection label="Chapter 3 - Dashboards
    Visualizations">
    <saved source="unclassified" match="cp03" />
  </collection>
  <collection label="Chapter 4 - Building an App">
    <saved source="unclassified" match="cp04" />
  </collection>
  <collection label="Chapter 5 - Extending Intelligence">
    <saved source="unclassified" match="cp05" />
  </collection>
  <collection label="Chapter 6 - Advanced Searching">
    <saved source="unclassified" match="cp06" />
  </collection>
  <collection label="Chapter 7 - Enriching Data">
    <saved source="unclassified" match="cp07" />
  </collection>
  <collection label="Chapter 8 - Being Proactive">
    <saved source="unclassified" match="cp08" />
```

```
    </collection>
    <collection label="Chapter 9 - Speed Up Intelligence">
      <saved source="unclassified" match="cp09" />
    </collection>
    <collection label="Chapter 10 - Above and Beyond">
      <saved source="unclassified" match="cp10" />
    </collection>
  </collection>
  <collection label="Administration">
    <a href="http://docs.splunk.com">Splunk
      Documentation</a>
    <a href="http://apps.splunk.com">Splunk Apps</a>
    <a href="http://discoveredintelligence.ca/
      getting-started-with-splunk/">Splunk Help</a>
    <view name="dashboards" />
  </collection>
</nav>
```

 스플렁크 GUI 밖에서 이 파일을 수정할 수 있다. $SPLUNK_HOME/etc/apps/ operational_intelligence/default/data/ui/nav/default.xml에서 해당 파일을 찾을 수 있다.

8. 수정한 다음 Save를 클릭하고 2번 단계에서 수행한 것처럼 Operational Intelligence 앱을 선택한다. 완전히 사용자화된 애플리케이션 메뉴를 볼 수 있고 탐색기 툴바 색을 회색으로 변경할 수 있다.

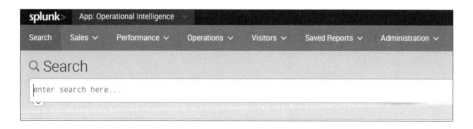

이번 예제에서는 운영 인텔리전스 애플리케이션 탐색기를 대시보드와 리포트가 잘
보이도록 수정한다. 탐색기 바를 기본색인 녹색에서 회색으로 변경했다. 코드를 조각
내서 몇 가지를 설명해본다.

검색 조각	설명
```<nav search_view="search" color="#999999">```	탐색기 메뉴바 색을 회색 HEX 값으로 바꾸는 부분이다.
```<!-- <view name="data_models" /> <view name="reports" /> <view name="alerts" /> -->```	기본 뷰에 주석 처리함으로써 애플리케이션에서 나타나지 않게 했다. 이 대신에 단순히 삭제해도 된다.
```<collection label="Sales"> <view name="product_monitoring" /> <view name="purchase_volumes" /> </collection>```	다양한 뷰(대시보드)를 판매, 성능 등으로 묶은 일련의 요소 집합으로 추가한다.
```<collection label="Saved Reports"> <collection label="Chapter 1 - Play Time"> <saved source= "unclassified" match="cp01" /> </collection> ... </collection>```	일반 그룹으로 묶는 중첩된 요소 집합 열을 추가한다. 이 책의 예제에 나온 모든 저장 리포트를 나열했다. match 파라미터를 사용해 장 이름으로 검색하고 해당 모음을 찾는다. 검색을 나타내려고 saved 파라미터를 사용했다. 앞에선 view 파라미터를 사용했다.

(이어짐)

검색 조각	설명

``
<collection
label="Administration">
        <a href="http://
        docs.splunk.com">
        Splunk
        Documentation</a>
        <a href="http://
        apps.splunk.com">
        Splunk Apps</a>
        <a href="http://
        discovered
        intelligence.ca/
        getting-started-
        with-splunk/">
        Splunk Help</a>
<view
name="dashboards" />
</collection>
``
	마지막으로 여러 리소스를 보여주는 어드민 메뉴를 추가했다. 익숙한 HTML href 코드를 단순히 추가했다. 모든 대시보드를 모아놓은 목록에 쉽게 접근할 수 있도록 Dashboards 메뉴 아이템을 둔다.

부연 설명

스플렁크 애플리케이션에서 사용할 수 있는 사용자화 중 일부만 표면적으로 다뤘다. 예를 들면 앱의 자체 CSS도 구현할 수 있고 자체 아이콘이나 그림도 사용할 수 있다.

 스플렁크는 고급 개발에 대한 상세 메뉴얼을 가지고 있다. 앱의 CSS를 수정하는 법, 아이콘이나 이미지를 바꾸는 법, 스플렁크 앱스토어에 애플리케이션을 패키지화해 올리는 법 등을 다룬다. 더 많은 정보는 http://docs.splunk.com/ Documentation/ Splunk/latest/AdvancedDev에 있는 문서를 참조하자.

웹 히트 힘 방향 그래프 추가

이 책의 다른 예제를 통해 스프레드시트나 프레젠테이션에서 일반적으로 사용하는 일상의 보편적인 시각화를 사용해봤다. 스플렁크 같은 데이터 지능화 툴은 사용자에게 데이터를 가져다주는 일의 지평을 넓히기 때문에 데이터를 새롭고 독특한 시각화 방법으로 전달하고 보여줄 필요가 있다.

이 예제에서는 스플렁크 웹 프레임워크를 설치하는 법과 웹 페이지 히트 관계를 보여주는 힘 방향 그래프^{FDG, Force-Directed Graph}를 만들어 운영 인텔리전스 애플리케이션 대시보드에 추가하는 법을 보여줄 것이다.

준비

이번 예제를 따라가려면 1장 '시작: 데이터 입력'에서 적재한 예제 데이터를 가지고 있는 구동 중인 스플렁크 엔터프라이즈 서버가 필요하다. 그리고 스플렁크 사용자 인터페이스 간 이동과 스플렁크 검색 언어 사용에 익숙해야 한다. 자바스크립트 기본 지식도 배울 것을 권장한다.

예제 구현

웹 히트를 보여주는 힘 방향 그래프를 추가하려면 이번 예제의 다음 단계를 따른다.

1. 스플렁크 서버에 로그인한다.

2. 상단 메뉴에서 Apps를 선택하고 Manage Apps를 선택한다.

3. Find more apps online을 클릭한다.

4. 앱 검색 필드에 Web Framework를 입력하고 확대경 버튼을 클릭한다.

5. Splunk Web Framework Toolkit을 찾고 Install free 버튼을 클릭한다.

 스플렁크 서버가 인터넷에 접속되어 있지 않다면 이 방식으로 앱을 설치할 수 없다. 대신에 http://apps.splunk.com/app/1613/로 가서 앱을 다운로드하고 Install all from file 버튼을 눌러 2번 단계를 완료한다.

6. 스플렁크 앱의 사용자 이름과 암호를 입력한다. 계정이 없다면 Splunk.com에 가서 계정을 등록한다.

7. Login 버튼을 클릭한다.

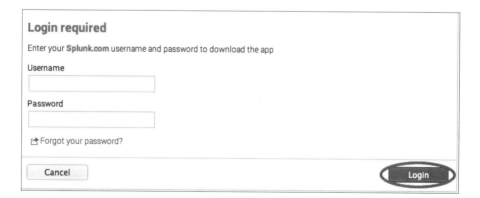

8. 스플렁크를 재시작할 필요가 있다. Restart Splunk 버튼을 누른다.

Restart required

You must restart Splunk to install this app

Installation will be completed after Splunk has restarted

Restart later   Restart Splunk

9. 스플렁크가 재시작되면 확인 경고 창의 **Ok** 버튼을 클릭한다.

10. 콘솔 윈도우나 파일 탐색기 윈도우에서 $SPLUNK_HOME/etc/apps/ operational_intelligence 디렉터리로 가서 appserver 폴더와 static 폴더를 만들어 $SPLUNK_HOME/etc/apps/operational_intelligence/appserver/static과 같이 전체 경로를 만든다.

11. 툴킷의 components 폴더를 새롭게 만든 **Operaional Intelligence** 애플리케이션의 static 폴더로 복사한다.

리눅스 환경에선 components 폴더 내용물을 방금 만든 operational_ intelligence 애플리케이션 폴더인 static으로 복사한다.

```
cp -R
$SPLUNK_HOME/etc/apps/splunk_wftoolkit/django/splunk_wftoolkit/
static/splunk_wftoolkit/components
$SPLUNK_HOME/etc/apps/operational_intelligence/appserver/static/
```

 $SPLUNK_HOME 디렉터리는 스플렁크 설치 디렉터리로, 리눅스에서 기본값으로 / opt/splunk에 위치한다.

윈도우에서 c:\programfiles\splunk\etc\apps\splunk_wftoolkit\django\ splunk_wftoolkit\static\splunk_wftoolkit\components에 있는 components 폴더 내용물을 방금 만든 operational_intelligence 애플리케이션 폴더인 static으로 복사한다.

12. 스플렁크 서버에 로그인한다.

13. **Operational Intelligence** 애플리케이션을 선택한다.

14. Administration 메뉴를 클릭하고 Dashboard 메뉴 아이템을 클릭한다.

15. Create New Dashboard 버튼을 클릭한다.

16. Create New Dashboard 윈도우에서 Title 필드에 Web Hits를 입력하고 Permission 필드에서 Shared in App을 선택한다.

17. Create Dashboard를 클릭한다.

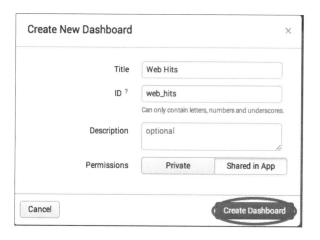

18. Done을 클릭한다.

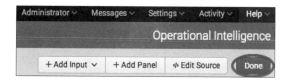

19. Edit 버튼을 클릭한다.

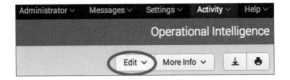

20. Convert to HTML 메뉴 아이템을 클릭한다.

21. Replace Current를 클릭한다.

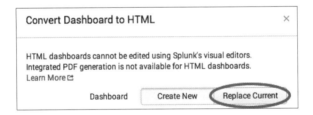

22. Convert Dashboard를 클릭한다.

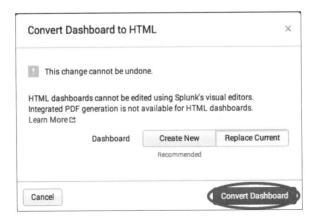

23. Edit HTML 버튼을 클릭한다.

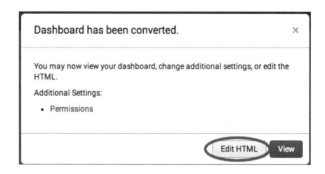

24. 대시보드 편집 폼에서 `data-role="main"` 값을 가진 HTML `<div>` 태그를 찾아 다음 코드와 같이 수정한다.

```
<div class="dashboard-body container-fluid main-section-body" data-
role="main">
  <div class="dashboard-header clearfix">
    <h2>Web Hits</h2>
    <p class="description" />
  </div>
  <div class="dashboard-row dashboard-row1">
    <div class="dashboard-cell" style="width: 100%;">
      <div class="dashboard-panel clearfix">
        <div class="panel-element-row">
          <div class="dashboard-element chart" id="element1"
style="width: 100%">
            <div class="panel-head">
              <h3>Webpage relationship</h3>
            </div>
            <div class="panel-body">
              <div id="fd-chart" />
            </div>
          </div>
        </div>
      </div>
    </div>
  </div>
</div>
```

25. 스크립트^{script} 섹션의 require.config문을 찾아 스플렁크가 툴킷 구성 요소를 찾을 수 있게 추가 경로를 넣는다. require.config문에 앱 경로를 다음과 같이 추가한다(배열 아이템 앞에 콤마를 추가해야 함을 기억하자.).

```
require.config({
        baseUrl: "{{SPLUNKWEB_URL_PREFIX}}/static/js",
        waitSeconds: 0, // Disable require.js load timeout
        paths:
        {
                "app": "../app"
        }
});
```

26. 자바스크립트 바로 아래 require 부분의 위치를 찾고 배열에 이 아이템을 추가한다(배열 아이템 앞에 콤마를 추가해야 함을 기억하자.).

```
"app/operational_intelligence/components/forcedirected/forcedirected"
```

27. function문 아래에 ForceDirected를 추가한다(배열 아이템 앞에 콤마를 추가해야 함을 기억하자.).

```
PostProcessManager,
UrlTokenModel,
ForceDirected
```

28. 자바스크립트의 SEARCH MANAGERS 섹션을 찾아 다음 코드를 추가한다.

```
var search1 = new SearchManager({
        "id": "search1",
        "status_buckets": 0,
        "latest_time": "now",
        "search": " index=main sourcetype=access_combined | rex
field=referer \".*(?<sourcepage>\/.*?)$\" | stats count by
sourcepage, uri_path",
        "cancelOnUnload": true,
        "earliest_time": "-6h",
        "app": utils.getCurrentApp(),
        "auto_cancel": 0,
        "preview": true
```

```
        }, {tokens: true, tokenNamespace: "submitted"});
```

29. 자바스크립트의 VIEWS: VISUALIZATION ELEMENTS 섹션을 찾아(페이지 바닥에 가까운) 다음 코드를 추가한다.

```
var forcegraph = new ForceDirected({
        'id' : 'fd1',
        'managerid' : 'search1',
        'el' : $('#fd-chart')
    }).render();
```

30. Save를 클릭하면 대시보드로 돌아갈 것이다.

31. 잠시 후 대시보드에서 힘 방향 그래프를 볼 수 있다. 페이지 간 이동 관계를 보여준다.

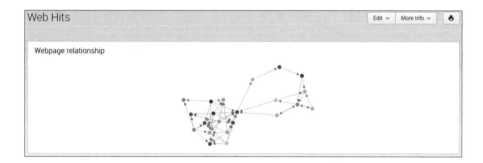

예제 분석

스플렁크는 웹 프레임워크 툴킷 앱을 제공해 힘 방향 그래프 같은 시각화를 만드는 여러 라이브러리를 사용할 수 있다. 웹 프레임워크 툴킷 앱은 D3.js 시각화를 자체 앱에서 사용하게 해준다. 힘 방향 그래프는 오브젝트 간 연결이나 군집을 보여주는 시각화다. 보통 힘 방향 그래프를 그리는 알고리즘은 유사 오브젝트를 가깝게 배치하고 관련 없는 오브젝트를 멀리 배치하는 방식으로 동작한다.

툴킷과 FDG를 사용하려면 우선 필요 앱과 라이브러리를 운영 인텔리전스 애플리케이션에 설치한다. 이런 형식으로 앱을 배포하면 다른 앱이 설치될 때 필요한 의존성을 줄일 수 있다.

대시보드에 HDG를 삽입하려면 HTML 포맷으로 되어 있어야 한다. 그래서 SimpleXML로 빈 대시보드를 만들어 HTML로 변환했다. FDG를 가질 HTML 코드를 추가하고 CSS 클래스를 올바로 설정해 포맷이 앱과 일치하도록 한다.

대시보드의 기능은 대부분 자바스크립트 섹션에서 온다. 웹 프레임워크 툴킷에서 운영 인텔리전스 앱으로 복사한 라이브러리의 참조를 우선 추가한다. 검색 기능을 조작하고 데이터를 그래프로 반환하는 검색 관리자 오브젝트를 추가한다. 마지막으로 FDG를 가지고 있는 오브젝트를 추가하고 어느 HTML 항목에 집어넣을지 지정한다.

 HTML 관련 사용법은 스플렁크 개발자 웹사이트인 http://dev.splunk.com/view/webframework-htmldashboards/SP-CAAAETK에서 찾을 수 있다. 추가로 D3.js 와 D3.js로 만들 수 있는 시각화에 대해 더 배우려면 http://d3js.org/를 방문하자.

부연 설명

스플렁크는 매우 유연해서 대시보드의 예제 분석을 변경하거나 향상시킬 방법이 있다.

검색 관리자의 시간 범위 수정

자바스크립트 검색 관리자 오브젝트는 검색 요청을 조작하거나 조율하고, 설정을 수정해 예제 분석을 다양하게 변경할 수 있다.

쉽게 수정할 수 있는 파라미터 중 하나는 시간 범위다. 새로운 값을 직접 입력하거나 드롭다운이나 텍스트박스 같은 컨트롤과 연결할 수 있다.

검색 시간 범위를 이전 6시 범위에서 현재 업무 주 범위로 변경하려면 검색 관리자에서 latest_time과 earliest_time의 속성을 다음 코드와 같이 변경한다.

```
var search1 = new SearchManager({
    "id": "search1",
    "status_buckets": 0,
    "latest_time": "+7d@w6",
    "search": "index=main sourcetype=access_combined | rex
```

```
field=referer \".*(?<sourcepage>\/.*?)$\" | stats count by sourcepage,
uri_path",
    "cancelOnUnload": true,
    "earliest_time": "@w1",
    "app": utils.getCurrentApp(),
    "auto_cancel": 0,
    "preview": true
}, {tokens: true, tokenNamespace: "submitted"});
```

참고 사항

▶ 제품 구매 히트맵 달력 추가 예제

▶ 유일한 페이지 조회를 구하는 스플렁크 REST API 원격 질의 예제

▶ 유일한 IP 주소를 반환하는 파이썬 애플리케이션 생성 예제

제품 구매 히트맵 달력 추가

웹 히트 힘 방향 그래프 추가 예제에서 본 것과 같이 스플렁크 웹 프레임워크 툴킷 앱
에 포함된 D3 시각화를 사용해 더 창의적이고 독특하게 데이터를 나타낼 수 있다.

이번 예제에서는 지난주 제품 구매 히트맵 달력이 있는 대시보드를 새롭게 만드는 법
을 보여준다. 대시보드는 운영 인텔리전스 애플리케이션에 추가할 것이다.

준비

이번 예제를 따라가려면 1장 '시작: 데이터 입력'에서 적재한 예제 데이터를 가지고
있는 구동 중인 스플렁크 엔터프라이즈 서버가 필요하다. 그리고 스플렁크 사용자 인
터페이스 간 이동과 스플렁크 검색 언어 사용에 익숙해야 한다. 이번 예제에서는 웹
프레임워크 도구 앱을 사용할 것이기 때문에 이번 장의 웹 히트 힘 방향 그래프 추가
예제를 완료해야 한다. 자바스크립트 기본 지식도 배울 것을 권장한다.

구매 히트맵 달력이 있는 대시보드를 새로 만들려면 이번 예제의 다음 단계를 따른다.

1. 스플렁크 서버에 로그인한다.

2. Operational Intelligence를 선택한다.

3. Administration 메뉴를 클릭하고 Dashboard 메뉴 아이템을 클릭한다.

4. Create New Dashboard 버튼을 클릭한다.

5. Create New Dashboard 윈도우에서 Purchase Volumes를 Title 필드에 입력하고 Shared in App을 Permission 필드로 선택한다.

6. Create Dashboard를 클릭한다.

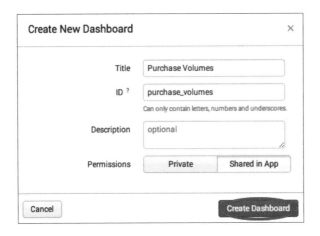

7. Done을 클릭한다.

8. Edit 버튼을 클릭한다.

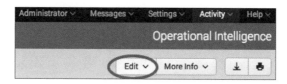

9. Convert to HTML 메뉴 아이템을 클릭한다.

10. Replace Current 옵션을 클릭한다.

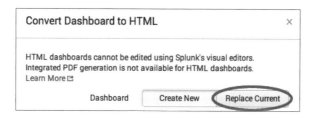

11. Convert Dashboard를 클릭한다.

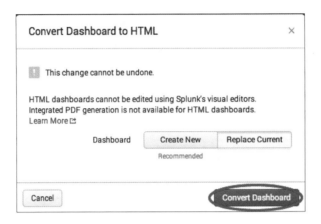

12. Edit HTML 버튼을 클릭한다.

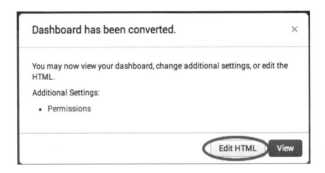

13. 대시보드 수정 서식에 `data-role="main"` 값을 가진 HTML `<div>` 태그를 찾아
다음 코드 라인과 같이 수정한다.

```
<div class="dashboard-body container-fluid main-section-
body" data-role="main">
    <div class="dashboard-header clearfix">
        <h2>Purchase Volumes</h2>
        <p class="description"></p>
    </div>
    <div class="dashboard-row dashboard-row1">
     <div class="dashboard-cell" style="width: 100%;">
        <div class="dashboard-panel clearfix">
```

```
                    <div class="panel-element-row">
                        <div class="dashboard-element chart" id="element1"
style="width: 100%">
                            <div class="panel-head">
                                <h3>Volumes</h3>
                            </div>
                            <div class="panel-body">
                            <div id="cal-chart"></div>
                            </div>
                        </div>
                    </div>
                </div>
            </div>
        </div>
</div>
```

14. 스크립트 섹션의 require.config문을 찾아 스플렁크가 툴킷 구성 요소를 찾을 수
있게 경로를 추가한다. require.config문에 앱 경로를 다음과 같이 추가한다(앞
에 오는 항목 다음 0 뒤에 콤마를 써야 함을 기억하자.).

```
require.config({
    baseUrl: "{{SPLUNKWEB_URL_PREFIX}}/static/js",
    waitSeconds: 0, // Disable require.js load timeout
    paths:
    {
        "app": "../app"
    }
});
```

15. 자바스크립트의 require 부분을 찾아서 다음 아이템을 배열에 추가한다(배열 항
목 앞에 콤마가 와야 함을 기억하자.).

**"app/operational_intelligence/components/calendarheatmap/
calendarheatmap"**

16. function문 아래 CalendarHeatmap을 추가한다(배열 항목 앞에 콤마가 와야 함을 기
억하자.).

```
PostProcessManager,
UrlTokenModel,
CalendarHeatmap
```

17. 자바스크립트의 SEARCH MANAGERS 섹션을 찾아 다음 코드를 추가한다.

```
var search1 = new SearchManager({
    "id": "search1",
    "status_buckets": 0,
    "latest_time": "now",
    "search": " index=main sourcetype=log4j requestType=checkout |
timechart span=1h sum(total) as purchase_total",
    "cancelOnUnload": true,
    "earliest_time": "-7d",
    "app": utils.getCurrentApp(),
    "auto_cancel": 0,
    "preview": true
}, {tokens: true, tokenNamespace: "submitted"});
```

18. 자바스크립트의 VIEWS: VISUALIZATION ELEMENTS 섹션을 찾아 다음 코드를 추가한다.

```
var calendarheatmap = new CalendarHeatmap({
        'id' : 'fcal',
        'managerid' : 'search1',
        'domain' : 'day',
        'subDomain' : 'x_hour',
        'el' : $('#cal-chart')
    }).render();
```

19. Save를 클릭하면 대시보드로 돌아갈 것이다.

20. 대시보드가 지난 7일간 시간별 제품 구매량을 히트맵 시각화 달력으로 만드는 작업을 보게 될 것이다. 스크롤 화살표로 달력에서 다른 날로 변경할 수 있다.

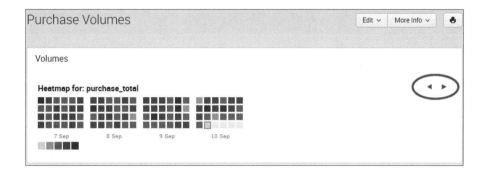

예제 분석

달력 히트맵 시각화는 대규모 시계열 데이터를 히트맵으로 만들어 보여주는 방식이다. 이번 경우에서는 지난 7일 동안 일일 시간별 구매량을 나타낸다. 시간별, 주중 일별, 년중 주 단위로 구매 패턴 추세를 밝혀내는 데 쓰일 수 있는 시각화다.

웹 히트 힘 방향 그래프 추가 예제에서 본 대로 히트맵 달력은 스플렁크 웹 프레임워크 도구 앱 설치 시 사용할 수 있는 미리 만들어진 구성 요소다.

대시보드는 HTML 포맷일 필요가 있어서 SimpleXML로 빈 대시보드를 만들어 HTML로 변환했다. 히트맵 시각화가 있는 HTML 코드를 추가하고 CSS 클래스를 올바로 설정해 포맷이 앱과 일치하도록 한다.

대시보드의 기능은 대부분 자바스크립트 섹션에서 온다. 웹 프레임워크 툴킷에서 운영 인텔리전스 앱으로 복사한 라이브러리의 참조를 우선 추가한다. 검색 기능을 조작하고 데이터를 히트맵 오브젝트로 반환하는 검색 관리자 오브젝트를 추가한다. 마지막으로 히트맵을 가지고 있는 오브젝트를 추가하고 어느 HTML 항목에 집어넣을지지정한다.

 D3.js와 시각화 타입에 대해 더 알길 원한다면 http://d3js.org/를 방문해보자.

참고 사항

- ▶ 웹 히트 힘 방향 그래프 추가 예제
- ▶ 유일한 페이지 조회를 구하는 스플렁크 REST API 원격 질의 예제
- ▶ 유일한 IP 주소를 반환하는 파이썬 애플리케이션 생성 예제

유일한 페이지 조회를 구하는 스플렁크 REST API 원격 질의

웹 서비스는 매일 사용하는 대부분의 애플리케이션에서 고려해야 할 기술이다. 웹 브라우징에서 보편적인 접속 형태를 사용해 애플리케이션 간 데이터를 연동할 때 데이터를 좀 더 프로그램적 방식으로 전송할 수 있다.

이번 예제에서는 스플렁크의 REST API를 사용해 애플리케이션의 웹 서버 로그로부터 유일한 IP 주소를 반환하게 하는 법을 배울 것이다.

준비

이번 예제를 따라가려면 1장 '시작: 데이터 입력'에서 적재한 예제 데이터를 가지고 있는 구동 중인 스플렁크 엔터프라이즈 서버가 필요하다. 그리고 스플렁크 사용자 인터페이스 간 이동과 스플렁크 검색 언어 사용에 익숙해야 한다. 이번 예제에서 오픈 소스 커맨드라인 도구인 curl을 사용할 것이다. wget 같은 다른 커맨드라인 도구도 있다. curl 도구는 맥 OS나 리눅스 시스템에 대부분 기본으로 설치돼 있고 윈도우에서도 다운로드할 수 있다.

 curl에 대한 더 많은 정보는 http://curl.haxx.se/를 방문하자.

예제 구현

REST API를 사용해 유일한 페이지 뷰를 스플렁크에 원격으로 질의하려면 이번 예제의 다음 단계를 따른다. 이번 예제 전체에 사용한 admin과 changeme를 스플렁크에서

설정한 사용자 이름과 패스워드로 바꿀 필요가 있다.

1. 스플렁크 서버의 커맨드라인 윈도우나 콘솔을 연다.

2. 인증이 잘 동작하는지 확인하기 위해 초기 요청을 만든다. 잘 동작하면 설치된 스플렁크 앱 목록이 XML 포맷으로 반환될 것이다.

```
curl -k -u admin:changeme
https://localhost:8089/servicesNS/admin
```

3. 요청 REST 말단을 갱신한다. 어떤 검색을 정의하지 않았기 때문에 에러를 반환할 것이다.

```
curl -k -u admin:changeme
https://localhost:8089/servicesNS/admin/search/search/jobs/export
```

4. 요청을 실행할 검색을 추가한다. earliest 필드 값을 줬기 때문에 지난 7일간 검색 결과를 XML로 반환할 것이다.

```
curl -k -u admin:changeme --data-urlencode search="search index=main
sourcetype=access_combined earliest=-7d status=200 | dedup clientip
uri_path | stats count by uri_path"
https://localhost:8089/servicesNS/admin/search/search/jobs/export
```

 모든 curl 예제에서 사용자 이름 admin과 패스워드 changeme가 쓰였다. 이는 스플렁크가 설치될 때 기본 사용자 이름과 패스워드다. 좀 더 안전한 패스워드로 변경하길 권장한다.

예제 분석

이번 예제에서 REST API를 사용해 지난 7일간 유일한 페이지 뷰를 조회하는 스플렁크 검색을 실행했다. 스플렁크는 설치 시 8089 포트를 기본으로 열어 REST 요청을 받는다. 요청은 예제에서 본 것처럼 curl을 사용해 보낼 수 있고 또는 브라우저에서 직접 호출할 수 있다.

스플렁크는 GET, POST, DELETE 요청을 지원한다. GET 요청으로 데이터를 조회하거나 반환하고 POST 요청으로 데이터를 갱신하고 DELETE 요청으로 데이터를 삭제한다. 또한 결과는 XML, JSON, CSV 등 다양한 포맷으로 반환할 수 있다.

찾아서 수행하려는 연산 타입에 따라 접근하려는 URL 값이 다를 것이다. 이번 예제에서 작업을 전달하는 search/jobs/export인 URL을 사용했다.

스플렁크에서 설정한 모든 접근 제어나 퍼미션은 스플렁크의 모든 부분에서 그렇듯 REST API에도 적용된다. 사용자는 웹 인터페이스가 아닌 다른 도구를 사용해도 보안 제한을 피할 수 없음을 보장한다. REST API를 통한 모든 요청은 SSL을 사용해 암호화한다. '직접 서명한 SSL^{Self-signed SSL}' 인증을 기본으로 사용하지만 다른 자체 인증 방식으로 대체할 수 있다.

 스플렁크 웹 GUI에서도 검색 같은 내부 연산을 수행할 때 스플렁크 REST API를 사용한다. REST에 대한 더 많은 정보는 REST 위키피디아 페이지(http://en.wikipedia.org/wiki/Representational_State_Transfer)를 참조하자.

부연 설명

스플렁크에서 REST API는 매우 유연하다. API 호출 동작을 수정하고 확장할 수 있는 몇 가지 수정 항목이 있다.

세션 토큰으로 인증

-u 파라미터를 설정해 모든 API 요청에 사용자 이름과 패스워드를 넘기는 방식 대신, 세션 토큰을 생성해 요청할 때마다 전달하는 방식을 사용할 수 있다. 이 방식의 장점은 스플렁크 서버의 부하를 줄이고 요청마다 인증하는 작업이 불필요해진다는 것이다.

먼저 auth/login 말단을 호출해 세션 토큰을 생성한다.

```
curl -k https://localhost:8089/servicesNS/admin/search/auth/login/ -d" us
ername=admin&password=changeme"
```

다음과 같은 토큰을 반환할 것이다.

```
<response>
<sessionKey>XzcmjvXT4SKL6loDHx6dsGxFCrQNENwlWoKraskF_yQbvDyQ47zIl9
icR1VUzA6dX8tGbKiCMghnhKfbPslKuzSaV4eXLioKwo</sessionKey>
</response>
```

세션 키 태그에 있는 값을 사용해 향후 요청에서 인증 헤더로 사용한다.

```
curl -k --data-urlencode search="search
index=main sourcetype=access_combined status=200 latest=now
earliest=-15m | dedup clientip uri_path | stats count by uri_path"
-H "Authorization: Splunk XzcmjvXT4SKL6loDHx6dsGxFCrQNENwlWoKraskF_
yQbvDyQ47zIl9icR1VUzA6dX8tGb KiCMghnhKfbPslKuzSaV4eXLioKwo"
https://localhost:8089/servicesNS/admin/search/search/jobs/export
```

참고 사항

▶ 제품 구매 히트맵 달력 추가 예제

▶ 유일한 IP 주소를 반환하는 파이썬 애플리케이션 생성 예제

▶ 제품 이름을 포맷하는 사용자 검색 명령어 만들기 예제

유일한 IP 주소를 반환하는 파이썬 애플리케이션 생성

스플렁크 파이썬 SDK는 스플렁크가 개발한 첫 SDK 중 하나로, 스플렁크의 대량 데이터 스트림을 처리하고 분석하는 능력과 사용자 애플리케이션을 연동하는 데 쓰여왔다. 애플리케이션과 직접 연동하는 기능을 사용해 바로 결과를 볼 수 있고 운영 인텔리전스 역량을 전부 활용할 수 있다.

이번 예제에서는 스플렁크 파이썬 SDK로 애플리케이션의 웹 서버 로그로부터 유일한 IP 주소를 반환하는 사용자 파이썬 애플리케이션을 만드는 법을 배울 것이다.

이번 예제를 따라가려면 1장 '시작: 데이터 입력'에서 적재한 예제 데이터를 가지고 있는 구동 중인 스플렁크 엔터프라이즈 서버가 필요하다. 그리고 스플렁크 사용자 인터페이스 간 이동과 스플렁크 검색 언어 사용에 익숙해야 한다. 파이썬 기본 지식을 배울 것을 권장하며, 스플렁크 파이썬 SDK를 다운로드해 스플렁크 엔터프라이즈 서버에서 사용할 수 있어야 한다.

 스플렁크 파이썬 SDK는 http://dev.splunk.com에서 다운로드할 수 있다. 이 책에선 v1.2.3 버전을 사용했다.

유일한 IP 주소를 반환하는 파이썬 애플리케이션을 만들려면 다음 예제의 단계를 따르자.

1. 스플렁크 서버의 윈도우 콘솔을 연다.

2. 파이썬 SDK 디렉터리 위치를 환경 변수로 익스포트export하려면 다음 명령을 실행한다. PYTHONPATH 변수 값을 SDK를 설치한 실제 경로로 변경한다.

   ```
   export PYTHONPATH=~/splunk-sdk-python
   ```

3. uniqueip.py라 불리는 새로운 파일을 생성하고 열어서 편집한다.

4. uniqueip.py 파일에서 사용할 스플렁크 라이브러리를 로딩해야 하므로 import 문을 추가한다.

   ```
   import splunklib.client as client
   import splunklib.results as results
   ```

5. 접속할 스플렁크 서버 값과 접속할 인증 값을 가지고 있는 상수를 추가한다. 스플렁크 사용자 이름과 패스워드 인증 값을 기본값이 아닌 다른 값으로 수정해야 한다.

```
HOST     = "localhost"
PORT     = 8089
USERNAME = "admin"
PASSWORD = "changeme"
```

6. 스플렁크 엔터프라이즈 서버에 접속해 통신하는 데 사용할 서비스 인스턴스를
   정의한다.

```
service = client.connect(
    host=HOST,
    port=PORT,
    username=USERNAME,
    password=PASSWORD)
```

7. 검색 인자 사전을 정의해 검색 동작을 변경한다.

```
kwargs = {"earliest_time": "-15m",
          "latest_time": "now",
          "search_mode": "normal",
          "exec_mode": "blocking"}
```

8. 유일한 IP 주소 목록을 반환하는 데 사용할 검색 질의가 있는 변수를 추가한다.
   검색 질의 안에 있는 큰따옴표는 탈출 문자열로 처리해야 한다.

```
searchquery = "search index=main
sourcetype=\"access_combined\" | stats count by clientip"
```

9. 잡 요청과 완료 시 콘솔 출력 내용을 만든다.

```
job = service.jobs.create(searchquery, **kwargs)
print "Job completed...printing results!\n"
```

10. 검색 결과 참조를 다음과 같이 만든다.

```
search_results = job.results()
```

11. ResultsReader 오브젝트를 추가해 결과를 이터레이트^{iterate}하고 IP 주소와 관련
    카운트를 출력한다.

```
reader = results.ResultsReader(search_results)
for result in reader:
```

```
    print "Result: %s => %s" % (result['clientip'],result['count'])
```

완성한 코드는 다음과 같다.

```
import splunklib.client as client
import splunklib.results as results

HOST     = "localhost"
PORT     = 8089
USERNAME = "admin"
PASSWORD = "changeme"

service = client.connect(
    host=HOST,
    port=PORT,
    username=USERNAME,
    password=PASSWORD)

kwargs = {"earliest_time": "-15m",
          "latest_time": "now",
          "search_mode": "normal",
          "exec_mode": "blocking"}

searchquery = "search index=main sourcetype=\"access_combined\" |
stats count by clientip"

job = service.jobs.create(searchquery, **kwargs)
print "Job completed...printing results!\n"

search_results = job.results()
reader = results.ResultsReader(search_results)
for result in reader:
    print "Result: %s => %s" % (result['clientip'],result['count'])
```

12. 프로그램을 실행한다.

```
python uniqueip.py
```

프로그램의 출력은 다음과 같다.

```
Result: 106.207.151.69 => 1
Result: 107.220.112.174 => 12
Result: 12.181.33.129 => 12
Result: 120.76.179.40 => 1
Result: 128.180.195.184 => 10
```

프로그램 출력은 파이썬 코드에 기술한 대로 지난 15분의 시간 범위에서 클라이언트 IP별 웹 접근 로그의 이벤트 수를 나타낸다.

 모든 curl 예제에서 사용자 이름 admin과 패스워드 changeme가 쓰였다. 이는 스플 렁크가 설치될 때 기본 사용자 이름과 패스워드다. 좀 더 안전한 패스워드로 변경할 것 을 권장한다.

예제 분석

스플렁크의 중심엔 REST API가 자리 잡고 있어 REST API를 사용해 인증에서 검색, 설정 관리까지 모든 일을 수행한다. 이번 장의 스플렁크 REST API를 통해 원격으로 유일한 페이지 뷰 질의 예제에서 살펴본 것처럼 REST API로 커맨드라인 도구를 사용 해 쉽게 상호작용할 수 있다.

자체 업무 애플리케이션 체계를 가지고 있고 스플렁크와 연동해 운영 인텔리전스를 적용하려는 조직은 업무 애플리케이션 체계를 만드는 데 사용한 언어의 SDK를 사용 할 수 있다. 스플렁크는 다양한 주류 프로그래밍 언어로 SDK를 만들어왔다.

SDK는 REST API를 호출을 감싸는 래퍼^{wrapper}이고 상호작용이 쉽도록 상세 내용을 추상화한다. REST 말단에서 지원하는 대부분을 SDK에서 오브젝트로 만들 수 있다.

예제에서 본 대로 주요 기능은 접속 생성, 인증 관리, 검색 작업 생성, 결과 처리다. 사용자나 롤 관리, 스플렁크에 데이터 입력, 저장한 검색으로 작업하는 데 사용하는 오 브젝트를 만들 수 있다.

이번 예제에서 파이썬 SDK를 이용하는 법을 조금 살펴봤다. 자체 애플리케이션을 스플렁크 데이터를 사용하도록 확장하는 법을 설명했다. 대부분의 경우와 같이 스플렁크에서 데이터를 조회하고 조작하는 방법은 여럿이다.

검색 결과 페이지화

이번 예제에서 만든 프로그램을 이용해 결과를 페이지화하려면 다음과 같이 수정해야 한다.

```
import splunklib.client as client
import splunklib.results as results

...

job = service.jobs.create(searchquery, **kwargs)
print "Job completed...printing results!\n"

total = job["resultCount"]
offset = 0;
count = 10;

while (offset < int(total)):
    page_args = {"count": count,
                 "offset": offset}

search_results = job.results(**page_args)
reader = results.ResultsReader(search_results)
for result in reader:
    print "Result: %s => %s" %
    (result['clientip'],result['count'])
offset += count
```

- ▶ 유일한 페이지 조회를 구하는 스플렁크 REST API 원격 질의 예제
- ▶ 제품 구매 히트맵 달력 추가 예제
- ▶ 제품 이름을 포맷하는 사용자 검색 명령어 만들기 예제

제품 이름을 포맷하는 사용자 검색 명령어 만들기

때때로 독특한 자체 업무 체계와 맞도록 데이터를 수정하는 추가 처리 로직이 필요하다. 까다로운 경영진이 특정 방식으로 데이터가 보이길 원하는 상황이 있을 수도 있다.

이번 예제에서는 스플렁크 파이썬 SDK를 사용해 일관성 있는 포맷(문자열에서 각 단어의 첫 글자를 대문자화)을 제품 이름이나 다른 문자열 필드에 적용하는 사용자 검색 명령어를 만드는 법을 배워본다.

준비

이번 예제를 따라가려면 1장 '시작: 데이터 입력'에서 적재한 예제 데이터를 가지고 있는 구동 중인 스플렁크 엔터프라이즈 서버가 필요하다. 그리고 스플렁크 사용자 인터페이스 간 이동과 스플렁크 검색 언어 사용에 익숙해야 한다. 파이썬 기본 지식을 익힐 것을 권장하며, 스플렁크 파이썬 SDK를 다운로드해 스플렁크 엔터프라이즈 서버에서 사용할 수 있도록 해야 한다.

 스플렁크 파이썬 SDK는 http://dev.splunk.com에서 다운로드할 수 있다. 이 책에선 v1.2.3 버전을 사용했다.

제품 이름을 포맷하는 사용자 검색 명령어를 만들려면 예제의 다음 단계를 따르자.

1. 스플렁크 서버의 콘솔 터미널을 연다.

2. 파이썬 SDK를 다운로드한 디렉터리로 변경한다.

3. 스플렁크 서버에 있는 적당한 도구를 사용해 ZIP 파일을 압축 해제한다.

4. $SPLUNK_HOME/etc/apps/operational_intelligence/bin 디렉터리 안에 splunklib 디렉터리를 생성한다.

5. splunk-sdk-python/splunklib/searchcommands 디렉터리를 $SPLUNK_HOME/etc/apps/operational_intelligence/bin/splunklib으로 복사한다.

6. $SPLUNK_HOME/etc/apps/operational_intelligence/local 디렉터리에 commands.conf 파일을 추가하고 다음과 같이 수정한다.

```
[fixname]
filename = fixname.py
supports_getinfo = true
supports_rawargs = true
outputheader = true
requires_srinfo = true
```

7. $SPLUNK_HOME/etc/apps/operational_intelligence/bin에 fixname.py를 생성하고 다음 코드를 추가한다.

```
#!/usr/bin/env python
import sys
from splunklib.searchcommands import \
    dispatch, StreamingCommand, Configuration, Option, validators

@Configuration()
class FixNameCommand(StreamingCommand):
    """ Takes the first letter of each word in the field and capitalizes
it
```

```
##Syntax
    .. code-block::
        fixname fieldname=<field>
##Description
Takes the first letter of each word in the field and capitalizes it

##Example
Uppercase the first letter of each word in the message field in the
_internal index

    .. code-block::
        index=_internal | head 20 | fixname fieldname=message
"""

    fieldname = Option(
                doc='''
                **Syntax:** **fieldname=***<fieldname>*
                **Description:** Name of the field that will be
capitalized''',
                require=True, validate=validators.Fieldname())

    def stream(self, records):
            self.logger.debug('FixNameCommand: %s' % self)  #logs
command line
            for record in records:
                    record[self.fieldname] =
record[self.fieldname].title()
                    yield record

dispatch(FixNameCommand, sys.argv, sys.stdin, sys.stdout,__name__)
```

8. 다음 명령을 수행할 수 있게 fixname.py 스크립트 퍼미션을 변경한다.

   chmod a+x fixname.py

9. 스플렁크를 재시작한다.

10. 스플렁크에 로그인한다.

11. Operational Intelligence 애플리케이션을 선택한다.

12. 검색 바에서 다음 검색을 Last 24 hours로 입력한다.

```
index=main sourcetype=log4j | eval
ProductName=lower(ProductName) | fixname
fieldname=ProductName
```

ProductName 필드 값을 소문자 값으로 바꿨음에도 불구하고 fixname 명령이 각 값을 대문자로 변경했음을 확인한다.

예제 분석

스플렁크 파이썬 SDK를 사용하면 스플렁크에서 정보를 프로그램적 방식으로 쉽게 얻을 수 있을 뿐만 아니라 검색을 통해 이벤트 처리도 할 수 있다.

파이썬을 사용해 사용자 검색 명령을 만들어 스플렁크에 추가할 수 있지만, 디버깅하기가 어렵고 로깅 메커니즘을 가지고 있지 않다. 파이썬 SDK를 사용하면 더 나은 문제 해결 도구를 사용할 수 있어 사용자 검색 명령을 쉽고 빠르게 만들 수 있다.

사용자 검색 명령은 세 가지 종류로 분류한다.

명령 타입	설명
생성 명령(Generating commands)	이런 타입의 명령어는 결과에 집어넣는 새로운 이벤트를 생성한다. inputcsv 같이 룩업 파일을 읽는 명령어로 예를 들 수 있다.
리포팅 명령(Reporting commands)	이런 타입의 명령어는 유입 이벤트를 취해 처리나 분석 후 새로운 출력 이벤트 집합을 만든다. stats나 top 같은 통계 관련 명령어를 예로 들 수 있다.
스트리밍 명령(Streaming commands)	이런 타입의 명령어는 유입 이벤트를 받아, 나가는 이벤트를 필터링하거나 수정한다. eval, rename, where 같이 계산에 바탕을 둔 추가, 필드 대치, 이벤트 제거 같은 명령어를 예로 들 수 있다.

fixname.py 스크립트가 어떻게 동작하는지 설명해본다.

스크립트 조각	설명
```#!/usr/bin/env python import sys from splunklib.searchcommands import \ dispatch, StreamingCommand, Configuration, Option, validators```	필요한 모듈과 라이브러리를 임포트(import)한다. 스플렁크 앱의 bin 디렉터리에 복사해야 하는 스플렁크 라이브러리를 포함한다.
`@Configuration()`	명령어가 실행될 때 스플렁크에 기술할 필요가 있는 설정을 적용한다.
```class FixNameCommand (StreamingCommand):```	필요할 상속 클래스 함께 명령어 클래스 이름을 정의하는 라인이다. FixNameCommand 클래스를 StreamingCommand 클래스에서 상속했다.

(이어짐)

스크립트 조각	설명
`""" Takes the first letter of each word in the field and capitalizes it` `##Syntax` `.. code-block::` `    fixname fieldname=<field>` `##Description` `Takes the first letter of each word in the field and capitalizes it` `##Example` `Uppercase the first letter of each word in the message field in the _internal index` `.. code-block::` ` index=_internal	head 20 |` `fixname fieldname=message` `"""`	스플렁크 웹 인터페이스의 검색 바에 보일 도움 정보를 기술했다.

`fieldname = Option(`
` doc='''`
` **Syntax:**`
` **fieldname=***<fieldname>*`
` **Description:** Name of the field that will be capitalized''',`
` require=True, validate=validators.`
`Fieldname())`
	사용자 명령에 사용할 수 있거나 필수인 옵션을 정의한다. 포맷과 함께 필요한 유효성 검증은 여기에 기술했다.

`def stream(self, records):`
`self.logger.debug`
`('FixNameCommand: %s'`
`% self) # logs`
`command line`
`for record in records:`
`record[self.`
`fieldname]`
`= record[self.`
`fieldname].title()`
`yield record`
	stream 함수를 구현한 섹션이다. stream 함수는 레코드를 처리할 때 호출한다. 이번 예에서 각 레코드를 돌면서 옵션에 정의한 대로 필드에 따라 title 메소드를 값에 대해 수행한다.

`dispatch(FixNameCommand, sys.`
`argv,`
`sys.stdin, sys.stdout,__name__)`
	마지막으로 필요한 인자와 함께 명령어를 내보낸다.

fixme 명령은 파이썬의 String 오브젝트의 title 메소드를 사용하는 직관적인 명령어다. title 메소드가 호출되면 호출한 문자열을 대문자화한다. 명령어로 이동하는 이벤트의 필드를 조작하기 때문에 스트리밍 명령어다.

SDK를 사용해 써드파티와 연동하거나 업무 룰을 구현한 특허를 가진 알고리즘이나 로직을 적용함으로써 기관 운영에서 가시성을 향상시키는 명령어를 만들 수 있다.

 사용자화 검색 명령을 만드는 법에 대한 더 많은 정보는 http://dev.splunk.com 문서를 확인하자.

참고 사항

▶ 유일한 페이지 조회를 구하는 스플렁크 REST API 원격 질의 예제
▶ 유일한 IP 주소를 반환하는 파이썬 애플리케이션 생성 예제

요약

이번 장에서 주로 다룬 내용은 다음과 같다.

▶ 탐색기 메뉴, CSS 템플릿 등 여러 가지를 통해 애플리케이션에서 사용자 경험을 향상시키는 방법을 제공한다.
▶ 향상된 운영 인텔리전스로 가는 고급 시각화 사용
▶ 커맨드라인 도구를 사용한 단순 연동
▶ 자체 애플리케이션과 긴밀히 연동하게 스플렁크 SDK 사용
▶ 검색에 바로 도움이 되는 사용자 검색 명령어 확장

찾아보기

에이콘출판의 기틀을 마련하신 故 정완재 선생님 (1935-2004)

acorn+PACKT Technical Book 시리즈

기업용 환경 구축을 위한

Splunk 실시간 운영 인텔리전스

인 쇄 | 2015년 6월 17일
발 행 | 2015년 6월 25일

지은이 | 조쉬 다이쿤 • 폴 존슨 • 데릭 모크
옮긴이 | 양 원 국

펴낸이 | 권 성 준
엮은이 | 김 희 정
　　　　전 도 영
　　　　오 원 영
표지 디자인 | 한국어판_이승미
본문 디자인 | 선우숙영

인 쇄 | (주)갑우문화사
용 지 | 신승지류유통(주)

에이콘출판주식회사
경기도 의왕시 계원대학로 38 (내손동 757-3) (437-836)
전화 02-2653-7600, 팩스 02-2653-0433
www.acornpub.co.kr / editor@acornpub.co.kr

한국어판 ⓒ 에이콘출판주식회사, 2015, Printed in Korea.
ISBN 978-89-6077-724-8
ISBN 978-89-6077-210-6 (세트)
http://www.acornpub.co.kr/book/splunk-operational-intelligence

이 도서의 국립중앙도서관 출판시도서목록(CIP)은 서지정보유통지원시스템 홈페이지(http://seoji.nl.go.kr)와
국가자료공동목록시스템(http://www.nl.go.kr/kolisnet)에서 이용하실 수 있습니다.(CIP제어번호:CIP2015015966)

책값은 뒤표지에 있습니다.